律师批注版

风险提示
相关案例
法律规定
实务指南

企业常用合同范本

劳动合同
Contracts of Labor

金忠　翁飞/编著

图书在版编目(CIP)数据

劳动合同/金忠,翁飞编著. —北京:北京大学出版社,2013.10
(企业常用合同范本·律师批注版)
ISBN 978-7-301-23309-2

Ⅰ.①劳… Ⅱ.①金… ②翁… Ⅲ.①劳动合同-合同法-基本知识-中国 Ⅳ.①D922.525

中国版本图书馆 CIP 数据核字(2013)第 236696 号

书　　　名:	劳动合同
著作责任者:	金忠　翁飞　编著
丛 书 策 划:	陆建华
责 任 编 辑:	陈蔼婧
标 准 书 号:	ISBN 978-7-301-23309-2/D·3428
出 版 发 行:	北京大学出版社
地　　　址:	北京市海淀区成府路 205 号　100871
网　　　址:	http://www.yandayuanzhao.com
新 浪 微 博:	@北大出版社燕大元照法律图书
电 子 信 箱:	yandayuanzhao@163.com
电　　　话:	邮购部 62752015　发行部 62750672　编辑部 62117788 出版部 62754962
印 刷 者:	北京飞达印刷有限责任公司
经 销 者:	新华书店 730mm×980mm　16 开本　13.25 印张　180 千字 2013 年 10 月第 1 版　2013 年 10 月第 1 次印刷
定　　　价:	29.00 元

未经许可,不得以任何方式复制或抄袭本书之部分或全部内容。
版权所有,侵权必究
举报电话:010-62752024　电子信箱:fd@pup.pku.edu.cn

丛书编写说明

经济活动中,合同无处不在。个人之间的交易需要合同,企业的经营活动更是离不开合同,合同是保障当事人权益的有效手段。

我们必须了解,在"白纸黑字"之间,每个合同条款的设置,到底有何目的?隐含着哪些风险?法律如何救济?

1. 丛书宗旨

摒弃简单合同范本罗列,从多角度批注合同范本条款:解读范本条款的设置目的;提示范本条款隐含的风险;提供可参考的相关案例;列出所依据的法律规定。

2. 丛书作者

本丛书各分册作者均由知名律师事务所具有相应业务专长的资深律师、高级合伙人律师担纲。

3. 丛书结构

(1)基本结构:本丛书由作者根据自身的业务特长,给出合同范本,并从多角度逐条对合同范本进行以下几个方面的批注:

① 条款目的;

② 风险提示;

③ 法律规定;

④ 相关案例。

(2)特殊安排:个别分册,写作时体例参照"基本结构"作了一些调整,以符合行业特点。

4. 提供合同范本免费下载服务

(1)丛书文后一般附有完整的合同范本,便于读者整体把握、参考使用。

(2)丛书出版一定时期后,各分册的"合同范本"将由北京大学出版社第五图书事业部官网(www.yandayuanzhao.com)提供免费下载。

5. 分批出版

本丛书在推出第一批作品后,会陆续推出后续分册。

本丛书可以帮助读者全方位、立体地掌握相关合同制定和审查的要领,是一套实用性极强的合同起草、签约工具书。

感谢大成律师事务所徐平律师对本丛书组织编写所做的无私奉献。

编者
2013 年 10 月 12 日

前　　言

近年来，我国治国执政更加重视民生与民权，这种转变决定了今后法律体系发展和完善的走向。作为社会主义法制体系重要组成部分的社会劳动法，其遵循公平和谐和国家适度干预的原则，通过国家和社会积极履行责任，对劳动者等人群的权益提供必要的保障。只有保护好劳动者的权益，建立和谐的劳动关系，才有利于企业持续发展，有利于实现市场公平竞争，有利于社会稳定和法治建设，才能体现以人为本的科学发展观。

随着市场经济的不断深化，我国的劳动关系日益复杂，劳动者的类型变得多样，疑难复杂的劳动问题也不断涌现。近期，《劳动合同法》的修改和最高人民法院《关于审理劳动争议案件适用法律若干问题的解释（四）》的出台，表明了国家宏观立法层面和具体的司法实践中对劳动者权益保护的高度重视，对日益复杂的劳动用工形势做出的积极回应和规制。这对规范用人单位和劳动者的法律行为，化解紧张的劳资关系纠纷，建立和谐的劳动关系，无疑具有重要的进步意义。

本书就是在总结多年劳动法律关系实践的基础上，结合最新出台的劳动法律法规和相关司法解释，针对劳动合同基本的风险点和实践中最经常出现的劳动争议等，逐条对劳动合同示范文本做了风险提示与批注。本书援引相关的法律条文，特别编制了大量从劳动法操作实务中得来的简明案例，以案说法，释疑解惑，以期对用人单位和劳动者双方签订、履行和解除劳动合同提供有益的借鉴和参考。

金忠　翁飞
2013 年 9 月 4 日

目　录

第一章　劳动合同的订立 …………………………………… 001
第一节　用人单位和劳动者基本信息 ……………………… 001
案例1-1：外国企业常驻代表机构是合格的用人主体吗？ …… 002
案例1-2：被挂靠的用人单位应当承担什么责任？ …………… 003
案例1-3：自己任法定代表人的公司与自己签订的劳动合同有效吗？ …… 007
案例1-4：未签订劳动合同，如何区别劳动关系和劳务关系？ …… 008

第二节　劳动合同期限 ……………………………………… 009
案例1-5：公司成立前，劳动者为设立公司所做的工作是否计入劳动合同期限？ …… 011
案例1-6：试用期是否必须签订劳动合同？ …………………… 013
案例1-7：招聘广告是劳动合同的一部分吗？ ………………… 015
案例1-8：劳动者瞒报个人信息，劳动合同有效吗？ ………… 017
案例1-9：用人单位没有履行如实告知义务，应当承担什么责任？ …… 019
案例1-10：劳动者没有遵守兼职约定，应当承担什么责任？ … 021

第三节　工作内容和工作地点 ……………………………… 023
案例1-11：对公司高级管理人员调整工作岗位有什么特殊要求？ …… 024
案例1-12：用人单位能否单方调整劳动者工作岗位？ ………… 026
案例1-13：用人单位违法调整工作地点，应当承担什么责任？ …… 029

第四节 工作时间和休息休假 …………………………………… 030
- 案例 1-14：实行不定时工作制，如何计算加班费？ …………… 032
- 案例 1-15：劳动者的加班时间如何计算？ …………………… 034
- 案例 1-16：劳动者如何主张加班费？ …………………………… 037
- 案例 1-17：劳动者未享受年休假，损失如何计算？ …………… 039

第五节 劳动报酬、社会保险和福利待遇 …………………… 045
- 案例 1-18：如何适用同工同酬原则？ …………………………… 046
- 案例 1-19：劳动者离职后能够主张项目奖金吗？ ……………… 048
- 案例 1-20：提成是否属于工资的一部分？ ……………………… 049
- 案例 1-21：劳动合同继续履行，劳动争议期间的工资如何支付？ …………………………………………………… 051
- 案例 1-22：用人单位能否单方降低劳动者的薪酬？ …………… 053
- 案例 1-23：用人单位与劳动者可以自行约定缴纳社会保险费吗？ ………………………………………………… 057
- 案例 1-24：劳动者患病引起的劳动争议如何处理？ …………… 059
- 案例 1-25：违章作业负伤是工伤吗？ …………………………… 062
- 案例 1-26：哺乳期的女职工有什么特殊待遇？ ………………… 063
- 案例 1-27：用人单位可以追讨特殊福利吗？ …………………… 065

第六节 劳动条件、劳动保护和职业危害防护 ……………… 067
- 案例 1-28：用人单位没有依法提供劳动条件和劳动保护，劳动者应当如何应对？ ………………………………… 068
- 案例 1-29：劳动者如何应对违章指挥？ ………………………… 070
- 案例 1-30：用人单位不进行安全生产教育，应当承担什么责任？ …………………………………………………… 071
- 案例 1-31：劳动者患有职业禁忌应如何处理？ ………………… 073

第七节 规章制度和劳动纪律 ………………………………… 074
- 案例 1-32：如何保证用人单位规章制度的合法有效？ ………… 075
- 案例 1-33：用人单位可以依据规章制度解除劳动合同吗？ …… 077
- 案例 1-34：用人单位可以对劳动者进行经济处罚吗？ ………… 078

第八节 附属协议 ……………………………………………… 080
- 案例 1-35：客户信息是商业秘密吗？ …………………………… 085
- 案例 1-36：同业竞争构成侵犯商业秘密吗？ …………………… 086
- 案例 1-37：竞业限制协议解除，用人单位如何支付补偿金？ … 093
- 案例 1-38：劳动者在服务期内提出辞职，必须支付

违约金吗？ …………………………………………………… 098
第二章　劳动合同的履行和变更 ………………………………… 100
　第一节　劳动合同的变更 …………………………………… 100
　　案例2-1：用人单位可以单方变更劳动合同吗？ ………… 102
　第二节　劳动合同的续延 …………………………………… 103
　　案例2-2：劳动合同约定自动续期，是否可以视为重新签订
　　　　　　劳动合同？ …………………………………… 104
　　案例2-3：劳动合同期限法定续延，该续延的期限可以计入
　　　　　　工作年限吗？ ………………………………… 106
　　案例2-4：劳动者连续工作十年，用人单位是否必须签订
　　　　　　无固定期限劳动合同？ ……………………… 108
第三章　劳动合同的解除和终止 ………………………………… 110
　第一节　劳动合同的解除 …………………………………… 110
　　案例3-1：如何认定劳动合同是协商一致解除？ ………… 110
　　案例3-2：用人单位解除试用期中的劳动者的劳动合同有
　　　　　　什么限制？ …………………………………… 113
　　案例3-3：劳动者试用期内与同事关系不好，用人单位可以
　　　　　　解除合同吗？ ………………………………… 114
　　案例3-4：劳动者触犯刑法，劳动合同是否自行解除？ … 120
　　案例3-5：什么是"客观情况发生重大变化，劳动合同已经
　　　　　　不能继续履行"？ …………………………… 121
　　案例3-6：用人单位改制重组后，如何计算劳动者的工龄？ … 123
　　案例3-7：用人单位可以解除孕期女职工的劳动合同吗？ … 125
　　案例3-8：除名通知没有送达劳动者，劳动关系是否解除？ … 127
　　案例3-9：用人单位解除劳动合同，什么情形下要额外支付
　　　　　　一个月工资？ ………………………………… 129
　　案例3-10：经济性裁员，用人单位应当遵守什么程序？ … 131
　　案例3-11：劳动者提交辞职申请后可以反悔吗？ ……… 133
　　案例3-12：迟延转档的经济损失如何计算？ …………… 136
　第二节　劳动合同的终止 …………………………………… 137
　　案例3-13：企业改制导致劳动合同终止，如何安置职工？ … 138
　　案例3-14：原劳动合同到期后没有续签或终止，用人单位
　　　　　　 应承担什么责任？ ………………………… 141
　第三节　经济补偿与赔偿金 ………………………………… 142

案例3-15：用人单位解除劳动合同,应当支付经济补偿或赔偿金吗? …… 143
案例3-16：用人单位拖延支付经济补偿承担什么责任? …… 146
案例3-17：劳动合同终止,用人单位是否应当支付经济补偿? …… 148
案例3-18：协商一致解除劳动合同,经济补偿如何计算? …… 149
案例3-19：用人单位违法解除劳动合同,应当承担什么责任? …… 151
案例3-20：劳动者离职,需要承担违约责任吗? …… 153

第四章 劳动合同的争议处理 …… 155
第一节 劳动争议协商 …… 155
第二节 劳动争议调解 …… 156
案例4-1：劳动者签订经济补偿协议后可以反悔吗? …… 157
案例4-2：劳动者如何寻求劳动行政监察部门的救济? …… 158
第三节 劳动争议仲裁 …… 159
案例4-3：什么劳动争议可以"一裁终局"? …… 160
第四节 劳动争议诉讼 …… 162
案例4-4：劳动者遭遇就业歧视,可以向法院提起诉讼吗? …… 163

第五章 劳动合同的其他条款 …… 165
第一节 劳动合同的生效 …… 165
案例5-1：劳动合同生效,是否意味着用人单位和劳动者已经建立劳动关系? …… 165
第二节 劳动合同的附件 …… 166
案例5-2：作为劳动合同附件的规章制度,适用新入职的劳动者吗? …… 167

第六章 几种特殊的劳动合同 …… 169
第一节 集体合同 …… 169
案例6-1：用人单位不履行集体合同,劳动者的权益如何维护? …… 173
第二节 劳务派遣合同 …… 174
案例6-2：如何认定是劳务派遣关系还是劳动合同关系? …… 179
第三节 非全日制用工合同 …… 180
案例6-3：如何区别全日制用工和非全日制用工? …… 182

附录一 劳动合同范本 …… 184
附录二 本书涉及主要法律规范性文件"北大法宝"引证码对照表 …… 198

第一章　劳动合同的订立

第一节　用人单位和劳动者基本信息

[用人单位基本信息]
甲方：_____
法定代表人或主要负责人：_____
住所：_____
邮编：_____
传真：_____
电话：_____
电子邮箱：_____

● **律师批注**
【风险提示】
⊙ 用人单位应是合法有效的用人主体，否则签订的劳动合同无效
⊙ 用人单位的信息应完整准确

现阶段劳动合同法指的用人单位包括我国境内企业、个体经济组织、民办非企业单位等组织。企业是指从事产品生产、流通或服务性活动等实行独立经济核算的经济单位，包括各种所有制类型的企业，如国有企业、集体企业、中外合资经营企业、中外合作经营企业、外商独资企业、私营企业、合伙企业、民营企业、公司制企业、股份合作制企业等。个体经济组织是指经工商部门批准登记注册，并领取营业执照的个体工商户。个体经济组织从事个体经营，雇佣其他劳动者。民办非企业单位是指企业事业单位、社会团体和其他社会力量以及公民个人利用非国有资产举办的、从事非营利性社会服务活动的社会组织。依法成立的会计师事务所、律师事务所等合伙组织和基金会，也属于劳动合同法规定的用人单位。如果劳动者与国家机关、事业单位、社会团体建立了劳动合同关系，这些单位也应视作用人单位。公民个人不能作为用人单位，个人雇佣劳动者的，按照民事雇佣关系处理。

国务院《劳动合同法实施条例》第4条规定，劳动合同法规定的用人单位设立的分支机构，依法取得营业执照或者登记证书的，可以作为用人单位与

劳动者订立劳动合同；未依法取得营业执照或者登记证书的，受用人单位委托可以与劳动者订立劳动合同。因此，企业法人领取营业执照的分支机构与劳动者签订劳动合同的，可以将企业法人的分支机构视为用人单位，该分支机构作为劳动争议当事人，分支机构的财产不足以履行合同义务的，企业法人对此要承担连带责任。

  签订劳动合同时，用人单位应是符合法律规定的用人主体，应当有完整准确的用人单位信息，这样才能保证劳动合同正常的履行。实践中经常存在不具备合法经营资格的经济组织，主要涉及未办理营业执照、营业执照被吊销、营业执照经营期限届满后仍继续经营的经济组织，比如为逃避监管不办理营业执照和开采许可证的小煤窑招用农民工，营业执照被吊销后规避工商税务的非法用工，个体工商户不办理营业执照对外经营等。根据《劳动合同法》第26条第1款第3项规定，违反法律、行政法规强制性规定的，劳动合同无效或部分无效。这些主体不能构成劳动法上的用人单位，其与雇佣的人员之间不能构成劳动合同关系。《劳动法》第18条规定，无效的劳动合同，从订立的时候起，就没有法律约束力。对于无效劳动合同，劳动者已经付出劳动履行了的部分，不能参照民事合同无效适用返还财产、恢复原状的处理方式，而是应当根据最高人民法院《关于审理劳动争议案件适用法律若干问题的解释》第14条的规定，劳动合同被确认无效后，用人单位对劳动者付出的劳动，一般可参照本单位同期、同工种、同岗位的工资标准支付劳动报酬。根据《劳动合同法》第93条的规定，对不具备合法经营资格的用人单位的违法犯罪行为，依法追究法律责任，劳动者已经付出劳动的，该单位或者其出资人应当依照本法有关规定向劳动者支付劳动报酬、经济补偿、赔偿金。

【法律规定】
《劳动法》第18条
《劳动合同法》第2、26、93条
国务院《劳动合同法实施条例》第3、4条
最高人民法院《关于审理劳动争议案件适用法律若干问题的解释》第14条
最高人民法院《关于审理劳动争议案件适用法律若干问题的解释（三）》第4、5条

【相关案例】
案例1-1：外国企业常驻代表机构是合格的用人主体吗？
  赵先生在某外国企业北京代表处工作，后被辞退。赵先生在公司工作期间，公司一直没有与其签订劳动合同。赵先生认为其在公司代表处工作期间，已经与公司建立了事实上的劳动关系，因此向当地劳动争议仲裁委员会

申请仲裁,之后不服裁决结果向人民法院起诉,坚持要求公司支付用工期间内未签订书面合同的二倍工资共计两万余元。公司认为,他们作为外国企业常驻代表机构,使用的雇员都是某劳务派遣公司派遣的。赵先生所从事的工作是其公司负责人出于个人业务需要安排的,与公司无关。公司提供了某劳务派遣公司代公司给其中国员工缴纳社会保险的收费通知单等证据。最终法院没有支持赵先生的诉讼请求。

分析:

某外国企业北京代表处属于外国企业常驻代表机构。根据《北京市人民政府关于外国企业常驻代表机构聘用中国雇员的管理规定》第5条,外国企业常驻代表机构招聘中国雇员,必须委托外事服务单位办理,不得私自或者委托其他单位、个人招聘中国雇员。第6条规定,中国公民必须通过外事服务单位向外国企业常驻代表机构求职应聘,不得私自或者通过其他单位、个人到外国企业常驻代表机构求职应聘。赵先生称自己为某外国企业北京代表处工作,未通过外事服务单位的招聘和派遣,故其行为不受《劳动法》《劳动合同法》的保护。建立劳动关系的双方必须符合法定条件,即用人单位必须是在中华人民共和国境内的企业、个体经济组织、民办非企业单位等组织。由于外国企业常驻代表机构不具备与劳动者建立劳动关系的资格,所以劳动者与外国企业常驻代表机构只能形成劳务雇佣关系,不能建立劳动关系。对那些羡慕外企高薪和工作环境的劳动者,当拿到跨国公司办事处或代表处的聘用信时,应当注意此时劳动者还不是合法形式下的外企员工。按有关法规规定,外国公司驻京办事处与中国雇员之间建立劳动关系,必须通过外国企业服务总公司等有关人才中介机构办理正式聘用手续,并办理合法证件。劳动者应持公司介绍信到上述机构办理登记、注册、体检、领证等手续,同时与该机构签订有关合同或协议确定合法聘用关系。也就是说,劳动者是人才中介机构法律上的雇员,是和人才中介机构建立的劳动关系。劳动者是外国企业常驻代表机构事实上的雇员,但与其形成的用工关系不是劳动关系。北京市高级人民法院、北京市劳动争议仲裁委员会《关于劳动争议案件法律适用问题研讨会会议纪要》第16条规定,外国企业常驻代表机构未通过涉外就业服务单位直接招用中国雇员的,应认定有关用工关系为雇佣关系。

案例1-2:被挂靠的用人单位应当承担什么责任?

某运输公司经营范围为省际班车客运、省际包车客运,某客车登记为某运输公司所有。巫先生任该车驾驶员,从事客运驾驶,但购车款是王先生支付的,实际车主为王先生。某运输公司向巫先生发放客运驾驶员管理卡,对其进行管理。某日,巫先生在汽车修理厂帮修理工更换钢板时,车子突然坠落,将其压伤。公司认为客车是王先生自己购买,自己经营,该车仅挂靠于公司,公司没有对此车辆进行管理与经营,没有支付巫先生工资。公司仅是名义车主,公司与巫先生没有劳动关系。巫先生是王先生个人雇用的驾驶员,受伤与公司没有关系。双方经过仲裁,后又起诉到法院。法院最终判决确认,巫先生与某运输有限公司存在劳动关系。

分析:

劳动和社会保障部(已并入"人力资源和社会保障部",以后不再一一注明)《关于确立劳动关系有关事项的通知》第1条规定,用人单位招用劳动者未订立书面劳动合同,但同时具备下列情形的,劳动关系成立:(1) 用人单位和劳动者符合法律、法规规定的主体资格;(2) 用人单位依法制定的各项劳动规章制度适用于劳动者,劳动者受用人单位的劳动管理,从事用人单位安排的有报酬的劳动;(3) 劳动者提供的劳动是用人单位业务的组成部分。巫先生在某运输公司的客运经营活动中付出劳动,某运输公司享有巫先生提供的劳动成果并以此获得经济利益,巫先生提供的劳动是某运输公司业务的组成部分,符合用人单位用工这一劳动关系成立的标准,某运输公司与巫先生之间形成了劳动关系。个人购买的车辆挂靠其他单位且以挂靠单位的名义对外经营的,驾驶员与挂靠单位形成了事实劳动关系。某运输公司并不收取实际车主王先生的管理费用,属于挂靠单位和个人的内部约定,这不能免除某运输公司应当承担的赔偿责任。无论客车是否属于某运输公司所称的挂靠经营,该车的经营在某运输公司的经营内容与范围之内。某运输公司向巫先生发放客运驾驶员管理卡,不仅表示对驾驶员巫先生进行管理,同时也表示其对客车经营进行管理。巫先生提供的客运驾驶员管理卡能够证明某运输公司与巫先生之间形成劳动关系。最高人民法院《关于适用〈中华人民共和国民事诉讼法〉若干问题的意见》第43条规定,个体工商户、个人合伙或私营企业挂靠集体企业并以集体企业的名义从事生产经营活动的,在诉讼中,该个体工商户、个人合伙或私营企业与其挂靠的集体企业为共同诉讼人。这说明了实际车主王先生也要承担法律责任。

[劳动者基本信息]

乙方:_____

身份证号码:_____

住址:_____

邮编:_____

电话:_____

电子邮箱:_____

第一章 劳动合同的订立

● **律师批注**

【风险提示】
⊙ 劳动者应避免签订无效的劳动合同
⊙ 通常情况下,一个劳动者只能建立一个劳动关系

劳动者背景审核是用人单位人事管理的重要环节。用人单位通过审核劳动者的简历、背景陈述,了解劳动者的教育情况、社会背景、职业经历等,以便在以后出现纠纷时能够有据可查,证明自己已尽到审核义务,并不存在过错。用人单位应当了解和核实劳动者的基本信息是否真实准确,是否符合任职条件的要求,防止劳动者资料弄虚作假。比如公务员和比照实行公务员制度的事业组织和社会团体的工作人员,以及农村劳动者、现役军人和家庭保姆等就不适用劳动法。用人单位应核实劳动者基本信息的真实性,避免签订无效或者涉嫌违法的劳动合同。

不满十六周岁的未成年人不得为任何用人单位招用,任何单位或个人也不得为其介绍就业。但从事文艺、体育和特种工艺工作的未满十六周岁的未成年人,在有关部门的批准下,可以从事劳动,获得报酬。

未办理"两证"(许可证和就业证)的外籍劳动者不是合格的劳动法主体。劳动部、公安部、外交部、外经贸部(劳动部改称"劳动和社会保障部"后已并入"人力资源和社会保障部",外经贸部已改称"商务部",以后不再一一注明)共同发布的《外国人在中国就业管理规定》第5条规定,用人单位聘用外国人须为该外国人申请就业许可,经获准并取得《中华人民共和国外国人就业许可证书》后方可聘用。第8条规定,在中国就业的外国人应持职业签证入境(有互免签证协议的,按协议办理),入境后取得《外国人就业证》和外国人居留证件,方可在中国境内就业。

对于外国人、无国籍人在中国境内,以及香港特别行政区、澳门特别行政区和台湾地区居民在内地的就业问题,关键在于劳动者是否取得相关就业证件。最高人民法院《关于审理劳动争议案件适用法律若干问题的解释(四)》第14条规定,外国人、无国籍人未依法取得就业证件即与中国境内的用人单位签订劳动合同,以及香港特别行政区、澳门特别行政区和台湾地区居民未依法取得就业证件即与内地用人单位签订劳动合同,当事人请求确认与用人单位存在劳动关系的,人民法院不予支持。持有《外国专家证》并取得《外国专家来华工作许可证》的外国人,与中国境内的用人单位建立用工关系的,可以认定为劳动关系。

已经依法享受养老保险待遇或领取退休金的人员不是劳动法意义上的劳动者。根据最高人民法院《关于审理劳动争议案件适用法律若干问题的解

释(三)》第7条的规定,其用工关系为劳务关系。用人单位聘用这些人发挥余热,很大的原因是因为他们不受劳动法规的保护,用人单位可以不按劳动法的规定承担相应的劳动责任,如工资、工时、休息休假、加班工资、社会保险等都可以不遵守劳动法规的规定,自行协商。但是前提是这些约定不能违背国家的相关规定,侵犯到聘用人员的合法权益,否则也是无效的。有的劳动者达到了法定退休年龄,但是没有享受基本养老保险待遇。这是因为只有符合法律规定,比如累计缴纳养老保险费十五年等,劳动者才可能享受基本养老保险待遇。劳动者虽然已经退休但是没有享受退休待遇,劳动者与用人单位形成的用工关系应是劳动关系而非劳务关系。还有一种情况是劳动者已达退休年龄,也符合享有基本养老保险待遇的条件,但其没有办理退休手续。这种情况下,劳动者与用人单位的用工关系仍为劳动关系。

通常情况下,一个劳动者只能建立一个劳动关系。但是现阶段我国法律对建立双重劳动关系的情形是有限度的承认。最高人民法院《关于审理劳动争议案件适用法律若干问题的解释(三)》第8条规定,企业停薪留职人员、未达到法定退休年龄的内退人员、下岗待岗人员以及企业经营性停产放长假人员,与新的用人单位建立用工关系,依法向人民法院提起诉讼的,人民法院应当按劳动关系处理。这是对处于双重劳动关系中后一个劳动关系如何认定的规定。除此之外,不定时工作制、非全日制用工、业余时间兼职等条件下,劳动者同时与不同的用人单位建立多个劳动关系的,也应认定为有多个劳动关系存在,依据劳动关系的法律规范解决相关的劳动争议。

合伙组织或基金会的职工与用人单位的争议并不都是劳动争议。比如对律师事务所等组织与其工作人员之间纠纷的处理,在目前法律并无明确规定的情形下,可以参照各地司法实践中的具体做法,比如上海市人力资源和社会保障局、上海市高级人民法院《关于适用〈中华人民共和国劳动合同法〉若干问题的意见》第1条规定,律师事务所中专职从事行政事务或勤杂工作的劳动者、在律师事务所从事法律事务并领取固定工资或底薪的劳动者,与律师事务所之间就劳动报酬等事项产生的纠纷,属于劳动争议,按照劳动争议的有关规定处理。其他涉及律师事务所与律师之间因合伙利益的分配方式及具体利益分配等问题产生的纠纷,属于民事纠纷,适用相关民事法律处理。会计师事务所、基金会等组织与职工之间产生的纠纷,与前款情况相似的,参照前款规定处理。

【法律规定】

《劳动合同法》第3、8、26、39、90、91条

最高人民法院《关于审理劳动争议案件适用法律若干问题的解释(三)》

第7、8条

最高人民法院《关于审理劳动争议案件适用法律若干问题的解释(四)》第14条

劳动部、公安部、外交部、外经贸部《外国人在中国就业管理规定》第5、8条

【相关案例】

案例1-3：自己任法定代表人的公司与自己签订的劳动合同有效吗？

某医疗器材有限公司(甲公司)与某网络科技有限公司(乙公司)签订协议，合资成立某公司(丙公司)。双方约定，乙公司的法定代表人陈先生担任丙公司的董事长、法定代表人。之后，陈先生代表丙公司与自己签订了一份劳动合同书，聘任自己担任丙公司的总经理，约定了比较高的劳动报酬和工资水平、丰厚的福利待遇及离职之后的经济补偿，包括飞机票、安家费等。陈先生签订该劳动合同的行为，没有经过丙公司董事会的批准。陈先生在履职一段时间后，向丙公司提交辞职信，称与董事会部分董事意见不合，导致自己的经营决策时常无法实施。丙公司董事会做出决议，批准了陈先生的辞呈。其后，陈先生要求丙公司按照劳动合同书的约定，向其支付拖欠工资、解除劳动合同的经济补偿等。丙公司认为，劳动合同书是陈先生隐瞒丙公司董事会，私下里自己签订的，因此应当是无效的。丙公司不应当按照劳动合同书的约定支付相关经济补偿。

分析：

陈先生代表丙公司与自己签订劳动合同，约定的劳动报酬较高，福利待遇丰厚。对于这份劳动合同书的效力问题，双方有严重的分歧。陈先生认为这份劳动合同是真实有效的，因为其作为丙公司的法定代表人有权代表丙公司签订劳动合同。丙公司则认为，陈先生是利用自己担任法定代表人的职务之便，与自己签订劳动合同，并没有经过公司董事会的决议批准。陈先生虽然是丙公司的董事长，但是在聘任总经理事项上，并不能单独决定，而是应当遵循公司法的相关规定，召集董事会做出决议。《公司法》第50条规定，有限责任公司可以设经理，由董事会决定聘任或者解聘。从劳动合同看，陈先生作为总经理与丙公司建立了用工关系，属于劳动者。《劳动合同法》第3条第1款规定，订立劳动合同，应当遵循合法、公平、平等自愿、协商一致、诚实信用的原则。陈先生凭借董事长的职务，利用手中持有的公司资源，比如公司的印章、文件等，签订了一份形式上似乎是合法的劳动合同，但显然有悖于诚实信用的原则，也没有经过董事会决议，不符合公司法的相关规定。法院最终认定，陈先生签订的劳动合同不具有法律效力。如果陈先生与公司签订的劳动合同经过了公司董事会的同意或批准，

那这份劳动合同就是合法有效的,陈先生依据合法有效的劳动合同,主张自己的权利就应当得到支持。

案例1-4:未签订劳动合同,如何区别劳动关系和劳务关系?

王先生经人介绍到某林业工作站工作,负责该林业工作站的绿化和消防工作。双方签订了协议,并约定了月均工资。协议期限为五年,到期后工作站的负责人要求与王先生签订承包协议书,由王先生承包林业工作站的绿化和消防工作。王先生通过咨询他人,认为其已经与该林业工作站形成了事实劳动关系,如果转为承包关系,其劳动权益得不到保障,因此拒绝与林业工作站签订承包合同。林业工作站在原协议到期后,通知王先生终止了双方的合作协议关系。王先生起诉至法院,要求法院判决林业工作站支付未签订劳动合同的双倍差额工资、加班工资、未缴纳社会保险赔偿金、解除劳动关系的经济补偿等。林业工作站认为,其与王先生之间的用工关系不是劳动关系,而是民法意义上的合同关系。该林业工作站向法院提交了员工花名册、考勤表和工资表,其中都没有王先生的名字。其还提供了数张财务支出凭单,证明王先生从该林业工作站领取灌木林地改造、补植补造、爆破造林施工费等工程款百万余元。法院最终认定,王先生与林业工作站不存在事实劳动关系。

分析:

劳动关系与劳务关系存在着密切的联系,都是由当事人一方提供劳动,另一方支付劳动报酬。但是两者有本质的区别。劳动和社会保障部《关于确立劳动关系有关事项的通知》确定了认定劳动关系的标准。用人单位招用劳动者未订立书面劳动合同,但同时具备下列情形的,劳动关系成立:(1)用人单位和劳动者符合法律、法规规定的主体资格;(2)用人单位依法制定的各项劳动规章制度适用于劳动者,劳动者受用人单位的劳动管理,从事用人单位安排的有报酬的劳动;(3)劳动者提供的劳动是用人单位业务的组成部分。用人单位未与劳动者签订劳动合同,认定双方存在劳动关系时可参照下列凭证:(1)工资支付凭证或记录(职工工资发放花名册)、缴纳各项社会保险费的记录;(2)用人单位向劳动者发放的"工作证"、"服务证"等能够证明身份的证件;(3)劳动者填写的用人单位招工招聘"登记表"、"报名表"等招用记录;(4)考勤记录;(5)其他劳动者的证言等。本案中,王先生从事的绿化造林工作虽然是林业工作站业务的组成部分,也从林业工作站领取相应的报酬,但是林业工作站支付给王先生的是工程款、造林施工款,是基于双方的加工承揽关系、建设工程承包关系等劳务关系而产生的劳务费。王先生也没有提供证据证明其遵守林业工作站的日常劳动管理。因此,法院最终认定王先生与林业工作站不存在事实劳动关系。

实践中,大量存在的家庭装修用工、装卸搬运工、承包人用工等以完成特定劳动事项为限的雇佣形式、合作型雇工形式等属于劳务关系。劳务关系主要受民法调整,包括民法通则、合同法,主要遵从当事人意思自治。在劳务关系中,主体间的权利义务如劳动报酬、劳动时间、劳动内容等是通过双方的自由协商来确立的,法律对此的强制性规定比较少。劳动关系主要由劳动法调整,一方面是用人单位和劳动者双方的合意,一方面也体现国家的意志。比如,劳动者在法定工作时间内履行了正常劳动义务,用人单位所给付的工资不得低于当地最低工资标准。再比如,用人单位应当依法为劳动者提供劳动保护,缴纳社会保险等。劳动关系和劳务关系的争议处理程序也不同。劳动关系主体间发生劳动争议后,当事人不愿协商、协商不成或者达成和解协议后不履行的,可以调解;不愿调解、调解不成或者达成调解协议后不履行的,应当先向劳动争议仲裁委员会申请仲裁;对仲裁裁决不服的,可以向人民法院提起诉讼。劳动仲裁是提起诉讼的前置程序。而劳务关系主体之间产生纠纷,则适用民事争议处理程序,当事人可以采用仲裁或者诉讼的解决方式。当事人可根据约定的仲裁条款向仲裁机构申请仲裁;没有约定仲裁的,当事人也可直接向人民法院起诉。仲裁并非诉讼的前置程序。

第二节 劳动合同期限

[劳动合同期限]

1.1 甲乙双方同意按下列第_____种方式确定劳动合同期限:

(1) 固定期限:从_____年_____月_____日起至_____年_____月_____日止。如果该期限与以后签订的培训服务期不一致,劳动合同期限延续到培训协议约定的服务期届满为止。

(2) 无固定期限:从_____年_____月_____日起到劳动合同法定解除或终止情形出现时止。

(3) 以完成一定的工作为期限:从_____年_____月_____日起至工作任务的完成时止,并以工作任务完成作为终止劳动合同的标志。

● 律师批注

【风险提示】

⊙ 无固定期限劳动合同,不意味着铁饭碗

⊙ 以完成一定工作任务为期限的劳动合同应明确终止条件

劳动合同期限分为固定期限、无固定期限和以完成一定工作任务为期限三种。固定期限劳动合同，是指用人单位与劳动者约定合同终止时间的劳动合同。劳动者可以与用人单位签订较长期限的劳动合同，而不用担心因签订较长期限的劳动合同束缚到以后的再次择业。劳动者的辞职权受到法律的保护，只要劳动者提前一个月书面通知用人单位，就可以解除劳动合同，不需要经过用人单位的批准。劳动法立法的意图是保证劳动者自主择业的权利。但某些特殊行业有专门的规定，比如说军工企业涉密职位的技术人员、航空公司的飞行员、从事演艺活动的艺人等，用人单位对其自由流动做出了限制，往往在劳动合同中设置高额的违约金条款和服务期约定，这种限制如果与现行法律抵触，都是无效的。在有的地方的司法实践中，比如北京市高级人民法院、北京市劳动争议仲裁委员会《关于劳动争议案件法律适用问题研讨会会议纪要》第33条规定，用人单位为其招用的劳动者办理了本市户口，双方据此约定了服务期和违约金，用人单位以双方约定为依据要求劳动者支付违约金的，不应予以支持。确因劳动者违反了诚实信用原则，给用人单位造成损失的，劳动者应当予以赔偿。

无固定期限劳动合同，是指用人单位与劳动者约定不确定终止时间的劳动合同。现实中普遍存在这样的误区，无固定期限劳动合同就等于铁饭碗，这样的理解有失偏颇。对于无固定期限的劳动合同，用人单位虽不能用合同到期来终止合同，但只要具备解除劳动合同的法定情形，履行解除的法定程序，无固定期限劳动合同和固定期限劳动合同一样是可以解除的。关于劳动合同的解除，本书后面还有专章论述。

以完成一定工作任务为期限的劳动合同，是指用人单位与劳动者约定以某项工作的完成为合同期限的劳动合同。如果用用人单位与劳动者签订的是以完成一定生产工作任务为期限的劳动合同，合同终止时，用人单位也要向劳动者支付经济补偿。在实践中，建筑施工行业多采用以完成一定工作任务为期限的劳动合同，通常以某一建设项目竣工为终止期限；培训行业，以完成某期培训或完成某个培训项目为终止日期；技术研发行业，以完成某项技术开发为终止日期。一些具有季节性、非常规性、订单性用工的行业，也可以采用以完成一定工作任务为期限的劳动合同。采用以完成一定工作任务为期限的劳动合同必须注意的是，要明确劳动合同终止的条件或情形。界定劳动合同终止的条件或情形时，注意使用行业内规范的专业用语，而非日常的生活用语。比如建筑施工行业，通常以某一建设项目竣工为终止期限。如果约定"盖完楼或项目结束"作为终止的期限就会产生争议，盖完楼或项目结束是指竣工日期、验收日期还是交付使用日期，这具有不确定性，将来容易引发

第一章 劳动合同的订立

争议。用人单位在与劳动者签订劳动合同时,应当充分考虑企业的自身发展状况和实际需求,按照不同的情况与劳动者签订期限不同的劳动合同。

【相关案例】

案例1-5:公司成立前,劳动者为设立公司所做的工作是否计入劳动合同期限?

张先生是某技术公司的办公室主任,最近却因经营理念与公司发生冲突,被公司解除了劳动合同。公司在工商行政部门依法注册成立前的筹备期中,张先生已经为公司服务。在工商局注册档案中可以找到张先生作为企业秘书的记载。但是,张先生与公司签订书面劳动合同是在公司正式注册成立半年后。公司在与张先生签订书面劳动合同后,给张先生发放工资,办理社会保险等手续。张先生如今要离职,他认为其实际工作时间应当从公司注册成立前的筹备阶段起算,以此来计算离职时的经济补偿金,因为他一直是在帮助该公司大股东设立公司。另外张先生还主张,公司正式成立后与张先生签订书面劳动合同前,张先生也是在公司工作。这段时间公司没有与其签订书面劳动合同,应当支付未签订书面劳动合同的二倍工资。但是公司方面提出,在与张先生签订书面劳动合同之前,张先生实际是为该公司的某大股东工作,张先生一直从该大股东处领取帮助设立该公司的劳务报酬,直到与公司签订书面劳动合同。所以其劳动关系的建立时间应当从签订书面劳动合同开始计算,在此之前不存在事实劳动关系,因此公司不应当支付二倍工资的赔偿。此案经过仲裁、诉讼程序,法院最终支持了公司的主张,判决公司支付从签订书面劳动合同开始计算的经济补偿金。

分析:

本案的焦点有两点。第一,公司设立之后,到双方签订书面劳动合同之前的这段时间,双方是否存在事实劳动关系?张先生认为,从该公司的工商局注册档案中,可以证实其作为企业秘书的身份。但是,工商登记的注册资料只是为了实务操作的便利,并没有要求企业秘书人员一定是该企业的正式工作人员。其次,因为张先生在与公司签订书面劳动合同之前,一直从该公司的大股东处领取帮助设立公司的劳务报酬,在这种委托关系尚未解除的情况下,法院没有认定张先生在此期间与公司的用工关系是劳动关系。第二,对于筹备阶段中的公司与其聘用人员所建立的用工关系应当如何认定?一般而言,在公司成立前的筹备阶段,因为公司尚未成立,没有成立的公司不能成为用人主体,也不能和劳动者建立劳动关系。公司只有在进行工商登记成立后,才能成为法律意义上的用人主体。

在公司成立后,如果劳动者仍然从公司股东处领取工资,也没有和公司签订劳动合同,一般理解为其与公司股东个人之间的委托关系还没有解除,没有和公司建立劳动关系。虽然其工作内容也涉及公司事务,但应理解为其工作是受公司股东委托而进行的,不是基于劳动关系产生的。如果在公司成立后,劳动者没有和公司签订劳动合同,但是公司的规章制度适用于劳动者,劳动者受公司的劳动管理,从事公司安排的有报酬的劳动,提供的劳动也是公司业务的组成部分,就应当认定其与公司已经建立了事实上的劳动关系,该劳动关系受劳动法律法规的调整。如果公司并没有成功设立,那么劳动者提供劳动的行为是基于劳务关系,不受劳动法律法规的调整。有的地方在司法实践中做出的具体规定可供参考。比如北京市高级人民法院、北京市劳动争议仲裁委员会《关于劳动争议案件法律适用问题研讨会会议纪要》第39条规定,劳动者在用人单位设立筹备阶段的工作时间一般不计算为本单位工作年限,但双方另有约定的除外。

[试用期]
1.2 双方同意按下列第_____种方式确定试用期期限(试用期包括在劳动合同期限内):
(1)无试用期。
(2)试用期从_____年_____月_____日起至_____年_____月_____日止。

● 律师批注

【风险提示】
⊙ 试用期的长短要根据劳动合同的期限而定,最长不超过六个月
⊙ 三类劳动合同不得约定试用期
⊙ 违法约定试用期,应向劳动者支付赔偿金

试用期是指用人单位和劳动者为相互了解,选择在劳动合同中约定的一定期限的考察期。试用期是供用人单位考察劳动者是否适合其工作岗位的一项制度,给用人单位考察劳动者是否与录用要求相一致的时间,避免其遭受不必要的损失。劳动合同可以约定试用期,根据《劳动合同法》第19条第1款的规定,劳动合同期限三个月以上不满一年的,试用期不得超过一个月;劳动合同期限一年以上不满三年的,试用期不得超过两个月;三年以上固定期限和无固定期限的劳动合同,试用期不得超过六个月。也就是说,试用期最长不得超过六个月。但并非所有的劳动合同都可以约定试用期。根据《劳动合同法》的规定,以下三类劳动合同不得约定试用期:(1)短期劳动合同,

即合同期限不满三个月的劳动合同;(2)以完成一定工作任务为期限的劳动合同,即用人单位与劳动者约定以某项工作的完成为合同期限的劳动合同;(3)非全日制用工劳动合同。非全日制用工是指以小时计酬为主,劳动者在同一用人单位一般平均每日工作时间不超过四小时,每周工作时间累计不超过二十四小时的用工形式。

用人单位可根据情况选择符合自身利益的试用期期限。

试用期包含在劳动合同期限内。劳动合同仅约定试用期的,试用期不成立,该期限为劳动合同期限。同一用人单位与同一劳动者只能约定一次试用期,并无例外规定。劳动者与用人单位解除劳动合同后,又重新与该用人单位建立劳动关系,此时双方是不能再次约定试用期的。劳动者转岗或升职后,也不能再次约定试用期。用人单位此时可以与劳动者约定转岗考察期之类的期限。在该期限内,如果劳动者能够胜任新岗位工作的话,则予以转正;如果不能胜任的话,则可以回到原先的岗位。

有些用人单位与劳动者约定的试用期低于试用期的法定上限,此时应根据具体情况分析是否可以延长试用期。比如劳动合同期限为三年,约定的试用期为三个月,在三个月的试用期内,用人单位可以与劳动者协商一致将试用期从三个月变更为六个月。这属于试用期的变更,可以理解为双方只约定了一次试用期,并不违反劳动合同法关于试用期的规定。如果三个月的试用期已经届满,则不能再将试用期延长至六个月,因为双方约定的试用期已经结束,此时如果再将试用期延长至六个月的话,相当于再约定一次试用期,与劳动合同法相悖。

劳动者在试用期的工资不得低于本单位相同岗位最低档工资或者劳动合同约定工资的80%,并不得低于用人单位所在地的最低工资标准。用人单位违反本法规定与劳动者约定试用期的,由劳动行政部门责令改正;违法约定的试用期已经履行的,由用人单位以劳动者试用期满月工资为标准,按已经履行的超过法定试用期的期间向劳动者支付赔偿金。

【法律规定】

《劳动合同法》第19—21、83条

【相关案例】

案例1-6:试用期是否必须签订劳动合同?

某网络科技公司因为用工需要,拟招聘大量的程序设计人员。由于劳动力市场工作位置稀少,某公司的招聘信息引来大量人员应聘。每个职位都有大量符合条件的人员投递简历。公司想从中选择优秀的应聘者进行试用,再从这些试用的人员中挑选出正式留用的员工。为了简化相关用工手续,公司的人力资源部在实践中的做法是,在试用期内暂时不签订劳动合同。如果公司打算录用处于试用期的员工,而员工也有留职的意向,双方在试用期过后签订正式劳动合同。有的处于试用期的员工坚持签订劳动合同,公司仅与他们签订试用期的劳动合同。但是公司最近遇到了十分棘手的问题。某员工在试用期结束后没有被公司留用,要求公司支付未签订劳动合同的二倍工资。另一名签订书面劳动合同的员工,在试用期结束后也没有被公司留用,要求公司支付解除劳动合同的经济补偿。

分析:

试用期必须签订劳动合同。用人单位与劳动者建立用工关系却不签订书面劳动合同,并不会因为劳动者处于试用期之内,用人单位应当承担的责任就能免除。即劳动合同是否签订,与劳动者是否处于试用期之内没有关系。《劳动合同法》第10条第1、2款规定,建立劳动关系,应当订立书面劳动合同。已建立劳动关系,未同时订立书面劳动合同的,应当自用工之日起一个月内订立书面劳动合同。公司在试用期不签订劳动合同,如果用人单位与劳动者发生劳动争议,用人单位应当支付劳动者未签订书面合同的二倍工资。国务院《劳动合同法实施条例》第6条规定,用人单位自用工之日起超过一个月不满一年未与劳动者订立书面劳动合同的,应当依照《劳动合同法》第82条的规定向劳动者每月支付两倍的工资,并与劳动者补订书面劳动合同。

用人单位与劳动者仅仅签订试用期合同,实际上该试用期合同等同于正式的劳动合同。《劳动合同法》第19条第4款规定,试用期包含在劳动合同期限内。劳动合同仅约定试用期的,试用期不成立,该期限为劳动合同期限。如果该试用期合同解除或终止,除非劳动者自行离职,有重大违纪行为,或者用人单位维持或者提高劳动合同约定条件续订劳动合同,劳动者不同意续订的等情形,用人单位都应当向劳动者支付经济补偿金。

[录用条件]
1.3 录用条件为:_____

● 律师批注

【风险提示】
⊙ 录用条件事先应明确设置,公示或告知劳动者
⊙ 录用条件应根据工作内容(岗位职责)的要求科学设定

随着人力资源成本及其解雇成本的提高,用人单位要在人员进入的源头

上把好关。在招聘前进行岗位需求分析,对岗位的录用条件尽量明确清晰化,具有可操作性。在招聘过程中严格筛选,在录用前认真审查应聘者的背景、经验等,查看其是否符合岗位的录用条件。这么做是因为在以后发生劳动争议时,要证明员工不符合录用条件,用人单位须承担充分的举证责任。如果当初岗位设定的条件很笼统的话,就可能因无法证明员工不符合录用条件而承担难以在试用期内解除劳动合同的风险。录用条件应当包括资质条件、工作能力、职业道德、业绩考核等内容。对于每个岗位自身所需的特殊条件,比如学历、技能、工作经验等,都应详细约定。

【相关案例】
案例1-7:招聘广告是劳动合同的一部分吗?

某有限公司公开招聘高级工程师,在报纸上刊登的招聘信息中明确要求,高级工程师需要相关职称、学历和经验。陈先生看到信息后,到公司应聘洽谈。公司经过面试、笔试考察,并经过公司董事会同意,与陈先生签订了为期三年的劳动合同。但是,在其后的工作中陈先生一直没有提供具有高级工程师职称的证明资料。而且也没有开发研制出符合相关条件的产品。公司主张陈先生已经构成对公司的欺诈,双方签订的劳动合同是无效的,书面通知陈先生立即离岗。陈先生对此予以否认,他认为公司是在清楚其相关工作能力后,经过面试、笔试考察,才与其签订劳动合同的。在聘用之时,公司并没有明确告知需要何种职称或资格证明以及应当向公司提供证明材料的期限。双方签订的劳动合同是真实的意思表示,不存在欺诈等行为,是合法有效的。陈先生要求公司支付违法解除劳动合同的赔偿金。此案经过仲裁、诉讼程序,法院认定双方签订的劳动合同合法有效,公司违法解除劳动合同,应当向陈先生支付赔偿金。

分析:

本案的焦点在于,用人单位能否以劳动者不符合招聘信息的要求而主张劳动合同无效。《劳动合同法》对用人单位单方解除劳动合同的情形做了严格的限制。如果劳动者不符合招聘录用条件,提供虚假材料,欺诈用人单位,用人单位可以主张劳动者欺诈致使劳动合同无效,从而解除劳动合同。根据《劳动合同法》第26条第1款第(1)项的规定,以欺诈、胁迫的手段或者乘人之危,使对方在违背真实意思的情况下订立或者变更的劳动合同是无效合同。根据《劳动合同法》第39条的规定,劳动者欺诈致使劳动合同无效的,用人单位可以解除劳动合同。所谓"欺诈",最高人民法院《关于贯彻执行〈中华人民共和国民法通则〉若干问题的意见(试行)》第68条的规定,一方当事人故意告知对方虚假情况,或者故意隐瞒真实情况,诱使对方当事人做出错误意思表示的,可以认定为欺诈行为。

　　这里问题的关键是,劳动者是否实施了欺诈行为。劳动争议发生后,公司主张在签订劳动合同时,已经告知过劳动者,其聘用决定是在劳动者提供的学历学位、教育背景、职业技能资质证书、工作项目经验等个人信息真实的前提下做出的。但是陈先生提出,其聘任决定是公司经过严格的公开招聘程序,面试笔试测试之后做出的,并经过公司董事会同意的。陈先生并没有对其个人信息刻意隐瞒。公司在入职之初已经知晓其没有高级工程师的职称。虽然公司在招聘信息上明确约定了录用条件,但是在其入职的过程中并没有明确提出并坚持这一要求。对此录用条件也没有相关的书面约定,比如在劳动合同或公司的规章制度中体现。公司突然以不符合招聘广告的录用条件为由解除劳动合同,真实原因是不满意新产品的研发工作进度。法院经过审理,认为公司在陈先生入职之初就已经知道其没有高级工程师的职称,但还是决定录用陈先生,公司录用陈先生的行为表明其对招聘信息已经做了实质性更改。因此陈先生的行为不构成对公司的欺诈,劳动合同是有效的。

　　预防以上法律风险有许多对策,比如在劳动合同中明确约定,录用条件包括招聘信息的职位要求,劳动者应保证提交应聘材料的真实性,否则即构成对用人单位的欺诈。劳动者不符合录用条件的,用人单位可以解除劳动合同,并依法不支付经济补偿。或者设计完整的入职登记表,要求员工如实填写,在表格中明确告知其提交虚假材料的法律风险,要求员工签字确认。或者约定招聘信息的录用要求或入职登记表是劳动合同不可分割的一部分,对劳动者具有约束力等。

[劳动者的如实说明义务]

　　1.4　甲方有权了解乙方与劳动合同直接相关的基本情况,乙方应当如实说明。乙方向甲方提交的个人资料,应当保证真实准确。

● **律师批注**

【风险提示】

⊙ 用人单位有权了解劳动者与劳动合同直接相关的基本情况
⊙ 劳动者不如实说明,可能构成欺诈,从而导致劳动合同无效
⊙ 用人单位应当注意对劳动者隐私的保护

《劳动合同法》第8条规定了用人单位有权了解劳动者与劳动合同直接相关的基本情况,劳动者应当如实说明。也就是说,劳动者的告知义务是附条件的,只有在用人单位要求了解劳动者与劳动合同直接相关的基本情形

时，劳动者才有如实说明的义务。如果用人单位招录劳动者时没有做出特别规定，即使劳动者故意隐瞒和劳动合同不直接相关的情况，用人单位也不能因此主张劳动合同无效。这实际上也是对劳动者的保护。

劳动者如实说明与劳动合同直接相关的基本情况，其中必然涉及劳动者自身的隐私保护问题。隐私权作为一种人格利益是得到法律保护的。根据最高人民法院《关于确定民事侵权精神损害赔偿责任若干问题的解释》第1条的规定，违反社会公共利益、社会公德侵害他人隐私或者其他人格利益，受害人以侵权为由向人民法院起诉请求赔偿精神损害的，人民法院应当依法予以受理。但是法律对个人隐私的保护也是有限度的。在用人单位知情权范围之内，即使是个人隐私，如果属于与劳动合同直接相关的范畴，劳动者也有义务披露。比如教育背景和学历信息涉及工作能力评估，健康状况涉及工作能力和某些行业准入资格，年龄涉及社会保险登记等，如果劳动者未如实披露，就可能构成重大误解，甚至构成欺诈，将影响劳动合同的效力。

有些个人信息与履行劳动合同无直接关联，并且不属于隐私的范畴，比如刑事处罚记录，如果法律规定或者用人单位在录用条件中特别要求披露的，该信息是用人单位对劳动者做出是否录用的评价因素之一，基于诚实信用原则，劳动者无权隐瞒。有些信息与劳动合同无直接关联，但是属于个人隐私的范畴，比如与劳动能力无关的生理缺陷、劳动者个体的疾病信息等，如果劳动者拒绝披露，用人单位不能以此为由拒绝录用，否则不仅涉嫌就业歧视，也属于侵犯隐私的违法行为。

【法律规定】

《劳动合同法》第8、26、38条

最高人民法院《关于确定民事侵权精神损害赔偿责任若干问题的解释》第1条

【相关案例】

案例1-8：劳动者瞒报个人信息，劳动合同有效吗？

某大厦招聘后勤人员时明确表示，招收对象是那些与其他单位存在劳动关系，但属于该单位停薪留职人员、未达到法定退休年龄的内退人员、下岗待岗人员、企业经营性停产放长假人员或已经退休的人员。张先生为得到工作，谎称是某公司的下岗职工，为此提供了某单位人事科的两份不同时期的证明。一份证明张先生属于某公司职工，因企业岗位调整，无法安排工作，决定其临时下岗。一份证明张先生已经在某单位办理内部退休手续。张先生到某大厦上班，签订了聘用协议，大厦没有为张先生缴纳社会保险。聘任协议到期，某大厦以特快专递的方式向张先生送达了《终止聘用协议通知书》

一份,通知张先生双方签订的聘用协议期满终止。张先生诉至劳动争议仲裁委员会,要求确认大厦与其之间存在劳动关系,请求大厦为其补缴自己在大厦工作期间的社会保险,如果不能补缴,由大厦支付相应的养老保险金。他同时请求大厦支付对自己的经济补偿。劳动争议仲裁委员会作出不予受理的裁定。张先生不服向法院起诉,最终没有得到法院的支持。

分析:

《劳动合同法》第8条规定,用人单位有权了解劳动者与劳动合同直接相关的基本情况,劳动者应当如实说明。第26条第1款第(1)项规定,以欺诈、胁迫的手段或者乘人之危,使对方在违背真实意思的情况下订立或者变更劳动合同的,劳动合同无效或者部分无效。张先生为了得到工作,虚构了其本人属于下岗职工的事实,使大厦根据这一错误的信息做出了不真实的意思表示。张先生这种做法,违反了《劳动合同法》第3条规定的诚实信用原则、第8条规定的如实说明的义务,构成了《劳动合同法》第26条规定的欺诈行为,因此其合同是无效的。司法实践中,法院倾向于把这种无效的劳动关系作为劳务关系处理。既然张先生与大厦的用工关系被认定为是劳务关系,就不存在缴纳社会保险和劳动合同解除或终止时需要考虑的经济补偿等问题。

> [用人单位的如实告知义务]
> 1.5 甲方招用乙方时,应当如实告知乙方工作内容、工作条件、工作地点、职业危害、安全生产状况、劳动报酬,以及乙方要求了解的其他情况。

● **律师批注**

【风险提示】
⊙ 用人单位应如实告知劳动者基本的工作情况
⊙ 劳动者有权了解用人单位的其他相关情况
⊙ 用人单位不如实告知工作情况,可能构成欺诈,从而导致劳动合同无效

劳动者在应聘时,有时候对用人单位的情况并不十分清楚。在当下的劳动力市场,用人单位处于强势地位,劳动者因为自身条件或外在环境等限制,缺乏有效途径对用人单位进行全面了解。《劳动合同法》第8条规定,用人单位招用劳动者时,应当如实告知劳动者工作内容、工作条件、工作地点、职业危害、安全生产状况、劳动报酬,以及劳动者要求了解的其他情况。也就是说,用人单位向应聘的劳动者提供关于劳动者工作内容、工作条件、工作地

点、职业危害、安全生产状况、劳动报酬等信息是无条件的,无论劳动者是否主动提出要求了解。此外,劳动者也可要求了解其他情况,比如用人单位的考勤制度、休假制度、请假制度、劳动纪律、处罚制度等,对此用人单位也应当进行详细说明。用人单位提供的岗位信息、就业环境等必须是真实的,应当在签订劳动合同前,而不是签订劳动合同之后告知劳动者。用人单位未依法履行此项义务,很可能构成欺诈,导致双方签订的劳动合同无效或者部分无效,给劳动者造成损失的,用人单位应当承担赔偿责任。

【法律规定】
《劳动合同法》第8、26、38条

【相关案例】
案例1-9:用人单位没有履行如实告知义务,应当承担什么责任?
　　苏先生在招聘会上应聘某公司的某岗位。该公司在招工简章上注明了工作地点与工种,包食宿,工资面议等。面试过程中,苏先生在介绍完自己的情况后,开始询问公司的基本情况,包括工作内容、工作时间、工作地点、劳动报酬、劳动条件、社会保险等。该公司人事部经理对这些避而不谈,只是简单告知苏先生,如果其被聘用,上班工作后这些情况自然就知道了。相反,人事部经理详细介绍了公司的发展历程、良好的生产环境和企业文化等。苏先生听到之后很动心,立即与公司签订了劳动合同。等苏先生到公司的生产车间上班时,才发现公司的环境与人事部经理在招聘时说得不一样,公司生产环境恶劣、管理比较混乱,某些电子元件还可能产生辐射。苏先生在入职两周后,毅然辞去了工作,并向公司讨要劳动报酬和经济补偿。公司却认为苏先生违反了劳动合同约定,主动离职,公司自身不存在过错,与苏先生同时进厂的其他职工也没有抱怨,公司不想支付任何经济补偿。

分析:
　　用人单位处于强势地位,往往对劳动者并不公开一些关键信息,比如工作内容、职业危害、安全生产状况等,甚至有的用人单位还故意发布虚假信息,虚构或夸大工作条件和待遇,以欺骗的手段招用劳动者,而劳动者缺乏有效的途径对用人单位进行全面了解。针对这种情况,《劳动合同法》第8条作出了明确的规定。本案中,公司并没有履行入职告知劳动者的义务,相反还涉嫌编造或夸大公司的工作条件。苏先生相信了公司的虚假叙述,并据此签订了劳动合同。根据《劳动合同法》第26条、第38条和第46条的规定,用人单位以欺诈的手段,使劳动者在违背真实意思的情况下订立劳动合同,劳动合同无效或者部分无效,而劳动者可以解除劳动合同,用人单位应当向劳动者支付经济补偿。所以苏先生与公司之间的劳动合同是无效的,公司对苏先生付出的劳动,可参照公司同期、同工种、同岗位的工资标准支付劳动报酬。苏先生解除劳动合同是由于公司欺诈,而苏先生在公司的工作年限不满六个月,因此苏先生可以要求公司按照《劳动合同法》第47条规定的标准支付半个月的经济补偿。

[兼职约定]
1.6 未经甲方同意,乙方在劳动合同期间不得同时为其他用人单位或个人提供劳务服务或建立劳动关系。乙方违反本约定给甲方造成损失的,乙方应当承担赔偿责任。乙方隐瞒尚未解除或者终止原劳动合同关系给甲方造成损失的,甲方有权向乙方追偿。

● 律师批注
【风险提示】
⊙ 劳动者兼职应征得用人单位同意
⊙ 公务员、公司高级管理人员等的兼职受限制
⊙ 招用兼职者给其他用人单位造成损失,用人单位应负连带赔偿责任

通常意义的兼职,是劳动者同时与其他单位建立劳动关系,或者劳动者为个人或其他单位提供劳务服务。兼职虽然为劳动者施展才能提供了更多机会,但兼职行为容易分散劳动者从事本职工作的精力。劳动者也可能利用现有单位资源完成其他单位的任务,造成商业秘密泄露。但是,兼职劳动者依法与其他用人单位建立劳动关系,是受法律保护的。如果劳动合同没有明确约定或用人单位的规章制度中没有明确规定,劳动者兼职没有得到用人单位的同意,用人单位不可以仅凭这一点解除与劳动者的合同。劳动者同时与其他用人单位建立劳动关系,只有在对完成本单位的工作任务造成严重影响,或者经用人单位提出,拒不改正的两种情形下,用人单位才可以解除与劳动者的劳动合同。《劳动合同法》第91条规定,用人单位招用与其他用人单位尚未解除或者终止劳动合同的劳动者,给其他用人单位造成损失的,应当承担连带赔偿责任。本劳动合同条款不仅约定这种情形下,用人单位可以向劳动者追偿,还约定在劳动者隐瞒劳动关系并没有给其他用人单位造成损失,导致用人单位赔偿的情形下,用人单位也可以依据该条约定对劳动者给自身造成的损失进行追偿,比如用人单位为隐瞒真实情况的兼职劳动者多缴纳的社会保险、住房公积金,给予其各种在职员工才可以享受到的福利待遇等。

部分人群是不能从事兼职工作的,其他用人单位也不能聘请他们从事兼

职工作。比如根据《公务员法》第53条的规定,公务员必须遵守纪律,不得从事或者参与营利性活动,在企业或者其他营利性组织中兼任职务。根据《公司法》第149条的规定,董事、高级管理人员,未经股东会或者股东大会同意,不得利用职务便利为自己或者他人谋取属于公司的商业机会,自营或者为他人经营与所任职公司同类的业务。根据国务院《直销管理条例》第15条的规定,教师、医务人员、公务员和现役军人不得在直销企业及其分支机构担任直销员。国家科委《关于科技人员业余兼职若干问题的意见》规定,担负的工作涉及国家机密,从事兼职活动可能泄露国家机密的科技人员,科技人员所在单位可以决定科技人员暂不兼职。

【法律规定】

《劳动合同法》第39、91条

《公司法》第149条

国务院《劳动合同法实施条例》第19条

国务院《直销管理条例》第15条

国家科委(已改为"科学技术部")《关于科技人员业余兼职若干问题的意见》

【相关案例】

案例1-10:劳动者没有遵守兼职约定,应当承担什么责任?

马先生应聘到某服装公司工作,双方签订了无固定期限的劳动合同,约定马先生担任公司运营部门的负责人。劳动合同中明确约定:员工如果兼职,则视为对公司规章制度的严重违反,公司一旦发现,可以解除劳动合同。公司的员工手册中规定,员工在任何时候都不得利用公司的商业秘密、工作条件和业务机会为本人或第三人工作或服务,不得在公司规定的工作时间内从事与工作无关的事务。员工与公司之间的任何利益冲突,无论是直接还是间接的,都是不允许的,除非事先征得过公司负责人或总经理的同意。马先生在入职时,曾经签字确认,已经阅读、理解并承诺遵守包括员工手册在内的公司的规章制度。马先生在公司任职期间,考取了保险代理人资格,以保险代理人的身份加入了某保险公司的营销团队。马先生以保险代理人的身份与公司的同事、下属员工及其亲属签订了多份《保险协议》。其后公司收到匿名举报信,举报马先生利用职权之便,向同事、下属等推销保险,其行为严重违反了公司的规章制度和劳动合同的约定。公司在经过调查之后,根据内部的规章制度做出了解除与马先生劳动合同的决定。马先生认为,在劳动合同履行期内,其没有同时与其他用人单位建立劳动关系,自己本身也不是公司的高级管理人员,因此,卖保险的兼职行为不需要事先经过公司同意。另外，自己的行为并没有给公司造成实质性的损害。公司单方解除劳动合同的行为是违法的，因此向公司主张一次性支付违法解除劳动合同的赔偿金十余万元。

分析：

如果劳动合同没有事先约定，或者用人单位的规章制度也没有规定，对于劳动者兼职的情形，应按照《劳动合同法》的规定处理。严格地说，本案中马先生并没有违反《劳动合同法》第39条第(4)项关于兼职的规定。首先，马先生没有同时与其他用人单位建立劳动关系，保险代理人与保险公司是委托代理关系，而非劳动关系。其次，假设第39条第(4)项的立法原意涵盖了劳动者为其他单位提供劳务属于兼职的情形，公司也没有证明马先生的行为对完成本单位的工作任务造成严重影响。再次，对马先生兼职的行为，公司一经发现，并没有给予改正的机会，而是直接解除劳动合同。按照《劳动法》的规定，经用人单位提出，劳动者拒不改正，用人单位才可以解除劳动合同。从公司法的角度来看，根据《公司法》第149条第(5)项的规定，禁止董事、高级管理人员未经股东会或者股东大会同意，利用职务便利为自己或者他人谋取属于公司的商业机会，自营或者为他人经营与所任职公司同类的业务。首先，赵先生不是公司的董事或高级管理人员。其次，假设马先生属于《公司法》第149条第(5)项规定适用的对象，但是签订保险协议（卖保险）不属于马先生任职公司的商业机会，显然也不是与任职公司同类的业务。

所以，如果劳动合同事先无约定或公司的规章制度没有规定，公司单方解除与马先生的劳动合同，其合法性值得质疑。但是，本案中的公司作为管理规范的用人单位，在劳动合同和公司规章制度中，对劳动者兼职做出了明确的规定，既包括未经公司同意，与其他用人单位建立劳动关系的情形，也包括利用公司条件提供劳务服务的情形。用人单位的规章制度经过民主制定程序，已经公示或告知劳动者，内容上也不违法，就可以作为公司管理用工的依据。在劳动合同的约定和公司的规章制度都是合法有效的前提下，既然公司已经明确约定此类兼职行为属于对公司的规章制度的严重违反，司法实践中一般会尊重企业的自主经营权。根据《劳动合同法》第39条第(2)项的规定，劳动者严重违反用人单位的规章制度的，用人单位可以解除劳动合同。在这种情形下，因为马先生的过错，公司可以单方解除劳动合同，并且不需要向马先生支付经济补偿。

第三节 工作内容和工作地点

> **[工作内容]**
> **2.1** 甲方安排乙方担任＿＿＿＿＿＿工作岗位。乙方应当按照甲方规章制度中的岗位职责要求完成生产工作任务。

● **律师批注**
【风险提示】
⊙ 工作岗位的约定要具体明确,否则容易产生争议

无论是用人单位还是劳动者,都应该避免模糊的工作岗位约定,比如行政人员可以包含前台、打字员、办公室主任等,再比如后勤人员可以包含清洁工、门卫、后勤部主任等。模糊的工作岗位约定,一方面使劳动者有被任意调岗的可能,另一方面,将导致用人单位用工的合法性受到质疑。劳动者和用人单位就此问题非常容易产生争议。用人单位与劳动者签订劳动合同,应在劳动合同中或公司的规章制度中明确具体岗位的任务和职责,并向劳动者进行公示,使其知晓。劳动法对变更劳动合同的工作岗位,设定了严格的限制,一般而言双方应当协商一致。对岗位没有约定或约定不清,用人单位并不因此就可以随意对劳动者调整岗位。争议发生时,岗位的确定应按劳动者实际履行或担任的职务处理。

劳动者应当认真阅读用人单位制定的工作内容和岗位的职责要求,看自己是否能够完成用人单位的岗位任务,做到量力而行,避免出现无法完成工作内容,从而无法通过用人单位考核的情形出现。有些情况下,用人单位的岗位标准也许存在不合理,但是并没有达到显失公平或违反法律的程度,也是能够作为考核劳动者的依据的。因为一旦签订自己达不到的岗位标准,用人单位有权依照规章制度进行考核,如果劳动者达不到岗位职责的标准被认定为不能胜任工作,用人单位有权单方调整工作岗位或对其培训。之后仍不能胜任工作的,用人单位有权单方解除劳动合同。当然,如果有证据证明大部分的劳动者在合理时间提供正常劳动不能完成工作任务的,用人单位的工作内容和考核标准的合法性就会受到质疑。

【法律规定】
《劳动合同法》第 4 条
《劳动争议调解仲裁法》第 2 条

【相关案例】
案例1-11：对公司高级管理人员调整工作岗位有什么特殊要求？

上海某集团公司旗下有多个上市子公司，一直以来在集团内部实行高级管理人员轮岗制。目前集团内部财务总监的职位已经轮岗了一遍。集团内部建立了董事会秘书联席会议，现在计划对董事会秘书进行轮岗。集团某子公司的董事会秘书陈先生反对公司的这一决定，不愿意被轮岗到集团旗下的其他上市公司担任董事会秘书。陈先生所在的上市公司召开董事会会议，审议了关于免去陈先生公司董事会秘书职务的议案，以赞成票六票、反对票一票、弃权票两票通过该议案。陈先生被罢免，董事会指定公司董事徐先生代行董事会秘书职责。陈先生得知消息后，以网络新闻发布会的形式，对该董事会决议的细节提出种种质疑。此前陈先生已多次向上海证券交易所和上海证监局递交陈情书。上交所相关负责人也通过网站对陈先生的质疑逐条公开回应，但陈先生没有得到满意答复。该上市公司表示，任免董事会秘书等高级管理人员由公司董事会依法决策；如果相关当事人认为公司解聘职务程序不合法、理由不充分、董事会决议存在瑕疵，可以通过法律途径解决。

分析：

根据《劳动争议调解仲裁法》第2条的规定，劳动争议包括因除名、辞退和辞职、离职发生的争议。陈先生遭辞退而引起的争议属于劳动争议。《劳动法》把劳动者看作是一个抽象的群体，没有注意到劳动者群体内部存在巨大的差别，因此对高级管理人员的规制相对缺失。董事会秘书属于公司的高级管理人员。与一般职员不同，公司与高管解除劳动关系，受到《公司法》和《劳动法》的双重约束。一方面，高管作为公司聘用的劳动者，与公司之间的劳动关系应受劳动法律法规的调整。另一方面，高管作为公司的高级管理人员，应履行《公司法》及公司章程规定的公司高管的责任和义务。公司解除或终止与高管的劳动合同时，不应完全依据劳动法律法规，还应符合《公司法》的相关规定。但是目前《公司法》与《劳动法》之间缺少衔接，劳动法律法规中对劳动者定义模糊，导致了目前司法实践中的不统一。具体到本案，如果上市公司董事会履行法定程序，遵循相关规定，比如董事会决议在程序上不存在瑕疵，上市公司按照上市规则相关要求对解聘任期内董事会秘书提供充分、合理的理由等，公司解除董事会秘书职务的决议就应当是有效的，不宜机械地适用《劳动法》对解除劳动合同的严格规定，而应充分尊重当事人的意思自治，以使劳动争议的处理符合市场经济条件下劳动关系的发展要求。

有人认为，这种情形下公司只是解除了高级管理人员的职务，但是与其仍然存在劳动关系，公司应另行安排其他工作岗位。如果双方不能协商一致,公司才可以解除劳动合同。但是也有观点认为,实践中公司解除高级管理人员的职务就等于解除劳动合同。这是因为公司法规定了公司相关机构有权决定高管的聘任或解聘,高管聘用的期限则受制于公司相关机构聘期和法律规定任期的限制,并非双方可以随意约定,公司高管任职的期限也不一定能与聘期相当。只要双方之间的聘用关系终止,双方建立劳动关系的前提(即公司聘任)已经不存在,意味着双方之间的劳动关系也立即解除。实践中公司一般不可能在将高管解聘后再安排其作为普通员工提供劳动。所以只要公司解聘公司高管符合公司法和公司章程的规定,公司据此解除劳动关系就等于是协商一致而解除劳动合同,不存在违法解除劳动合同的问题。

[调整工作岗位]
2.2 有下列情形之一的,甲方可以调整乙方的工作岗位:
(1) 甲乙双方协商一致的;
(2) 乙方患病或者非因工负伤,在规定的医疗期满后不能从事原工作的;
(3) 乙方不能胜任工作的;
(4) 法律、行政法规规定的其他情形。

● 律师批注

【风险提示】
⊙ 一般而言,用人单位单方调整劳动者的工作岗位是违法的

劳动合同中对工作内容的约定,是用人单位和劳动者双方履行各自权利义务的基础。工作岗位的调整属于工作内容的变更,应当经过双方共同协商,取得一致意见。从严格适用劳动法的相关规定来讲,劳动合同或公司的规章制度中常见的"用人单位可以根据工作需要和规章制度调整岗位,劳动者应当服从"的条款是不合法的。用人单位未经劳动者同意,不能以劳动合同或员工手册中关于用人单位可以调整劳动者工作岗位的规定为由,单方调整劳动者的工作岗位。简而言之,用人单位调整劳动者的工作岗位,要么经双方协商一致,要么出现法定的事由,即生病(包括患病或者非因工负伤无法工作)或劳动者无法胜任原岗位,则不需经劳动者同意可以调整至新岗位。在司法实践中,将单位领导对下属的评价作为劳动者不胜任工作的依据是不被认可的。用人单位在管理中使用末位淘汰制的考核方法与劳动者解除劳动合同,也存在合法性问题。因为排在末位的劳动者不一定不能胜任工作。

还有一种用人单位应当调整劳动者工作岗位的情形,这种情形下用人单位有权不经过协商程序,不取得劳动者的同意,单方调整工作岗位。根据《职业病防治法》第36条的规定,劳动者患有职业禁忌,用人单位不得安排其从事其所禁忌的作业,应当调整劳动者的工作岗位,并妥善安置。除上述情形之外,一般而言用人单位没有单方调岗的权利。

劳动合同中对岗位调整没有做出约定或约定不清,此时用人单位在平等协商的前提下,与劳动者达成协议才能变更,否则不得单方做出调整。如果双方没有明确约定工作岗位,调整工作岗位发生劳动争议时,应以劳动者实际履行的工作岗位确定。用人单位违法变更劳动合同的工作内容,劳动者可以拒绝。因用人单位单方调岗不具有合法性,劳动者可以要求确认用人单位的调整违法,根据双方签订的劳动合同中工作内容(工作岗位)的约定,恢复原岗位,并按原岗位待遇支付劳动争议期间的工资。另外,工作职务的调整主要由用人单位根据劳动者工作表现等单方确定,用人单位可以根据合理的职务设置和考核体系,就职务的确定与劳动者另外签订聘用协议。用人单位解除或调整劳动者的职务,必须基于用人单位关于考核的规章制度和劳动合同的约定。

【法律规定】
《劳动合同法》第4、35条
《职业病防治法》第36条

【相关案例】
案例1-12:用人单位能否单方调整劳动者工作岗位?
高女士在某大型金融集团工作,双方签订了无固定期限劳动合同,公司安排高女士在市场部从事电子商务中心大客户管理室区域管理员工作。高女士的具体岗位职责和工作要求、业绩考核按照集团公司内部管理规章制度执行。其中明确约定,如果高女士因为技能、身体等因素达不到生产服务、工作质量、业绩指标等要求,不能胜任工作的,公司可以根据工作需要和高女士的专业、特长、实际工作能力和表现等调整高女士的工作岗位、级别和劳动报酬。劳动合同履行期内,公司进行年终考核工作,高女士参加了集团公司组织的市场部业务岗位考试。其后集团公司就考核结果跟高女士进行了谈话,告知其考核成绩不合格,不能胜任现有职位的要求,根据实际情况将高女士重新定岗定级为市场销售部电子商务中心网站后台支持员。高女士对公司的决定持有异议,表示不同意公司所做的调岗决定,认为考试内容不是工作岗位要求的业务技能,自己并不属于不胜任工作岗位的人员,还提交了当年年中考核结果、工作手册、公司奖励通知等证据证明自己在工作中表现优秀。其后高女士向公司邮寄了要求继续履行原劳动合同的申请书,但公司没有给予回复。高女士仍然坚持到原岗位上班,但其月工资被大幅度降低。由此,高女士向当地劳动争议仲裁委员会申请仲裁,后不服仲裁决定,起诉至法院。法院最后认定高女士的劳动合同有效,判令公司恢复高女士的原工作岗位。

分析:

用人单位对劳动者岗位的调整主要涉及劳动者工作内容和工作地点的变化,进而影响到劳动者的薪酬待遇等,实质上属于对劳动合同的变更。《劳动合同法》第35条规定,用人单位与劳动者协商一致,可以变更劳动合同约定的内容。变更劳动合同,应当采用书面形式。变更后的劳动合同文本由用人单位和劳动者各执一份。这表明,劳动合同一经订立,任何一方都不得随意进行变更。如果用人单位需要变更劳动合同的内容,应当就变更内容与劳动者协商一致。因变更内容给劳动者造成损害的,还应承担赔偿责任。但这并不是说,只要用人单位对劳动合同内容变更,就必须与劳动者协商一致。用人单位也享有组织管理的自主权,如果劳动合同中已经明确约定,涉及岗位调整的条款内容清晰,也不违反有关法律的禁止性规定,劳动者在签订劳动合同时不持异议,或者用人单位依照有关劳动法规的要求,制定出的涉及调整工作岗位的规章制度符合法律规定的民主程序,并已经依法公示或告知劳动者,该制度就对劳动者有约束力。在这种情况下,用人单位对劳动者做出的岗位调整决定,属于企业的经营自主权范畴。即使用人单位调整劳动者的工作岗位时没有与其协商一致,法律并不会一概认为公司的岗位调整就是无效的。

公司经考核认为高女士不胜任工作,而高女士认为自己表现优秀,完全胜任工作,不认可公司的考核结论。双方在劳动合同中对高女士的工作岗位做了明确约定,高女士提交的当年年中考核结果等证据能够证明其达到了工作岗位的要求,已经尽到了全面履行劳动合同的义务,而公司仅仅凭一次内部的书面考试成绩认定高女士不合格,没有更充分的证据证明高女士无法胜任工作,其单方调整工作岗位的行为违反了劳动法的规定。因此法院判令公司恢复高女士的工作岗位,双方以原条件继续履行劳动合同。

[工作地点]

2.3 工作的具体地点:_____。甲乙双方协商一致,可以变更工作地点。

● **律师批注**

【风险提示】

⊙ 工作地点约定明确具体,对劳动者更为有利

⊙ 工作地点也可以约定宽泛,劳动者应考虑自身能否实际履行

⊙ 对非典型的劳动者,比如董事长、总经理、财务负责人等高级管理人员,不宜机械适用劳动法关于劳动合同变更的严格规定

工作地点,就是劳动者提供劳动的地点,劳动者有权知悉自己的工作地点。工作地点的约定是《劳动合同法》比《劳动法》新增的劳动合同的必备内容之一。《劳动法》规定劳动合同中必须包含工作地点,但是没有对工作地点如何约定进行进一步规范,劳动合同中填写某一个区域或某一个或几个城市、用人单位经营注册地或项目所在地、用人单位的总部或分支机构等都是可以的。对于用人单位来说,工作地点的约定应尽量宽泛,不能过于具体。如果具体到很详细的地址,将来调整到另一办公区域,严格地说属于对劳动合同的变更(工作地点变更)。而《劳动法》的规定非常严格,变更劳动合同,应双方协商一致,采取书面形式。所以对于劳动者来说,工作地点的约定具体有利于更好地维护自身权益。如果用人单位在签订劳动合同之初,明确与劳动者约定,工作地点在某个区域,或者用人单位的分支机构所在的城市,或者因客户的要求需要派驻的地点等,这些不宜视为对工作地点约定不清或者对工作地点的变更。

目前某些大型跨国公司或大型集团公司,规定劳动者应当服从公司集团的调动,公司有权指派其到境内外的分支机构进行办公。某些大型律师事务所或会计师事务所、基金会、社会团体等,出于业务发展和客户要求,也需要安排员工进驻项目所在地长期办公。如果用人单位事先已就这一情况公示或告知劳动者,而劳动者在签订劳动合同时也没有表示异议,或者用人单位根据单位内部合法有效的规章制度对员工进行管理,比如大型的企业集团在内部实行高级管理人员的轮岗制等,就可以认为用人单位与劳动者就工作地点及其调整的约定已经协商一致,用人单位有权根据实际情况单方调整劳动者的工作地点。如果双方没有明确约定工作地点,就调整工作地点发生劳动争议时,应以劳动者实际履行职务、提供劳动的地方为其工作地点。考虑到现实的用工情况,工作地点不宜机械地理解为某一个特定的城市或场所。

对于某些非典型的劳动者,比如与用人单位建立劳动关系的上市公司的董事长、总经理、财务负责人和董事会秘书等公司高级管理人员,对其工作内容,包括工作岗位和职务、薪酬待遇和工作地点的调整,同时受到公司法和劳动法律法规的规范。比如依据合法有效的董事会决议,对高级管理人员进行

工作内容包括工作地点的调整,应视之为企业行使自主经营权,不宜机械地适用劳动法关于劳动合同变更(包括工作内容、薪酬待遇或工作地点等变更)必须经双方协商一致,采取书面形式的严格限制。但是也有例外,比如最高人民法院《关于审理劳动争议案件适用法律若干问题的解释(四)》第11条规定,变更劳动合同未采用书面形式,但已经实际履行了口头变更的劳动合同超过一个月,且变更后的劳动合同内容不违反法律、行政法规、国家政策以及公序良俗,当事人以未采用书面形式为由主张劳动合同变更无效的,人民法院不予支持。

【法律规定】

《劳动合同法》第35、47、87条

《公司法》第38、47、50条

最高人民法院《关于审理劳动争议案件适用法律若干问题的解释(四)》第11条

国务院《劳动合同法实施条例》第27条

【相关案例】

案例1-13:用人单位违法调整工作地点,应当承担什么责任?

周先生应聘到某物业管理有限公司工作,双方签订了为期一年的劳动合同,其中约定周先生的工作地点在市区。周先生入职工作大半年后,公司因为业务需要,将周先生调整至另一处离市区较远的工作地点,并向周先生送达了调整工作地点的书面通知。周先生没有同意公司这一调整安排,因此没有到新的工作地点报到。由于与周先生在调整工作岗位的问题上无法协商一致,公司解除了与周先生的劳动合同。周先生对此提出异议,认为公司解除劳动合同的行为违法。而公司认为,公司解除劳动合同,是因为其不服从公司的管理,严重违反了公司的规章制度。双方不能协商一致,周先生向当地劳动争议仲裁委员会申请仲裁,要求公司支付违法解除劳动合同的赔偿金。经过劳动仲裁、诉讼程序,法院支持了周先生的请求。

分析:

某物业管理公司与周先生签订了书面的劳动合同,依法建立了劳动关系,双方的权利义务受劳动法调整。某物业公司单方调整周先生的工作岗位,在双方协商无法达成一致的情形下,解除了与周先生的劳动合同,其解除劳动合同的行为不符合法定条件,属于违法解除。公司应当向周先生支付赔偿金。《劳动合同法》第87条规定,用人单位违反本法规定解除或者终止劳动合同的,应当依照本法第47条规定的经济补偿标准的二倍向劳动者支付赔偿金。按照《劳动合同法》第47条第1款规定,经济补偿按劳动者在本单位工作的年限,每满一年支付一个月工资的标准向劳动者支付。六个月以上不满一年的,按一年计算;不满六个月的,向劳动者支付半个月工资的经济补偿。国务院《劳动合同法实施条例》第27条规定,《劳动合同法》第47条规定的经济补偿的月工资按照劳动者应得工资计算,包括计时工资或者计件工资以及奖金、津贴和补贴等货币性收入。劳动者在劳动合同解除或者终止前十二个月的平均工资低于当地最低工资标准的,按照当地最低工资标准计算。劳动者工作不满十二个月的,按照实际工作的月数计算平均工资。据此,周先生在某物业公司工作不满一年,公司应支付周先生两个月的赔偿金。

第四节 工作时间和休息休假

[工时制度]

3.1 甲方安排乙方执行下列第_____种工时制度:

(1)标准工时制度:每日工作不超过八小时,每周工作时间不超过四十小时。

(2)综合计算工时制度:平均每天工作时间不超过八小时,平均每周工作时间不超过四十小时。

(3)不定时工作制度:在保证完成甲方工作任务情况下,乙方自行安排工作和休息时间。

甲方实行第(2)、(3)项工作制的,应当经劳动行政部门批准。

● 律师批注

【风险提示】

⊙ 标准工时制,每天工作时间八小时,每周工作时间四十小时

⊙ 综合计算工时制,平均每天工作时间不超过八小时,平均每周工作时间不超过四十小时

⊙ 不定时工作制,无固定的上下班时间,除法定节假日工作外,其他时间工作不算加班

工时制度,即工作时间制度。我国目前实行三种工作时间制度,即标准工时制、综合计算工时制和不定时工作制。标准工时制是我国运用最为广泛的一种工时制度。在标准工时制下,劳动者每天工作的最长工时为八小时,每周最长工时为四十小时。标准工时制有以下特点:(1)用人单位应当保证劳动者每周至少休息一日;(2)因生产经营需要,经与工会和劳动者协商,一

般每天延长工作时间不得超过一小时;(3)特殊原因每天延长工作时间不得超过三小时;(4)每月延长工作时间不得超过三十六小时。根据标准工时制的规定,工作时间比较固定,且延长工作时间有明确严格的限制条件。

综合计算工时制是以标准工时制为基础,以一定的期限为周期,综合计算工作时间的工时制度。该类工时制度有以下的特点:(1)一般以月、季、年为周期综合计算工作时间;(2)其平均日工作时间和平均周工作时间应当与法定标准工作时间基本相同,也就是说,在综合计算周期内,某一具体日(或周)的实际工作时间可以超过八小时(或四十小时),但综合计算周期内的总实际工作时间不能超过总法定标准工作时间;(3)实行综合计算工时制的,无论劳动者平时工作时间数为多少,只要在一个综合工时计算周期内的总工作时间数不超过以标准工时制计算的应当工作的总时间数,即不视为加班。若超过,则超过部分视为延长工作时间,并按劳动法的规定支付劳动报酬,且延长时间的小时数,平均每月不得超过三十六小时。从综合工时制的特点来看,其基础仍然是标准工时制,虽然允许一定周期范围内员工工作时间综合计算,允许具体的某日(或某周)可以超过法定标准工时,但是仍然要坚持一定周期内总的工作时间及平均工作时间都不能违反法定的标准。

不定时工作制是指,每一工作日没有固定的上下班时间限制的工作时间制度,是针对因生产特点、工作特殊需要或职责范围的关系,无法按标准工作时间衡量或需要机动作业的职工所采用的一种工时制度。该类工时制度有以下的特点:(1)经批准实行不定时工作制的职工,不受《劳动法》第41条规定的日延长工作时间标准和月延长工作时间标准的限制;(2)实行不定时工作制的职工,用人单位应采取适当的休息方式,确保职工的休息休假权利;(3)实行不定时工作制,除法定节假日工作外,其他时间工作不算加班。

实行综合计算工时制和不定时工作制,应经劳动部门批准。但是有的地方也规定了一些例外情形。比如《北京市企业实行综合计算工时工作制和不定时工作制的办法》第16条第2款规定,企业中的高级管理人员实行不定时工作制,不办理审批手续。对于企业中的高级管理人员,直接约定就可以实行不定时工作制。而对于高级管理人员的理解,可参照《公司法》第217条规定,高级管理人员,是指公司的经理、副经理、财务负责人,上市公司董事会秘书和公司章程规定的其他人员。

【法律规定】

《劳动法》第36—39、41条

《公司法》第217条

【相关案例】

案例 1-14：实行不定时工作制，如何计算加班费？

张先生与某石油化工厂签订劳动合同，工作岗位是货运装卸组的工人。该化工厂货运装卸工作一般随车辆、货运产品生产情况决定，具有不固定性，张先生等人有时在上班时间无装卸任务，但有时下班后又因运输货物的车辆进厂需要立即装卸。化工厂每月给予张先生等一定的加班工资。此后石油化工厂经当地劳动行政部门批准，对企业内部部分工作岗位的职工实行了不定时工作制，张先生所在岗位也属于被批准的实行不定时工作制的岗位。公司也将对张先生工时制度的变更告知了张先生。此后某月张先生领取工资时发现缺少了加班工资。张先生大为不满，向化工厂提出，安排其加班应该支付加班工资。化工厂认为，张先生有时存在一连几天工作不满八小时的情况，其对张先生实行的是不定时工作制，拒绝了张先生的要求。张先生不服，向当地劳动争议仲裁委员会提出了仲裁申请，他出示了自己保存的当月装卸记录，上面确有超过八小时后的工作时间记录。张先生认为，自己八小时以外的工作有据可查，但公司未支付加班工资。劳动合同里并没有规定对他实行不定时工作制，公司属于单方变更劳动合同，对他的岗位实行不定时工作制是无效的。所以，请求化工厂撤销对他的不定时工作制的认定，支付拖欠的加班工资，并支付拖欠工资的25%作为补偿。劳动争议仲裁委员会受理此案后，最终裁决对张先生要求支付加班工资的请求不予支持。

分析：

根据《劳动法》第39条的规定，企业因生产特点不能实行标准工时制度，经劳动行政部门批准，可以实行其他工作和休息办法。这里的"其他工作和休息办法"具体是指"不定时工作制"和"综合计算工时工作制"两种。劳动部《关于企业实行不定时工作制和综合计算工时工作制的审批办法》第4条规定，企业对符合下列条件之一的职工，可以实行不定时工作制：（1）企业中的高级管理人员、外勤人员、推销人员、部分值班人员和其他因工作无法按标准工作时间衡量的职工；（2）企业中的长途运输人员、出租汽车司机和铁路、港口、仓库的部分装卸人员以及因工作性质特殊，需机动作业的职工；（3）其他因生产特点、工作特殊需要或职责范围的关系，适合实行不定时工作制的职工。

本案中，张先生在单位从事装卸工作，从岗位性质来看属于依法可以实行不定时工作制职工的范围，化工厂可以为其申请不定时工作制。化工厂对张先生所在的装卸工岗位实行不定时工时制度经过劳动行政主管部门审批同意,并且该变更也为张先生知晓。化工厂与张先生签订了劳动合同后,根据张先生的工作性质申请不定时工作制,是符合相关不定时工作制的法律规定的合法行为,并不属于擅自单方变更劳动合同的违法行为。张先生平时在八小时以外工作不属于法律规定的加班。因为经过批准的实行不定时工作制的职工,由于其工作时间是不固定的,无法按标准工作时间来计算,因此不受标准工作时间的限制,超过八小时的工作不视为延长工作时间,不算加班加点,而是属于正常的工作时间。实行不定时工作制的劳动者,不适用延长工作时间发放加班工资的规定,只有在法定节假日被安排工作时才涉及加班费的问题。因此张先生提出支付加班工资的要求不符合法律规定。

[加班时间]

3.2 甲方经与乙方协商后可以安排乙方加班,一般每日不超过一小时。有特殊原因需要延长的,延长工作时间每日不超过三小时,每月不超过三十六小时。

● 律师批注

【风险提示】

⊙ 用人单位安排加班要与劳动者协商,不得强制劳动者加班

⊙ 劳动者无正当理由不得拒绝加班的法定情形有六种

某些用人单位习惯性地认为,加班属于公司的自主管理范畴,公司给予员工相应的加班费,就可以安排员工加班。如果员工拒绝公司的加班要求,就是不服从公司规章制度的管理,公司有权给予处罚,甚至解除劳动合同。这种观点是错误的。《劳动合同法》第31条规定,用人单位应当严格执行劳动定额标准,不得强迫或者变相强迫劳动者加班。用人单位安排加班的,应当按照国家有关规定向劳动者支付加班费。国务院《关于职工工作时间的规定》第6条规定,任何单位和个人不得擅自延长职工工作时间。因特殊情况和紧急任务确需延长工作时间的,按照国家有关规定执行。

根据劳动部《关于贯彻执行〈中华人民共和国劳动法〉若干问题的意见》第71条的规定,协商是企业决定延长工作时间的必经程序,企业确因生产经营需要,必须延长工作时间时,应与工会和劳动者协商。协商后,企业可以在劳动法限定的延长工作时数内决定延长工作时间,对企业违反法律、法规强迫劳动者延长工作时间的,劳动者有权拒绝。若由此发生劳动争议,可以提请劳动争议处理机构予以处理。由此可见,用人单位安排劳动者加班,需要经过与劳动者协商的程序,还应当符合法律规定的加班时间限制。否则,劳

动者有权拒绝,并可向劳动行政部门反映情况。如果用人单位强制劳动者加班引发劳动争议,将面临败诉风险。

但是,在某些特殊情形下,用人单位安排劳动者加班的,劳动者无正当理由不得拒绝。《劳动法》第42条规定,有下列情形之一的,延长工作时间不受本法第41条的限制:(1)发生自然灾害、事故或者因其他原因,威胁劳动者生命健康和财产安全,需要紧急处理的;(2)生产设备、交通运输线路、公共设施发生故障,影响生产和公众利益,必须及时抢修的;(3)法律、行政法规规定的其他情形。《国务院〈关于职工工作时间的规定〉的实施办法》第7条规定,有下列特殊情形和紧急任务之一的,延长工作时间不受本办法第6条规定的限制:(1)发生自然灾害、事故或者因其他原因,使人民的安全健康和国家资财遭到严重威胁,需要紧急处理的;(2)生产设备、交通运输线路、公共设施发生故障,影响生产和公众利益,必须及时抢修的;(3)必须利用法定节日或公休假日的停产期间进行设备检修、保养的;(4)为完成国防紧急任务,或者完成上级在国家计划外安排的其他紧急生产任务,以及商业、供销企业在旺季完成收购、运输、加工农副产品紧急任务的。

【法律规定】

《劳动法》第41、42条

《劳动合同法》第31条

国务院《关于职工工作时间的规定》第6条

《国务院〈关于职工工作时间的规定〉的实施办法》第7条

劳动部《关于贯彻执行〈中华人民共和国劳动法〉若干问题的意见》第71条

劳动部《关于企业实行不定时工作制和综合计算工时工作制的审批办法》

北京市劳动与社会保障局(已改为"北京市人力资源与社会保障局",以后不再一一注明)《北京市企业实行综合计算工时工作制和不定时工作制的办法》第7条

【相关案例】

案例1-15:劳动者的加班时间如何计算?

尚女士到某服装公司工作,担任导购员一职。其与公司签订了为期两年的劳动合同。其中约定,尚女士的劳动报酬包括基本工资、店长岗位津贴、全勤奖、饭费补助。合同附件约定,导购员要服从店长的日常调度安排。公司根据考核情况,确认销售奖金和加班工资。因为公司经常安排加班,尚女士感到自己不适合担任导购员一职。其后尚女士从公司离职,向当地劳动争议

仲裁委员会申请仲裁,要求服装公司支付其应当享有的正常时间、双休日和法定节假日的加班费用。因双方对加班费如何计算和工时制度方面存在较大争议,此案经过仲裁、诉讼程序。法院最终判定,按照标准工时制的加班规定,支持了尚女士的诉讼请求。

分析:

从严格执行劳动法的角度讲,如果用人单位没有向劳动行政部门申请执行综合计算工时制或不定时工作制,在具体的劳动争议中,对劳动者的加班就只能依照一般的加班(标准工时制)处理。具体来说,超出单个工作日法定工作时间的,认定为延长工作时间的加班;公休日工作并且没有安排补休的,认定为公休日的加班;法定休假日工作的,认定为法定休假日加班,按照法律规定计算加班薪酬。本案中法院即按此进行认定并作出判决。

在与劳动者协商一致的前提下,如果用人单位申请实行不定时工作制并得到批准,那么除法定节假日加班外,非工作时间工作不认定为加班。如果用人单位申请实行综合工时制并得到批准,对劳动者在工时计算周期内总实际工作时间超过法定时间的,按照工资150%支付工资报酬;法定休假日加班的,按照不低于工资的300%支付加班工资报酬。劳动部《关于企业实行不定时工作制和综合计算工时工作制的审批办法》对实行特殊工时制度下的劳动者休息的权利有原则性的规定,有的地方性法规有更为具体的规定,比如北京市劳动与社会保障局《北京市企业实行综合计算工时工作制和不定时工作制的办法》第7条规定,实行综合计算工时工作制,对于从事第三级以上(含第三级)体力劳动强度的职工,每日连续工作时间不超过十一小时,每周至少休息1天。即使是实行特殊工时制度,用人单位也要遵守法律和地方性法规,否则就要承担不利的法律后果。

[加班待遇]
3.3 甲方安排乙方加班,应当依照国家规定和甲方的规章制度,支付加班费用或安排乙方补休。

● **律师批注**

【风险提示】

⊙ 加班待遇分为一般工作日、休息日和法定节假日加班三种情形

⊙ 加班待遇与用人单位实行的工时制度有关

⊙ 劳动者有证据证明用人单位掌握加班事实存在的证据,用人单位不提供的,劳动者主张的加班事实可以得到认可

用人单位安排劳动者延长工作时间的，支付不低于工资的150%的工资报酬。在休息日安排劳动者工作的，优先安排劳动者补休。如果无法安排补休的，支付不低于工资200%的工资报酬。用人单位在法定节假日安排劳动者工作的，支付不低于工资300%的工资报酬。

加班费一直是劳动争议案件的焦点问题之一。应对加班费纠纷，劳动者应当收集的证据有工作卡、签到册、工资条、银行卡的打印记录、纳税单、劳动合同等，这些可以证明劳动关系是否存在、是否存在加班事实、工资标准是否正常等，同时也为加班费的计算基数提供依据。劳动者主张加班费要证明有加班事实的存在。但现实生活中，劳动者主张加班费往往在证明的环节上出现种种困难。比如，加班的工作记录、审批单、反映加班事实存在的工资单由用人单位保管。最高人民法院《关于审理劳动争议案件适用法律若干问题的解释（三）》第9条规定，劳动者主张加班费的，应当就加班事实的存在承担举证责任。但劳动者有证据证明用人单位掌握加班事实存在的证据，用人单位不提供的，由用人单位承担不利后果。当争议发生时，用人单位不愿对加班事实出具任何证明。在这种情况下，第一，劳动者应主张加班事实的存在；第二，要有证据证明用人单位掌握加班事实存在的证据；第三，用人单位不提供加班事实存在的证据。满足以上条件，用人单位应当承担不利后果。这个"不利后果"是说劳动者主张的加班事实可以得到认可。

劳动部《工资支付暂行规定》规定，工资支付凭证的最低保存年限是两年，但这不意味着用人单位只有提供两年工资支付凭证的义务。只要劳动者提出证据证明用人单位掌握了两年之前加班事实存在的证据，用人单位不提供该证据，仍应承担加班事实被推定存在的不利后果，劳动者的加班费请求应获得支持。基本工资之外的补贴、津贴、奖金在劳动合同无明确约定的情况下，都应计入加班费计算依据，而奖金的数额可以根据劳动者一定时期内获得的奖金的平均数额计算。

一般情况下，综合计算工时制的加班只会在一定周期的工作时间超过标准的总额时才会存在，且只能以工资的150%计算工资报酬，在标准总额内的时间，即使从某天或某周来看，超过了标准工作时间也不以加班来看。需要注意的是，在法定节假日工作还是视为加班，按法定的标准支付不低于工资的300%的工资报酬。不定时工作制不存在加班，但是法定节假日安排加班的必须按照《劳动法》第44条的规定支付加班费用。

实行综合计算工时制和不定时工作制存在一定的风险，企业实行以上两种工时制度，需要到当地劳动部门申请批准。否则，即便双方在劳动合同中约定实行不定时工作制也是无效的。发生争议，也应按照标准工时制处理，劳动者可以主张加班工资。实行综合计算工时制和不定时工作制的职工仍然享有法定休息的权利,这是宪法和劳动法赋予劳动者的休息权,用人单位应当保护劳动者的这项权利。对于实行不定时工作制和综合计算工时制的职工,企业应在保障职工身体健康并充分听取职工意见的基础上,采用集中工作、集中休息、轮休调休、弹性工作时间等适当方式,确保职工的休息休假权利。

针对员工拒绝加班的情况,用人单位应根据自身实际情况和行业特点,设置科学合理的绩效考核体系和奖励制度,平时注意培育创业进取的企业文化,培养员工对企业的忠诚度,加强与员工的沟通,形成良好的工作氛围,而非单纯以规章制度的处罚措施应对。

【法律规定】
《劳动法》第36—39条
《劳动合同法》第17、31、81条
劳动部《工资支付暂行规定》第13条

【相关案例】
案例1-16:劳动者如何主张加班费?
张女士是某服装公司的下岗人员,经介绍到某贸易公司工作,双方签订为期两年的劳动合同。因公司的业务需要,双方在劳动合同中约定,公司可以根据业务情况,调整张女士的工作岗位。之后,张女士被派往外地工厂进行全程质量监督工作。张女士在工作期间根据对方工厂的实际生产情况,为了履行工作职责,时常加班加点,有时在节假日也不例外。为此,张女士向公司提供了工作报告和自己编制的考勤记录,要求公司按照法律规定支付其加班费。但是公司对此持有异议,不认可张女士自己编制的考勤记录。公司提出在入职期间,已经告知张女士工作的实际情况,其支付给张女士的工资中已经包含加班费。张女士向劳动争议仲裁委员会申请仲裁,要求公司支付加班费和因迟延履行而产生的赔偿金。张女士的请求最终得到了支持。

分析:
张女士与公司签订了书面的劳动合同,其劳动关系是合法有效的,应当受到劳动法的保护。在劳动合同履行期间,用人单位处于管理地位,负责保管相关的考勤记录、报销凭证等材料。张女士主张在双方劳动关系存续期间,被派往外地工厂进行全程质量监督工作,存在加班的情况。张女士提供的主要证据包括:向公司提交的工作报告和自己编制的考勤记录。同时提出,由公司保管的其出差后填写的报销记录和凭证,也可以证明加班事实。而公司对此有异议,但是并没有提出证据进行反驳。最高人民法院《关于审理劳动争议案件适用法律若干问题的解释(三)》第9条规定,劳动者主张加班费的,应当就加班事实的存在承担举证责任。但劳动者有证据证明用人单位掌握加班事实存在的证据,用人单位不提供的,由用人单位承担不利后果。不利后果指的是劳动者主张的加班事实被推定成立。据此,公司坚持张女士没有加班,同时无法提出相应证据,应承担败诉的风险。

  劳动者在举证证明加班事实时,很难有充足的证据证明加班事实,从而导致败诉,不利于劳动者权利的保障。但是,如果规定用人单位不提供否认加班事实的证据,即推定劳动者存在加班的事实,则会鼓励劳动者任意主张加班费,这也影响到正常的生产经营秩序。上述司法解释解决了这一问题。用人单位有责任提供其持有与加班有关的工资明细表和考勤记录表等。对用人单位拒不提供加班事实存在的证据,劳动者只要证明用人单位掌握了上述证据,即应视为其完成了对存在加班事实的举证,举证责任大大减轻。这一规定符合我国现阶段国情。公司主张,支付给张女士的工资中已经包含加班费,但没有提供相应证据,没有得到仲裁委的支持。实践中,有的用人单位没有工资表和考勤表,有的提供的工资表和考勤表,因没有劳动者的签字,很难得到劳动者的认可。在这种情况下,法院很可能判决用人单位承担不利的法律后果。

【实务指南】
问题:工资中是否可以包含加班费?

  工资中是否可以包含加班费?劳动合同法及其实施条例对此没有明确规定,司法实践中也存在不同的处理意见。比如北京市高级人民法院、北京市劳动争议仲裁委员会《关于劳动争议案件法律适用问题研讨会会议纪要》第23条规定,用人单位与劳动者虽然未书面约定实际支付的工资是否包含加班工资,但用人单位有证据证明已支付的工资包含正常工作时间工资和加班工资的,可以认定用人单位已支付的工资包含加班工资。但折算后的正常工作时间工资不得低于当地最低工资标准。其他地方的指导意见也有类似规定。具体来说,假设双方没有对加班费用进行约定,但是在用人单位的证据中,例如工资单中,明确了加班费用的明细,可以认为用人单位已经支付加班费用。但是,除该部分加班费用外,劳动者的正常工作时间的工资必须超过最低工资标准。根据上述规定,无论是合同约定工资之中包含加班工资,还是用人单位举证证明实发工资之中包含了加班工资,只要依法折算加班工资后正常工作时间的工资不低于当地最低工资标准,都可以认定有效。

  如果工资中约定包含了加班工资,但是依法折算后,正常工作时间的工资低于当地最低工资标准,应如何处理?对此,可以参考司法实践中各地的一些具体规定。比如深圳市中级人民法院《关于审理劳动争议案件若干问题的指导意见》第74条规定,如计算出的劳动者的时薪低于法定最低工资标准,则该约定为无效。劳动者的工资应以最低工资标准为基本工资,超过法定工作时间为加班时间,加班工资以最低工资标准按法律规定标准计算。该规定虽然对其他地方没有约束力,但具有参考价值。也有人提出应主要依据劳动法同工同酬的原则,由仲裁委或法院根据案件的具体情况自由裁量。

[休息休假]
3.4 甲方依法保证乙方的休息休假的权利,乙方在劳动合同期内享受国家规定的节假日、年休假、婚丧假、产假等假期。

● 律师批注
【风险提示】
⊙ 劳动者休息休假的权利依法受到保护

休息休假是劳动者应当享有的权利,受到劳动法律法规的保护。我国现行法律法规规定的休假包括法定节假日、年休假、探亲假、婚丧假、产假等。用人单位应当保障劳动者的法定休假权,否则应承担相应的法律责任。随着国家休息休假制度的不断完善和劳动者维权意识的不断增强,包括休息休假纠纷在内的劳动争议案件数量逐年增加。用人单位应当尽快贯彻落实国家的劳动法规,实施适合单位自身实际的年休假制度,保证规章制度建设方面的合法性,增强用人单位对劳动者的吸引力。

【相关案例】
案例1-17:劳动者未享受年休假,损失如何计算?
王先生在某国有企业工作若干年之后,跳槽到某网络科技公司,担任网络编辑一职。双方签订了书面的劳动合同,劳动合同期限为三年。王先生的工资报酬是每月基本工资加绩效考核工资。三年之后劳动合同届满之际,公司表示愿意以原条件与王先生续订劳动合同,但是王先生已经另有考虑,在公司办理了离职手续。王先生在离职之后,向公司提出,因其本人在三年的劳动合同期间没有休过年休假,因此要求公司按照日工资收入的300%的标准支付未休年休假的工资。公司对此感到非常意外,不同意王先生的要求。因此,王先生向当地劳动争议仲裁部门申请仲裁,要求公司支付其在劳动合同履行三年间的年休假工资,支付的标准按照王先生工资的300%确定,以此作为其应该享受而实际没有享受年休假的补偿。

分析：

年休假是国家根据劳动者工作年限和劳动繁重程度每年给予的一定期间的带薪连续休假。对实施年休假的用人单位的主体范围，人力资源和社会保障部《企业职工带薪年休假实施办法》第2条规定，中华人民共和国境内的企业、民办非企业单位、有雇工的个体工商户等单位和与其建立劳动关系的职工，适用本办法。第9条规定，用人单位根据生产、工作的具体情况，并考虑职工本人意愿，统筹安排年休假。由此可见，安排职工休年休假是用人单位的法定义务。除超过时效和劳动者因本人原因书面申请不休年休假外，用人单位都要承担未安排劳动者休年休假的责任。而且一旦用人单位未安排休年休假，有可能要按照劳动者日工资收入的300%支付未休年休假的工资报酬。年休假是国家规定的保障劳动者休息休假权利的制度，用人单位应当遵守这一劳动法规。由于公司没有安排王先生休年休假，其面临劳动仲裁败诉的风险。

同时需要注意的是，年休假中对劳动者工作时间的计算，是以劳动者的累计工作时间，而不是以劳动者在该用人单位实际工作时间计算。王先生在网络科技公司工作之前，在某国有企业工作过，那么其在国有企业的工作时间也应该合并计算。人力资源和社会保障部《企业职工带薪年休假实施办法》第4条规定，年休假天数根据职工累计工作时间确定。职工在同一或者不同用人单位工作期间，以及依照法律、行政法规或者国务院规定视同工作期间，应当计为累计工作时间。而王先生在入职前工龄很长，年休假计算基数较高，公司为此付出的补偿也就相对较高。年休假的时效为一年，对劳动者离职时还没有超过劳动仲裁时效的未休年休假天数，用人单位应告知劳动者有关年休假的规定，在与劳动者协商一致的情形下，待劳动者休满年休假之后，用人单位再协助劳动者办理有关离职手续，这样可以避免300%年休假工资的风险。如果劳动者不同意休年休假，用人单位可以要求劳动者出具不休年休假的书面申请或证明，以避免争议。

【法律规定】

《劳动法》第40、51、62条

国务院《全国年假及纪念日放假办法》第2、4—6条

国务院《职工带薪年休假条例》第2—5条

人力资源和社会保障部《企业职工带薪年休假实施办法》第2、4、9、10条

国务院《关于职工探亲待遇的规定》第2—6条

国家劳动总局（国家劳动总局已撤销，其职能现并入"人力资源和社会

保障部",以后不再一一注明)、财政部《关于国营企业职工请婚丧假和路程假问题的通知》

人力资源和社会保障部《企业职工带薪年休假实施办法》第4条

国务院《女职工劳动保护特别规定》第5—10条

【实务指南】
问题:我国的节日休假制度有哪些?

目前我国的节日休假制度历经修订,已经形成了一整套比较完整的体系。《宪法》第43条规定,中华人民共和国劳动者有休息的权利。国家发展劳动者休息和休养的设施,规定职工的工作时间和休假制度。《劳动法》对休息休假的主要规定如下:一是国家实行劳动者每日工作时间不超过八小时的制度。二是用人单位应当保证劳动者每周至少休息一日,企业因生产特点不能实行前款规定的,经劳动行政部门批准,可以实行其他休息办法;三是用人单位在元旦、春节、国际劳动节、国庆节以及法律、法规规定的其他休假节日应当依法安排劳动者休假;四是国家实行带薪年休假制度,劳动者连续工作一年以上的,享受带薪年休假,具体办法由国务院规定。

为便于查阅方便,我们对散见于各个层级的国家规定中有关节日休假制度的部分进行总结,以便用人单位和劳动者对我国的休息休假制度能有整体全面的了解。我国的放假规定主要分为全体公民放假的节日、部分公民放假的节日、职工带薪年休假、探亲假、婚丧假、路程假、产假、哺乳假等。具体规定如下:

一、全体公民放假的节日

国务院《全国年节及纪念日放假办法》第2条规定,全体公民放假的节日:

(一)新年,放假1天(1月1日);

(二)春节,放假3天(农历除夕、正月初一、初二);

(三)清明节,放假1天(农历清明当日);

(四)劳动节,放假1天(5月1日);

(五)端午节,放假1天(农历端午当日);

(六)中秋节,放假1天(农历中秋当日);

(七)国庆节,放假3天(10月1日、2日、3日)。

二、部分公民放假的节日及纪念日

《全国年节及纪念日放假办法》第3条规定,部分公民放假的节日及纪念日:

(一)妇女节(3月8日),妇女放假半天;

（二）青年节（5月4日），14周岁以上的青年放假半天；

（三）儿童节（6月1日），不满14周岁的少年儿童放假1天；

（四）中国人民解放军建军纪念日（8月1日），现役军人放假半天。

第6条规定，全体公民放假的假日，如果适逢星期六、星期日，应当在工作日补假。部分公民放假的假日，如果适逢星期六、星期日，则不补假。

三、年休假

国务院《职工带薪年休假条例》第2条规定，机关、团体、企业、事业单位、民办非企业单位、有雇工的个体工商户等单位的职工连续工作1年以上的，享受带薪年休假（以下简称年休假）。单位应当保证职工享受年休假。职工在年休假期间享受与正常工作期间相同的工资收入。

第3条规定，职工累计工作已满1年不满10年的，年休假5天；已满10年不满20年的，年休假10天；已满20年的，年休假15天。国家法定休假日、休息日不计入年休假的假期。

第4条规定，职工有下列情形之一的，不享受当年的年休假：

（一）职工依法享受寒暑假，其休假天数多于年休假天数的；

（二）职工请事假累计20天以上且单位按照规定不扣工资的；

（三）累计工作满1年不满10年的职工，请病假累计2个月以上的；

（四）累计工作满10年不满20年的职工，请病假累计3个月以上的；

（五）累计工作满20年以上的职工，请病假累计4个月以上的。

第5条规定，单位根据生产、工作的具体情况，并考虑职工本人意愿，统筹安排职工年休假。年休假在1个年度内可以集中安排，也可以分段安排，一般不跨年度安排。单位因生产、工作特点确有必要跨年度安排职工年休假的，可以跨1个年度安排。单位确因工作需要不能安排职工休年休假的，经职工本人同意，可以不安排职工休年休假。对职工应休未休的年休假天数，单位应当按照该职工日工资收入的300%支付年休假工资报酬。

第7条规定，单位不安排职工休年休假又不依照本条例规定给予年休假工资报酬的，由县级以上地方人民政府人事部门或者劳动保障部门依据职权责令限期改正；对逾期不改正的，除责令该单位支付年休假工资报酬外，单位还应当按照年休假工资报酬的数额向职工加付赔偿金；对拒不支付年休假工资报酬、赔偿金的，属于公务员和参照公务员法管理的人员所在单位的，对直接负责的主管人员以及其他直接责任人员依法给予处分；属于其他单位的，由劳动保障部门、人事部门或者职工申请人民法院强制执行。

四、探亲假

国务院《关于职工探亲待遇的规定》第2条规定，凡在国家机关、人民团体和全民所有制企业、事业单位工作满一年的固定职工,与配偶不住在一起,又不能在公休假日团聚的,可以享受本规定探望配偶的待遇;与父亲、母亲都不住在一起,又不能在公休假日团聚的,可以享受本规定探望父母的待遇。但是,职工与父亲或与母亲一方能够在公休假日团聚的,不能享受本规定探望父母的待遇。

第3条规定,职工探亲假期:(一)职工探望配偶的,每年给予一方探亲假一次,假期为30天。(二)未婚职工探望父母,原则上每年给假一次,假期为20天。如果因为工作需要,本单位当年不能给予假期,或者职工自愿两年探亲一次的,可以两年给假一次,假期为45天。(三)已婚职工探望父母的,每四年给假一次,假期为20天。探亲假期是指职工与配偶、父母团聚的时间,另外,根据实际需要给予路程假。上述假期均包括公休假日和法定节日在内。

第4条规定,凡实行休假制度的职工(例如学校的教职工),应该在休假期间探亲;如果休假期较短,可由本单位适当安排,补足其探亲假的天数。

第5条规定,职工在规定的探亲假期和路程假期内,按照本人的标准工资发给工资。

第6条规定,职工探望配偶和未婚职工探望父母的往返路费,由所在单位负担。已婚职工探望父母的往返路费,在本人月标准工资30%以内的,由本人自理,超过部分由所在单位负担。

第7条规定,各省、直辖市人民政府可以根据本规定制定实施细则,并抄送国家劳动总局备案。自治区可以根据本规定的精神制定探亲规定,报国务院批准执行。

第8条规定,集体所有制企业、事业单位职工的探亲待遇,由各省、自治区、直辖市人民政府根据本地区的实际情况自行规定。

五、婚丧假、路程假

根据1980年国家劳动总局、财政部《关于国营企业职工请婚丧假和路程假问题的通知》第1条规定,职工本人结婚或职工的直系亲属(父母、配偶和子女)死亡时,可以根据具体情况,由本单位行政领导批准,酌情给予一至三天的婚丧假。

第2条规定,职工结婚时双方不在一地工作的;职工在外地的直系亲属死亡时需要职工本人去外地料理丧事的,都可以根据路程远近,另给予路程假。

第3条规定,在批准的婚丧假和路程假期间,职工的工资照发,途中的车船费等,全部由职工自理。

六、产假、哺乳假

国务院《女职工劳动保护特别规定》第 5 条规定,用人单位不得因女职工怀孕、生育、哺乳降低其工资、予以辞退、与其解除劳动或者聘用合同。

第 6 条规定,女职工在孕期不能适应原劳动的,用人单位应当根据医疗机构的证明,予以减轻劳动量或者安排其他能够适应的劳动。对怀孕 7 个月以上的女职工,用人单位不得延长劳动时间或者安排夜班劳动,并应当在劳动时间内安排一定的休息时间。怀孕女职工在劳动时间内进行产前检查,所需时间计入劳动时间。

第 7 条规定,女职工生育享受 98 天产假,其中产前可以休假 15 天;难产的,增加产假 15 天;生育多胞胎的,每多生育 1 个婴儿,增加产假 15 天。女职工怀孕未满 4 个月流产的,享受 15 天产假;怀孕满 4 个月流产的,享受 42 天产假。

第 9 条规定,对哺乳未满 1 周岁婴儿的女职工,用人单位不得延长劳动时间或者安排夜班劳动。用人单位应当在每天的劳动时间内为哺乳期女职工安排 1 小时哺乳时间;女职工生育多胞胎的,每多哺乳 1 个婴儿每天增加 1 小时哺乳时间。

七、假期中工资的支付

对假期中工资如何支付的情形,目前法律有一些强制性的规定。《劳动法》第 51 条规定,劳动者在法定休假日和婚丧假期间以及依法参加社会活动期间,用人单位应当依法支付工资。根据劳动部《关于〈中华人民共和国劳动法〉若干条文的说明》第 51 条规定,法定休假日,是指法律、法规规定的劳动者休假的时间,包括法定节日(即元旦、春节、国际劳动节、国庆节及其他节假日)以及法定带薪休假。婚丧假,是指劳动者本人结婚以及其直系亲属死亡时依法享受的假期。依法参加社会活动是指:行使选举权;当选代表,出席政府、党派、工会、青年团、妇女联合会等组织召开的会议;担任人民法庭的人民陪审员、证明人、辩护人;出席劳动模范、先进工作者大会;《工会法》规定的不脱产工会基层委员会委员因工会活动占用的生产时间等。

具体来说,第一,假期中的工资支付不得低于最低工资标准。劳动和社会保障部《最低工资规定》第 3 条规定,本规定所称最低工资标准,是指劳动者在法定工作时间或依法签订的劳动合同约定的工作时间内提供了正常劳动的前提下,用人单位依法应支付的最低劳动报酬。本规定所称正常劳动,是指劳动者按依法签订的劳动合同约定,在法定工作时间或劳动合同约定的工作时间内从事的劳动。劳动者依法享受带薪年休假、探亲假、婚丧假、生育(产)假、节育手术假等国家规定的假期间,以及法定工作时间内依法参加社会活动期间,视为提供了正常劳动。

第二,按劳动合同规定的标准支付劳动者工资。劳动部《工资支付暂行规定》第11条规定,劳动者依法享受年休假、探亲假、婚假、丧假期间,用人单位应按劳动合同规定的标准支付劳动者工资。根据劳动部《对〈工资支付暂行规定〉有关问题的补充规定》,按劳动合同规定的标准,系指劳动合同规定的劳动者本人所在的岗位(职位)相对应的工资标准。

第五节 劳动报酬、社会保险和福利待遇

[劳动报酬的原则]
4.1 甲方按照按劳分配原则,实行同工同酬,确定工资分配方式。

● 律师批注
【风险提示】
⊙ 薪酬待遇按劳分配,同工同酬

《劳动法》第46条规定,工资分配应当遵循按劳分配原则,实行同工同酬。同工同酬是我国劳动法的一项基本原则。但是《劳动法》《劳动合同法》等都只是做出了原则性规定,缺乏相关的操作细则。劳动部办公厅《关于〈劳动法〉若干条文的说明》第46条规定,本条中的"同工同酬"是指用人单位对于从事相同工作,付出等量劳动且取得相同劳绩的劳动者,应支付同等的劳动报酬。因此,同工同酬的标准有三条:第一,劳动者的工作岗位、工作内容相同;第二,在相同的工作岗位上付出了与别人同样的劳动工作量;第三,同样的工作量取得了相同的工作业绩。只有同时满足这三个条件,才能适用同工同酬。在当年的立法背景和市场形势下,该说明是符合社会现实的。当时的用人单位多数属于劳动密集型企业,劳动者岗位多为生产岗位,劳动者的工作量、工作业绩容易通过产品的质量和数量进行量化考核。但是现今的社会化规模化大生产,尤其随着科技发展和专业分工细化,如何考核不同的劳动者是否付出了相同的工作量,是否取得了相同的工作业绩,问题变得复杂起来。

同工同酬经常出现的一个认识误区是相同的岗位劳动报酬相同。其实,相同的岗位可以不同劳动报酬。《劳动合同法》第20条规定,劳动者在试用期的工资不得低于本单位相同岗位最低档工资或者劳动合同约定工资的80%,并不得低于用人单位所在地的最低工资标准。这说明同岗位的工资可

以分成不同档次。上海市高级人民法院《关于适用〈中华人民共和国劳动合同法〉若干问题的意见》关于同工同酬的规定可以作为参考。该意见第14条规定,同工同酬是劳动法确立的一项基本规则,用人单位必须严格遵守。但由于劳动者存在个体差异,因此,不能简单以不同劳动者是否在相同岗位工作作为"同工"的标准,而应综合考虑劳动者的个人工作经验、工作技能、工作积极性等特殊因素,允许用人单位依此对相同工作岗位的劳动者在劳动报酬方面有所差别。从上述意见中有理由认为,仅凭劳动者在相同岗位工作就认定劳动者应获得完全相同的报酬显然不合适,因为用人单位在工资分配制度方面有自主权。

同工同酬这一原则的适用前提是劳动合同和集体合同中都未明确工资标准。如果包括岗位津贴、福利待遇等制度在内的规章制度的制定程序和公示存在瑕疵,无法作为审理案件的依据,劳动报酬应当受同工同酬的原则约束。但是,实践中大量关于同工同酬的纠纷在于,劳动合同或劳务派遣协议明确了工资标准,但是该约定并不合理。同工同酬问题在劳务派遣用工中比较突出。有的用人单位享有正式编制的员工与所谓编外人员在工资薪酬、福利待遇上区别很大。对此解决方法有三:一是在立法上提高针对性,也可以用案例的形式推动同工同酬原则的贯彻;二是从技术层面推动合理的绩效考核、岗位设置和评价制度,确定不同岗位的薪酬标准,从而保证同工同酬;三是政府劳动监察部门应当加强执法力度。

【法律规定】

《宪法》第48条

《劳动法》第46条

《劳动合同法》第11、18、63条

【相关案例】

案例1-18:如何适用同工同酬原则?

江先生到某机械公司工作。因江先生刚刚入职,未达到独立当班要求,机械公司安排其与何先生共开一台车床。江先生被安排从事钻床打孔,在工作过程中受伤。经鉴定,江先生构成八级伤残。因机械公司未依法为江先生缴纳工伤保险费,江先生起诉要求机械公司赔偿其各项工伤保险待遇和停工留薪期间工资共计十余万元。江先生与机械公司的主要争议焦点是江先生的工伤待遇和停工留薪期间工资基数的计算标准。江先生认为,根据劳动法规定,劳动报酬不明确应按同工同酬原则计算,其受伤前的工资标准应比照何先生的工资(3000元/月)或按职工平均工资计算。机械公司则认为,江先生受伤前上班时间较短,受伤前实际发放的工资标准为1000元/月(高于当地最低工资标准），应以此为依据计算相关工伤待遇。法院最终没有根据何先生劳动报酬的标准进行计算，而是根据江先生自身的工资待遇作出判决。

分析：

《劳动法》第46条规定，工资分配应当遵循按劳分配原则，实行同工同酬。《劳动合同法》第11条、第18条、第63条对同工同酬也做了相关的规定。所谓同工同酬，是指用人单位对于从事相同工作、付出等量劳动且取得相同劳绩的劳动者，应支付同等的劳动报酬。即"同工"必须具备三个条件：一是相同的工作岗位、工作内容，二是付出相同的劳动工作量，三是取得了相同的工作业绩。只有同时符合这三个条件，劳动者才可能取得"同酬"。同工同酬是我国劳动法的一项基本原则，但对该原则不能作机械理解。机械公司安排江先生与何先生共同当班，并不能简单地认为其与何先生做同样的工作就是劳动法上所指的"同工"，还应根据其实际能力和劳动业绩进行综合考量。江先生虽然是与何先生在相同的岗位上，付出了大致相同的工作量，但由于两人资历、技能、水平的差异，取得的工作业绩、对单位的贡献并不相同，并不能认为两人符合"同工"的要求，因此，机械公司发给江先生的工资并不违反同工同酬原则。根据相关规定，停工留薪期间，工伤职工的原工资福利待遇不变，因此，计算江先生停工留薪期的工资基数应为其受伤前的工资水平。结合具体案情，根据江先生自身的工资待遇，法院依法作出了判决。

[劳动报酬的标准]

4.2 经甲乙双方协商一致，试用期内乙方的工资为_____元人民币。试用期期满，工资报酬按下列_____方案执行：

(1) 基本工资制。乙方每月的基本工资为_____元人民币。

(2) 基本工资和绩效工资相结合的制度。乙方每月的基本工资为_____元人民币。绩效工资按照甲方规章制度确定的标准进行计算。

(3) 计件工资制。乙方在法定工作时间或约定的工作时间内提供正常劳动，甲方按照规章制度的有关规定确定劳动定额和计件报酬标准。

● **律师批注**

【风险提示】

⊙ 工作报酬包括基本工资、工龄工资、岗位工资、加班加点工资、各类奖金和津贴

⊙ 工资必须以货币形式按月足额支付给劳动者

工资是指用人单位依据国家有关规定或劳动合同的约定，以货币形式直

接支付给劳动者的劳动报酬,一般包括基本工资、工龄工资、岗位工资、加班加点工资、各类奖金和津贴等。劳动者的以下劳动收入不属于工资范围:(1)劳动保护方面的费用,如用人单位支付给劳动者的工作服、解毒剂、清凉饮料费用等;(2)单位支付给劳动者本人的社会保险福利费用,如丧葬抚恤救济费、生活困难补助费、计划生育补贴等;(3)按规定未列入工资总额的各种劳动报酬及其他劳动收入,如根据国家规定发放的创造发明奖、国家星火奖、自然科学奖、科学技术进步奖、合理化建议和技术改进奖、中华技能大奖等,以及稿费、讲课费、翻译费等。

工资必须以货币形式按月足额支付给劳动者,不得以发放实物、有价证券、提供食宿条件等形式替代支付。工资的具体数额不得低于用人单位所在地的最低工资标准。最低工资的标准应参照各省、自治区、直辖市人民政府的具体规定。用人单位制定关于确定劳动定额的规章制度,应当征求工会或职工的意见,协商确定后应依法公示或告知劳动者。在试用期内,劳动者的工资不得低于单位相同岗位最低档工资或劳动合同约定工资的80%,并不低于用人单位所在地的最低工资标准。用人单位未按照劳动合同约定及时足额向劳动者支付劳动报酬的,劳动者可以随时提出解除劳动合同,并可要求用人单位支付解除和终止劳动合同的经济补偿。

【法律规定】

《宪法》第48条

《劳动法》第46、48条

最高人民法院《关于民事诉讼证据的若干规定》第6条

最高人民法院《关于审理劳动争议案件适用法律若干问题的解释》第13条

最高人民法院《关于审理劳动争议案件适用法律若干问题的解释(三)》第9条

劳动部《关于贯彻执行〈中华人民共和国劳动法〉若干问题的意见》第53条

国家统计局《关于工资总额组成部分的规定》

【相关案例】

案例1-19:劳动者离职后能够主张项目奖金吗?

黄先生在某证券公司工作,双方签订了为期五年的劳动合同。在双方劳动关系存续期间,该证券公司承接了某公司申请股票发行上市的业务,其中由黄先生担任单位该项目的负责人和保荐代表人。在黄先生及其同事的努力下,该公司顺利在上海证券交易所成功发行股票并上市。按照证券公司的内部规章制度,黄先生的奖金收入为二十余万元。黄先生在劳动合同到期后,没有与证券公司续订劳动合同。在离职时,黄先生要求证券公司支付其奖金,并通过向证券公司提交书面的关于申请办理离职手续的请示,就奖励金额和计算方法及其依据等征求过相关领导的意见。有关领导在该请示上签了字。但是,在黄先生正式离职后,证券公司以项目没有核定为由,拒绝支付黄先生的奖金。黄先生向当地劳动争议仲裁委员会申请仲裁,仲裁委裁决证券公司在30日内为黄先生核定并支付奖金。证券公司经过最终核算后认为该项目超过预算,因此无奖金。黄先生再次向仲裁委提起仲裁,结果被驳回。黄先生因此向法院提起诉讼,最终法院支持了黄先生的诉讼请求。

分析:

本案的焦点问题在于,在项目费用超标的情况下,项目奖金是否应当支付。对此,证券公司的规章制度没有明确规定,双方的劳动合同中也没有明确约定。证券公司主张该上市项目的费用超过预算,因此不应当支付项目奖金。但是法院经过审理认为,根据某证券公司的费用预算管理办法,项目费用有定期考核,超过范围并非黄先生所在项目组能自行决定的。在双方没有明确约定的情况下,即使发生费用超标,也不应当从项目奖励中予以扣除。证券公司对项目奖金的计算方法和计算基准也有异议,认为该公司领导对请示的批准,只是表明同意黄先生的离职,并非认可该请示上的奖金数额,并提交了某证券公司提供的会议纪要进行抗辩。法院认为该会议纪要系证券公司单方形成的,其效力低于黄先生的《关于申请办理离职手续的请示》的证明力。公司在内部的规章制度中没有明确规定项目奖金的计算基准,黄先生计算出来的数额,实际已经取得公司有关领导的签字认可。公司提出只是认可离职,而非认可项目奖金的主张没有事实依据。而公司虽然没有规定奖金的核发和发放程序,但是该笔奖金是公司项目组和业务部门共同核算确定的,后面的程序只是履行审批手续。基于以上理由,法院最终支持了黄先生的诉讼请求。

案例1-20:提成是否属于工资的一部分?

徐先生到某图书经营公司工作,工作职责是参加各地方政府组织的政府图书采购,中标后联系供货事宜。公司与徐先生没有签订书面合同,只是口头约定,徐先生的劳动报酬分为两部分:一是底薪,即基本工资;二是提成,提成数额按照一定的比例,结合徐先生完成项目的数量计算。公司内部制定的《员工工资待遇、业绩提成制度方案》具体做出了规定。徐先生在公司工作时,每月的提成收入远远高于底薪。徐先生在公司工作不满一年,因与公司领导意见不合,从公司离职。其后,徐先生要求公司支付未签订劳动合同的两倍工资,双方在两倍工资的计算标准上发生争议。公司认为两倍工资的计算不应当包括提成收入,即仅以基本工资的两倍来计算。而徐先生对此不予认可。此案经过仲裁和诉讼程序,最终法院支持了徐先生的主张。

分析:

很多企业根据自身特点,把员工的工资水平和工作业绩联系在一起,实行基本工资加业务提成的工资分配制度,这是合法的。对"两倍工资应当支付"这一点双方都不存在异议。双方争议的焦点在于,提成是否应当计入两倍工资的计算基数。"提成是否属于工资组成部分"的问题,《劳动合同法》和国务院《劳动合同法实施条例》没有做出明确规定。劳动部《关于贯彻执行〈中华人民共和国劳动法〉若干问题的意见》第53条规定,劳动法中的"工资"是指用人单位依据国家有关规定或劳动合同的约定,以货币形式直接支付给本单位劳动者的劳动报酬,一般包括计时工资、计件工资、奖金、津贴和补贴、延长工作时间的工资报酬以及特殊情况下支付的工资等。工资是劳动者劳动收入的主要组成部分。国家统计局《关于工资总额组成的规定》第3条规定,工资总额是指各单位在一定时期内直接支付给本单位全部职工的劳动报酬总额。工资总额的计算应以直接支付给职工的全部劳动报酬为根据。第4条规定,工资总额由下列六个部分组成:(1)计时工资;(2)计件工资;(3)奖金;(4)津贴和补贴;(5)加班加点工资;(6)特殊情况下支付的工资。第6条规定,计件工资是指对已做工作按计件单价支付的劳动报酬。包括:(1)实行超额累进计件、直接无限计件、限额计件、超定额计件等工资制,按劳动部门或主管部门批准的定额和计件单价支付给个人的工资;(2)按工作任务包干方法支付给个人的工资;(3)按营业额提成或利润提成办法支付给个人的工资。从以上规定可以看出,提成作为奖金的一种特殊形式,是工资的组成部分。在司法实践中,一般会将业务提成计入劳动者的工资基数。

[劳动报酬的支付]

4.3 甲方每月五日前向乙方支付工资报酬。甲方依法代扣乙方工资或者乙方拒绝领取的,不属于克扣或者无故拖欠工资。

● **律师批注**

【风险提示】

⊙ 用人单位不得克扣或者无故拖欠工资

用人单位有不按时足额向劳动者支付工资报酬,克扣或无故拖欠工资等情形的,需要承担极大的法律风险。劳动者可以解除劳动合同,并要求用人单位支付拖欠的劳动报酬、经济补偿和赔偿金。如果劳动者与用人单位签订有服务期协议,在上述情况下,劳动者提出解除劳动合同并不需要支付违约金。劳动部《工资支付暂行规定》第15条规定,用人单位不得克扣劳动者工资。有下列情况之一的,用人单位可以代扣劳动者工资:(1)用人单位代扣代缴的个人所得税;(2)用人单位代扣代缴的应由劳动者个人负担的各项社会保险费用;(3)法院判决、裁定中要求代扣的抚养费、赡养费;(4)法律、法规规定可以从劳动者工资中扣除的其他费用。

【法律规定】
《劳动法》第50条
《劳动合同法》第85条
最高人民法院《关于审理劳动争议案件适用法律若干问题的解释》第15条
最高人民法院《关于审理劳动争议案件适用法律若干问题的解释(三)》第3条
劳动部《工资支付暂行规定》第7、8、15条

【相关案例】
案例1-21:劳动合同继续履行,劳动争议期间的工资如何支付?
关先生在某置地公司上班,双方签订了为期五年的劳动合同。因为工作上的一些问题,关先生与公司领导发生争执,期间有言语过激的行为。在公司其他同事的协调下,双方都没有让步。其后,公司以关先生不服从工作安排、严重违反了公司的规章制度为由,解除了与关先生的劳动合同,并将这一决定书面送达关先生。关先生不服公司的决定,向当地劳动争议仲裁委员会申请仲裁,主张其本人并没有严重违反公司的规章制度,因此公司解除劳动合同的决定违法,要求判令关先生与公司的劳动合同有效,继续履行劳动合同,同时要求补发劳动争议期间公司拖欠的工资。经过审理,公司认识到自身解除劳动合同的违法性,但是认为关先生在与公司发生劳动争议期间,并没有实际到公司正常上班,因此主张按照当地职工的最低工资标准向关先生支付工资。对此,关先生坚决不同意。仲裁委最终裁定,公司解除劳动合同违法,双方的劳动合同继续履行,公司按关先生正常劳动时的工资标准支付上述期间的工资。

分析:
在用人单位解除劳动合同的纠纷中,其中经常出现的一种情况是,劳动者要求确认用人单位解除劳动合同的行为违法,要求撤销用人单位解除劳动合同的处理决定,继续履行劳动合同,同时要求用人单位补发劳动争议期间

的拖欠工资。从双方的劳动争议发生之日起,到劳动合同被认定为有效,劳动合同继续履行之日止,这段期间属于劳动争议的期间,通常劳动者没有正常到用人单位上班提供劳动,或者用人单位拒绝劳动者上班。当劳动合同被判令继续履行时,用人单位应当补发劳动争议期间劳动者的工资,这一点没有疑问。因为用人单位解除劳动合同已经被认定具有违法性,所以用人单位不能以劳动者并没有提供实际劳动进行抗辩,拒绝支付。但是按照什么样的标准补发劳动争议期间的工资,这一点现行法律并没有明确规定。对此可以参考司法实践中一些比较成熟的做法。例如,北京市高级人民法院、北京市劳动争议仲裁委员会《关于劳动争议案件法律适用问题研讨会会议纪要》第24条规定,用人单位作出的与劳动者解除劳动合同的处理决定被劳动仲裁委或人民法院依法撤销后,劳动者主张用人单位给付上述处理决定作出后至仲裁或诉讼期间的工资,应按以下原则把握:(1)用人单位作出的处理决定仅因程序方面存在瑕疵而被依法撤销的,用人单位应按最低工资标准向劳动者支付上述期间的工资;(2)用人单位作出的处理决定因在实体方面存在问题而被依法撤销的,用人单位应按劳动者正常劳动时的工资标准向劳动者支付上述期间的工资。

> [薪酬待遇的调整]
> 4.4 甲方可以根据规章制度中的工资分配制度,调整工资标准和相关福利待遇。

● 律师批注

【风险提示】

⊙ 一般而言,调整薪酬待遇,用人单位和劳动者应当协商一致

⊙ 建立薪酬调整的制度,用人单位可以根据规章制度单方调整劳动者的薪酬待遇

用人单位调整劳动者薪酬待遇引发的劳动争议,在实践中非常常见。用人单位与劳动者签订劳动合同,一经签订即发生法律效力,对双方都具有约束力。一般而言,用人单位单方调整劳动者的薪酬待遇,主要是降低薪酬待遇,属于对劳动合同的更改,应当经过双方的协商一致,否则就是无效的。但是,劳动者患病负伤(包括患有职业禁忌、职业病、非因工负伤等)享受医疗期或者不能胜任工作等法定情形下,用人单位可以单方调整薪酬。也就是说,如果用人单位调整工作岗位的行为是合法的,那么相应的调整薪酬待遇也具有合法性。

用人单位还可以依据合法有效的内部规章制度,经过考核调整劳动者的薪酬待遇。实践中用人单位往往通过调整薪酬待遇的方法实现对劳动者的激励奖惩,以促进企业的健康发展。比如在有关劳动报酬的劳动合同中约定或在用人单位的规章制度中明确规定薪酬的计算方法,比如基本底薪为固定数额(不能低于所在地最低工资标准),约定绩效工资或项目提成、奖金的计算方法,当劳动者表现不佳时,以不发或少发绩效工资、奖金的形式实现降低薪水的目的。此薪酬计算方法和业绩考核标准等,无论是在劳动合同中约定还是在用人单位的规章制度中规定,都应保证具有合理性,公示或告知劳动者本人。用人单位应尽量通过协商一致的方式,处理包括调整薪酬在内的合同变更事宜。在降低薪酬时,用人单位应注意保留劳动者的业绩表现不佳、工作中出现重大过失或能力不能胜任问题的书面记录或材料等相关证据,以避免在发生争议时使自己处于不利地位。

【相关案例】
案例1-22.：用人单位能否单方降低劳动者的薪酬?
庄先生在某科技公司工作,担任公司的高级软件工程师,双方签订了劳动合同,其中约定庄先生的税前工资。薪酬部分载明,分为基本工资和岗位津贴两部分。由于行业受经济危机的影响很严重,公司经营发生困难,公司几次向庄先生口头告知公司整体实行降薪措施,将庄先生的工资大幅度降低。庄先生考虑到行业不景气的整体形势,计划跳槽的话也需要一段时间来做准备,一边继续在该公司工作,一边寻找新的求职机会。在公司继续工作了两个月后,庄先生与该公司协商一致解除劳动合同,办理了离职手续。其后,庄先生认为公司不应当在劳动关系存续期间,在没有征得其同意的情况下,单方降低事先已经在劳动合同上约定好的薪酬标准,因此向公司讨要调整其工资期间的欠发工资。而公司则认为,由于其遭受了经济危机的严重影响,属于客观情况发生重大变化,为了避免裁员而做出降薪决定,这么做是为了公司的正常营业,从另一方面来说也是维护了员工的权益,庄先生在降薪后劳动合同解除前一直都在公司工作,没有向公司提出异议,事实上是用实际行为表示了对降薪行为的认可。此案经劳动仲裁,进入到法院审理程序。法院经审理认为,公司与庄先生已经就劳动合同的变更达成了一致,最终判决公司不支付降薪期间庄先生的欠发工资。

分析:
首先,《劳动合同法》第40条规定了用人单位解除劳动合同的程序和条件。第(3)项规定的情形是,劳动合同订立时所依据的客观情况发生重大变化,致使劳动合同无法履行,经用人单位与劳动者协商,未能就变更劳动合同内容达成协议的。那么如何对"客观情况发生重大变化"进行认定呢？在审判实践中，总体的原则是法院对其进行严格审查，用人单位对这一事实负证明责任。实践中，有人提出四个标准：一是判断用人单位业务量是否锐减，运营是否出现严重问题；二是判断经济危机、行业危机等对用人单位业务的影响是长期还是短期；三是判断企业的财务状况是否出现严重亏损，通过对企业资产负债率、流动比率等反映企业资金周转难的指标进行核定；四是判断人员是否富余，用人单位的未来业务是否需要现有数量的人员等。如果公司的情况确实符合"客观情况发生重大变化"，那么公司应就变更劳动合同内容（降薪）与庄先生协商，此时可能出现两种情况。第一，如果无法达成一致，公司可以依法单方解除与庄先生的劳动合同，给予经济补偿。在这种情况下，解除劳动合同有两种方式：一是提前三十日以书面形式通知劳动者，二是额外支付劳动者一个月工资后与其解除劳动合同。第二，如果双方协商一致，公司降薪的行为具有合法性。

本案例涉及对"协商一致"的形式如何认定的问题。根据《劳动合同法》，对劳动合同内容的变更，应协商一致，采取书面形式。但是如果没有采取书面形式，是否劳动合同内容的变更就必然无效呢？不尽然如此。根据最高人民法院《关于审理劳动争议案件适用法律若干问题的解释（四）》第11条的规定，变更劳动合同未采用书面形式，但已经实际履行了口头变更的劳动合同超过一个月，且变更后的劳动合同内容不违反法律、行政法规、国家政策以及公序良俗，当事人以未采用书面形式为由主张劳动合同变更无效的，人民法院不予支持。本案中，庄先生实际履行了口头变更的劳动合同超过一个月，降薪这一行为本身也不违反法律、行政法规、国家政策以及公序良俗，比如庄先生的薪水仍然在当地最低工资标准以上，即使公司不采取书面形式而降薪，这种情形可以被认为双方就降薪达成了一致意见，劳动合同的变更是合法有效的，不采取书面形式也是可以的。也就是说，劳动者知道降薪之后继续在用人单位工作超过一个月，而没有任何异议这一事实本身，很可能被推定为是劳动者对用人单位降薪行为的认可。

【法律规定】
《劳动法》第4、47条
《劳动合同法》第4条
最高人民法院《关于审理劳动争议案件适用法律若干问题的解释（四）》第11条

【实务指南】
问题：业务提成应当如何分配？

市场经济下用人单位在员工激励机制上不断发生变革和创新。用人单位通常以业绩情况或项目完成情况，将盈利按照一定的比例在企业和员工之间分成，以此确定员工的劳动报酬。对于提成制来说，确定合适的提成比例是非常重要的，合适的提成比例能够有效激励劳动者努力工作。提成比例太低不具有激励性，比例太高影响企业盈利。有的用人单位在提成的计量和给付条件上规定很苛刻，比如项目收入的未能实际取得部分、项目完成费用超额部分在提成中扣除等。这种约定与用人单位的经营风险相关，目前司法实践中对其效力认识不一。提成的约定如果是在类似提成协议中体现，这类协议与民事合同没有本质区别，一般被认定为有效。但是此类合同的履行，体现了用人单位与劳动者的管理关系。在效力认定上，应根据用人单位的管理或干预程度，综合判断用人单位是否有利用自己强势地位，免除或减少自身法定责任的行为。

在提成的核算上，容易出现的纠纷之一是如何计算项目的成本，进而确定项目的盈利情况，在此基础上分配提成款或奖金。通常在项目之前用人单位已经做好预算，但是实践中可能会发生一些项目预算之外的费用，对超过的这部分费用是否计入项目的成本，应当根据具体情况确定。比如，用人单位能够证明该费用是因正常业务的开展而发生的，则应当计入成本。另一个容易出现纠纷的地方是，提成的对象往往是一个项目小组或集体。市场的激烈竞争导致专业化加强，促使用人单位采取团队作业的形式，提高市场竞争力和工作效率。该提成或奖金如何在团队中合理分配？在用人单位没有与项目小组事先确定具体的提成标准情况下，应当根据具体成员的贡献（实际工作量）进行考核确定。如果分配明显不公，小组成员对此提出异议，司法实践中对小组成员的合理请求也会酌情考虑。

根据用人单位的规章制度或行业惯例，用人单位往往将公司回款情况作为支付提成款的前提。也就是说，劳动者在代表用人单位对外签订营销合同后与领取提成款之间会有一个时间差。如果劳动者在回款还没有到账时与公司解除了劳动关系，用人单位往往会拒付提成或主张在回款到账后再行支付，这就涉及提成条件成立与否的认定问题。劳动者代表用人单位对外签订的合同已经开始履行，那么履行中出现的风险就应当由用人单位承担，即使回款没有全部到账。除非劳动者与用人单位事先约定，或者用人单位的规章制度中已经明确风险在提成的给付中给予考虑，那么劳动者应当承担相应的风险。如果劳动者对第三方的迟延给付也有责任，用人单位可以相应续延给付劳动报酬期限。

> [社会保险费的缴纳]
> 4.5 双方依法参加社会保险，按时缴纳各项社会保险费，其中依法应当由乙方缴纳的部分，由甲方从乙方工资报酬中代扣代缴。甲方违反国家规定不缴、少缴社会保险费用造成乙方社会保险待遇损失的，甲方应当承担赔偿责任。

● 律师批注

【风险提示】
⊙ 缴纳社会保险费是用人单位与劳动者的法定义务
⊙ 某些特殊行业必须参加额外保险

社会保险是一种为丧失劳动能力、暂时失去劳动岗位或因健康原因造成损失的人提供收入或补偿的一种经济制度。由国家通过立法强制实施，劳动者、用人单位以及国家三方共同筹资。国家规定强制参加的社会保险包括基本养老保险、基本医疗保险、失业保险、工伤保险、生育保险"五险"。依法缴纳社会保险费是用人单位与劳动者的法定义务，基本养老保险、基本医疗保险和失业保险由用人单位与劳动者共同承担，工伤保险和生育保险的缴纳均由用人单位全部承担。对于劳动者应当承担的费用，一般由用人单位代为向社会保障部门缴纳。用人单位的保险福利制度除了合同约定的内容外，还必须遵守国家和地方的强制规定。有些地区、有些行业考虑到本地区、本行业的特点，为了加强对劳动者的保护，对劳动者的保险福利有一些特殊的强制性的规定。比如《建筑法》第48条规定，建筑施工企业必须为从事危险作业的职工办理意外伤害保险，支付保险费。建设部《关于加强建筑意外伤害保险工作的指导意见》也要求建筑施工企业全面推行建筑意外伤害保险工作。

【法律规定】
《劳动法》第73条
《建筑法》第48条
最高人民法院《关于审理劳动争议案件适用法律若干问题的解释》第1条
最高人民法院《关于审理劳动争议案件适用法律若干问题的解释(三)》第1条
劳动部《关于贯彻执行〈中华人民共和国劳动法〉若干问题的意见》第53条

【相关案例】
案例1-23：用人单位与劳动者可以自行约定缴纳社会保险费吗？

关女士到某包装厂工作，双方签订了书面的劳动合同。关女士的工资为计件工资。双方在劳动合同中约定，关女士暂时不参加社会保险。公司另行发放每个月一定数额的社会保险费给关女士，由其自行参加社会保险。关女士在公司工作近两年时间。由于公司经营不善，行业发展不景气等原因，公司经济性裁员，解除了与关女士的劳动合同。之后，双方就社会保险的问题发生争议。关女士要求公司赔偿未为其缴纳社会保险的经济损失。而公司认为，就社会保险费用缴纳事宜事先已经取得关女士同意，公司没有义务赔偿关女士的经济损失。于是关女士提起劳动仲裁，此案在当地劳动争议仲裁委员会的主持下，双方达成和解。关女士退还以社会保险费名义从公司领取的全部费用，公司为关女士补缴劳动合同履行期间的社会保险费。

分析：

公司将社会保险费直接支付给劳动者，即使在劳动者自身同意的前提下，也不能免除其法定的缴纳义务。劳动法律法规都明确规定了用人单位和劳动者都必须依法参加社会保险，缴纳社会保险费用。双方在劳动合同中关于缴纳社会保险费的约定，违反了我国法律的禁止性规定，是无效的。本案争议出现的原因是，在我国现行政策和法律的框架下，企业和自由职业者的缴费比例有所不同，部分用人单位为了降低成本，以工资的形式直接支付给劳动者所谓社会保险费用，企图逃避缴纳社会保险的法定义务。而部分劳动者或者是只重视眼前利益，或者迫于用人单位的强势地位，接受了这种方式。当然，这种情况的出现，也与我国现阶段社会保险制度无法全国统筹，还有待完善的客观原因是分不开的。根据劳动部《关于贯彻执行〈中华人民共和国劳动法〉若干问题的意见》第53条的规定，工资是指用人单位依据国家有关规定或劳动合同的约定，以货币形式直接支付给劳动者的劳动报酬。用人单位支付给劳动者本人的社会保险福利费用不属于工资收入的一部分。据此，关女士以社会保险费名义领取的费用并不是工资收入的一部分。关女士将领取的社会保险费退还给公司，这一行为也并无不妥。

【实务指南】
问题：在中国境内就业的外国人如何参加社会保险？

根据《社会保险法》、人力资源和社会保障部《在中国境内就业的外国人参加社会保险暂行办法》，在中国就业的外国人应当参加社会保险的主要注意事项有：

1. 中国境内的用人单位雇佣外国人的，应当由该用人单位和外国人本人按照规定缴纳职工基本养老保险、职工基本医疗保险、工伤保险、失业保险和生育保险(下称"五险")。

2. 与境外雇主订立雇佣合同后,被派遣到在中国境内的分支机构、代表机构(下称"境内工作单位")工作的外国人,也应当依法参加五险,由境内工作单位和本人按照规定缴纳社会保险费。

3. 境内单位招用外国人的,或者接受境外雇主派遣到境内工作的外国人的,应当自办理就业证件之日起30日内为其办理社会保险登记。

4. 参加社会保险的外国人,符合条件的,依法享受社会保险待遇。

5. 外国人在达到规定的领取养老金年龄前离境的,其社会保险个人账户予以保留,再次来中国就业的,缴费年限累计计算;经本人书面申请终止社会保险关系的,也可以将其社会保险个人账户储存额一次性支付给本人。

6. 外国人死亡的,其社会保险个人账户余额可以依法继承。

7. 在中国境外享受按月领取中国社会保险待遇的外国人,应当至少每年向负责支付其待遇的社会保险经办机构提供一次由中国驻外使、领馆出具的生存证明,或者由居住国有关机构公证、认证并经中国驻外使、领馆认证的生存证明。外国人合法入境的,可以到社会保险经办机构自行证明其生存状况,不需提供前款规定的生存证明。

8. 依法参加社会保险的外国人与用人单位或者境内工作单位因社会保险发生争议的,可以依法申请调解、仲裁、提起诉讼。用人单位或者境内工作单位侵害其社会保险权益的,外国人也可以要求社会保险行政部门或者社会保险费征收机构依法处理。

9. 具有与中国签订社会保险双边或者多边协议国家国籍的人员在中国境内就业的,其参加社会保险的办法按照协议规定办理。

10. 社会保险经办机构应当根据人力资源和社会保障部制定的《外国人社会保障号码编制规则》,为外国人建立社会保障号码,并发放中华人民共和国社会保障卡。

[患病或非因工负伤的待遇]
4.6 乙方患病或非因工负伤的相关待遇,按照国家有关规定执行。

● 律师批注

【风险提示】

⊙ 劳动法规定的医疗期和劳动者因患病或非因工负伤治愈实际需要的医疗期的内涵是不一样的

⊙ 医疗期内病假工资或疾病救济费支付标准不得低于最低工资标准

的80%

医疗期是指企业职工因患病或非因工负伤停止工作治病休息不得解除劳动合同的时限。因此不能理解为劳动者因患病或非因工负伤治愈实际需要的医疗期限。企业职工因患病或非因工负伤,需要停止工作就医时,根据本人实际参加工作年限和在本单位工作年限,给予三个月到二十四个月的医疗期。实际工作年限十年以下的,在本单位工作年限五年以下的为三个月;五年以上的为六个月。实际工作年限十年以上的,在本单位工作年限五年以下的为六个月,五年以上十年以下的为九个月;十年以上十五年以下为十二个月;十五年以上二十年以下的为十八个月;二十年以上的为二十四个月。职工患病或非因工负伤治疗期间,在规定的医疗期内由企业按有关规定支付其病假工资或疾病救济费,病假工资或疾病救济费可以低于当地最低工资标准支付,但不能低于最低工资标准的80%。

【法律规定】

《劳动合同法》第40、46、47条

劳动部《关于贯彻执行〈中华人民共和国劳动法〉若干问题的意见》第59条

劳动部《企业职工患病或非因工负伤医疗期规定》第2、3条

劳动部《违反和解除劳动合同的经济补偿办法》

【相关案例】

案例1-24:劳动者患病引起的劳动争议如何处理?

周先生已经在某公司工作了五年。劳动合同到期后,双方续订了为期三年的劳动合同。在劳动合同期限临近之际,周先生到医院就诊,得知自己患病,经过医生确诊需要停止工作治疗。公司在得知周先生的情况后,给其三个月的假期,休假期间公司仅象征性地给予了一定经济补偿,其补偿低于当地最低工资标准。三个月之后,公司向周先生下达了解除劳动合同的通知书。周先生不能接受公司的做法,在与公司交涉无果后,特向劳动法专家请教有关职工患病时的待遇及其相关劳动争议的问题,以更好维护自身的劳动权益。

分析:

对劳动者工伤的情形,国家制定了比较全面的法律制度给予保护。但是对患病或非因公负伤的劳动者,特别是不能被鉴定为工伤或职业病的劳动者的权益维护还有待加强。本案中,周先生在劳动合同期内生病,除享受基本的医疗保险待遇外,还应享受以下几方面待遇。

一是医疗期待遇

周先生在医疗期内,公司不能解除双方的劳动合同,必须延长劳动关系至周先生的医疗期满。根据《劳动合同法》第42条的规定,劳动者患病或者非因工负伤,在规定的医疗期内的,用人单位不得依照本法第40条、第41条的规定解除劳动合同。但是劳动者有第39条(即劳动者存在过错的情形)情形之一的,用人单位可以解除劳动合同。劳动部《企业职工患病或非因工负伤医疗期规定》第3条规定,患病职工的医疗期根据本人实际参加工作年限和在本单位工作年限计算,可给予三个月到二十四个月的医疗期。工作时间为五年以上的,医疗期为六个月。因此周先生的医疗期应为六个月。根据《劳动合同法》第40条的规定,周先生的医疗期满之后,在原劳动合同到期之前,如果周先生在医疗期满后不能从事原工作,也不能从事由公司另行安排的工作的,公司提前三十日以书面形式通知周先生本人或者额外支付周先生一个月工资后,可以解除劳动合同。

二是病假工资待遇

周先生在医疗期内应依法享受病假工资待遇,而不是公司给予的象征性的经济补偿。劳动部《关于贯彻执行〈中华人民共和国劳动法〉若干问题的意见》第59条规定,职工患病或非因工负伤治疗期间,在规定的医疗期内由企业按有关规定支付其病假工资或疾病救济费,病假工资或疾病救济费可以低于当地最低工资标准支付,但不能低于最低工资标准的80%。具体的计算标准要依据周先生所在地的最低工资标准确定。

三是医疗补助待遇

如果周先生在原劳动合同期间内被解除劳动关系,可以得到适当的医疗补助。劳动部《违反和解除劳动合同的经济补偿办法》第6条规定,劳动者患病或者非因工受伤,经劳动能力鉴定委员会确认不能从事原工作,也不能从事用人单位另行安排的工作而解除劳动合同的,用人单位应按其在本单位工作年限,每满一年发给相当于一个月工资的经济补偿金,同时还应发给不低于六个月工资的医疗补助费。患重病和绝症的还应增加医疗补助费,患重病的增加部分不低于医疗补助费的50%,患绝症的增加部分不低于医疗补助费的100%。适当医疗补助应根据周先生所患疾病的性质确定。

[患职业病或因工负伤的待遇]

4.7 乙方患职业病或因工负伤的相关待遇,按照国家有关规定执行。

● 律师批注

【风险提示】
⊙ 工伤认定包括,应当认定为工伤的情形和视同工伤的情形
⊙ 工作中患的疾病不一定都是职业病

我国已经建立了比较完善的工伤保险制度。劳动者因工作遭受事故伤害或者患职业病进行治疗,可以享受工伤保险待遇。国务院《工伤保险条例》第2条规定,中华人民共和国境内的企业、事业单位、社会团体、民办非企业单位、基金会、律师事务所、会计师事务所等组织和有雇工的个体工商户应当依照本条例规定参加工伤保险,为本单位全部职工或者雇工缴纳工伤保险费。中华人民共和国境内的企业、事业单位、社会团体、民办非企业单位、基金会、律师事务所、会计师事务所等组织的职工和个体工商户的雇工,均有依照本条例的规定享受工伤保险待遇的权利。

工伤认定分为两种情况,根据《工伤保险条例》,职工有下列情形之一的,应当认定为工伤:(1)在工作时间和工作场所内,因工作原因受到事故伤害的;(2)工作时间前后在工作场所内,从事与工作有关的预备性或者收尾性工作受到事故伤害的;(3)在工作时间和工作场所内,因履行工作职责受到暴力等意外伤害的;(4)患职业病的;(5)因工外出期间,由于工作原因受到伤害或者发生事故下落不明的;(6)在上下班途中,受到非本人主要责任的交通事故或者城市轨道交通、客运轮渡、火车事故伤害的;(7)法律、行政法规规定应当认定为工伤的其他情形。职工有下列情形之一的,视同工伤:(1)在工作时间和工作岗位,突发疾病死亡或者在48小时之内经抢救无效死亡的;(2)在抢险救灾等维护国家利益、公共利益活动中受到伤害的;(3)职工原在军队服役,因战、因公负伤致残,已取得革命伤残军人证,到用人单位后旧伤复发的。

职业病是指企业、事业单位和个体经济组织的劳动者在职业活动中,因接触粉尘、放射性物质和其他有毒、有害物质等因素而引起的疾病。各国法律都有对于职业病预防方面的规定,一般来说,只有符合法律规定的疾病才能称为职业病。目前,我国的法定职业病有10类115种:尘肺13种、职业性放射性疾病11种、职业中毒56种、物理因素所致职业病5种、生物因素所致职业病3种、职业性皮肤病8种、职业性眼病3种、职业性耳鼻喉口腔疾病3种、职业性肿瘤8种、其他职业病5种。政府规定诊断为规定职业病的,需由诊断部门向卫生主管部门报告;职业病患者,在治疗休息期间,以及确定为伤残或治疗无效而死亡时,享受工伤保险待遇或职业病待遇。

【法律规定】
《职业病防治法》第 2 条
国务院《工伤保险条例》第 2、17 条

【相关案例】
案例 1-25：违章作业负伤是工伤吗？
　　李先生在某建筑公司工作。某日，李先生未戴安全帽进入建筑工地施工，被大楼上坠落的水泥碎块击中头部，导致颅骨断裂及脑震荡，入院治疗两个月。该建筑公司只给李先生报销了部分医疗费用。公司的规章制度中明确规定了进入施工现场必须戴安全帽的劳动纪律。据公司的书面记录，李先生已经在规章制度上签字予以确认，表示其已经阅读、理解并认可上述规定。而且，事故发生地的围栏及施工大楼外部均有显著标识提醒职工必须戴安全帽。而李先生违反劳动纪律，不戴安全帽进入施工现场，导致事故发生。公司认为自身没有责任，李先生的伤不是工伤，不能享受工伤保险待遇。李先生不服，向当地劳动争议仲裁委员会申请仲裁，要求享受工伤保险待遇。劳动争议仲裁委员会审理后裁决李先生胜诉。

　　分析：
　　本案涉及工伤保险中的一个经常引起争议的问题，即违章作业负伤、致残、死亡，能否被认定为工伤？原则上，违章作业致伤、致残、死亡应被认定为工伤。根据国务院《工伤保险条例》第 14 条的规定，职工在工作时间和工作场所内，因工作原因受到事故伤害的，应当认定为工伤。劳动部办公厅《关于处理工伤争议有关问题的复函》第 6 条规定，对职工在工作时间、工作区域因工作原因造成的伤亡(包括因工随车外出发生交通事故而造成的伤亡)，即使职工本人有一定的责任，都应认定为工伤，但不包括犯罪或自杀行为。认定职工工伤，给予职工工伤保险待遇，并不影响企业按规定对违章操作的职工给予行政处分。据此可知，在工伤事故的认定中，我国实行的是无过错责任原则，即劳动者在发生工伤事故时，无论事故的责任者是否是劳动者本人，均应无条件给予相应的保险待遇。如果劳动者违反操作规程、规章制度，对工伤的发生有过错，可以受到纪律处罚和进行安全生产再教育，而不能用不提供工伤待遇的方式惩罚劳动者。

　　根据《工伤保险条例》第 16 条的规定，职工故意犯罪、醉酒或者吸毒、自残或者自杀的，不得认定为工伤或者视同工伤。1996 年劳动和社会保障部《企业职工工伤保险试行办法》第 9 条规定，职工由于下列情形之一造成负伤、致残、死亡的，不应认定为工伤：(1) 犯罪或违法；(2) 自杀或自残；(3) 斗殴；(4) 酗酒；(5) 蓄意违章；(6) 法律、法规规定的其他情形。所谓蓄意违章，劳动和社会保障部《关于解释〈企业职工工伤保险试行办法〉中"蓄意违章"的复函》规定,专指十分恶劣的、有主观愿望和目的的行为。在处理认定工伤的工作中,不能将一般的违章行为,视为蓄意违章。由此可见,所谓的蓄意违章,在生产工作实践中只是极其个别的现象,绝大多数违章行为是过失违章行为和一般的故意违章行为。由这些违章行为引起的职工伤害,不属于"蓄意违章"引起的伤害,应当依法认定为工伤,使职工享受工伤保险待遇。《企业职工工伤保险试行办法》已经失效,但是上述解释"蓄意违章"的复函是现行有效的。

[女职工特殊时期的福利待遇]
4.8 女职工在孕期、产期、哺乳期以及节育手术期间的相关福利待遇,按照国家有关规定执行。

● 律师批注
【风险提示】
⊙ 女职工在"三期"内,用人单位一般不得解除劳动合同

女职工的"三期"是指孕期、产期和哺乳期。孕期是指妇女怀孕期间;产期是指妇女生育期间,产假一般为98天;哺乳期是指从婴儿出生到一周岁之间的期间。女职工在"三期"内,用人单位不得解除劳动合同,除非劳动者存在符合劳动法规定的过错的情形,比如严重违反用人单位的规章制度等。劳动合同期满而孕期、产期、哺乳期未满的,应当顺延至孕期、产期、哺乳期届满。

【法律规定】
《劳动合同法》第39—42条
国务院《女职工劳动保护特别规定》第9条

【相关案例】
案例1-26:哺乳期的女职工有什么特殊待遇?
刘女士在某公司工作多年。怀孕后产下一对双胞胎。休完产假后正常到公司上班。刘女士的家离公司比较远,每次来回得近两三个小时。刘女士多次向单位申请哺乳假,但是公司没有批准。公司的人力资源部负责人称,如果刘女士未经批准,自行休假,不到公司上班,按照旷工处理;严重违反公司有关休假规章制度的,公司可以解除劳动合同。刘女士对此感到很困惑,特向劳动法专家请教对策。

分析:
处于哺乳期的女职工受用人单位的特殊保护是有法可依的。《妇女权

益保护法》第26条规定,妇女在经期、孕期、产期、哺乳期受特殊保护。任何单位不得以结婚、怀孕、产假、哺乳等为由,辞退女职工或者单方解除劳动合同。根据国务院《女职工劳动保护特别规定》第9条的规定,对哺乳未满1周岁婴儿的女职工,用人单位不得延长劳动时间或者安排夜班劳动。用人单位应当在每天的劳动时间内为哺乳期女职工安排1小时哺乳时间;女职工生育多胞胎的,每多哺乳1个婴儿每天增加1小时哺乳时间。

女职工申请哺乳的假期用人单位是否必须批准?目前法律并没有明确的规定,可以参考地方性规定。上海市人民政府《上海市女职工劳动保护办法》第16条规定,女职工生育后,若有困难且工作许可,由本人提出申请,经单位批准,可请哺乳假六个半月。根据上海市卫生局《关于医疗机构依法开具产前假和哺乳假有关疾病证明通知》,经二级及以上医疗保健机构证明患有以下产后严重影响母婴身体健康疾病的,本人提出申请,用人单位应当批准其哺乳假。因此,如果女职工的确有困难,可以向单位如实反映情况,争取单位的支持和同意。另外,女职工的哺乳时间并不能累计使用。假设某女职工在哺乳期内都按时上下班,这并不意味着哺乳时间可以累计折算成休假时间。

[约定的福利待遇]
4.9 甲方为乙方提供下列福利待遇:＿＿＿＿＿＿＿＿＿＿＿＿

● **律师批注**

【风险提示】
⊙ 用人单位和劳动者可以约定特殊的福利待遇

劳动合同除了必须具备《劳动合同法》规定的必备条款,用人单位和劳动者也可以约定包括福利待遇在内的其他事项。这里的福利待遇因各用人单位而异,主要包括住房补贴、交通补贴、通讯补贴、工作餐补贴和子女教育等。有的用人单位在给劳动者缴纳社会保险之外,还另行为劳动者提供商业保险。社会保险由国家立法强制实施,而商业保险投保自愿,不具有强制性。

【法律规定】
《合同法》第52条
《劳动合同法》第14、17条
国家统计局《关于工资总额组成的规定》

【相关案例】
案例1-27：用人单位可以追讨特殊福利吗？
　　某大型的民营企业集团公司近年来业务发展十分迅速，急需大批高学历、高素质的掌握尖端技术的人才。因为该企业处于某不发达地区，为了招募人才、提高职位的吸引力，企业公开承诺，凡是符合公司条件的高科技人才，入职即提供一套商品房，员工拥有完全的所有权。而且，公司提供的薪酬及其各项福利待遇都远远高于业界平均水平。某引进人才在公司工作不满两年，向公司辞职。在引进该名人才之初，双方签订了服务期协议，设置了违约金。但是该名人才拒不支付违约金，而且也不退还公司分配的商品房。该集团公司的人力资源部门感到这个问题非常棘手，正考虑通过法律途径解决这一劳动争议。

分析：
　　这是一起因特殊福利引发的劳动争议。现实中，企业因为地理位置、行业等原因，对急需的人才提供特殊的福利待遇，希望留住人才为企业安心服务。但是，有的员工在享受完企业的福利待遇后，不遵守当初的入职承诺而主动离职。《劳动合同法》赋予劳动者解除劳动合同的高度的自主权，同时，又严格限制企业通过违约金的方式对员工进行约束。《劳动合同法》为保护劳动者的自主择业权，规定违约金只能存在于培训服务期协议与竞业限制协议中。所以，就特殊福利本身签署服务期协议，约定违约金是无效的，除非用人单位可以证明其同时提供了专业技术培训。本案中，如果某集团公司就追讨离职员工的特殊福利采取劳动仲裁、诉讼等法律途径，请求不会得到支持。因此在新的形势下，企业要适应用工市场的变化，调整福利政策。比如，企业完全可以保留该商品房的所有权，可以约定以极低的价格租给引进的员工。或者约定员工在单位服务一定的年限后，比如五年或八年，公司自动将房屋的所有权无偿转让给员工。或者与员工签订借款协议，形成债权债务关系，公司出资购买的商品房由员工所有，但是该购房款或者补贴款分年限逐额减免；如果员工提前离职，公司有权主张债务。这些做法并不违反法律，却能够起到约束劳动者使之不轻易离职的作用。

【实务指南】
问题：离职员工能否主张年终奖？
　　对于年终奖的性质，目前法律上并没有明确的规定。劳动合同解除或终止，劳动者要求用人单位支付年终奖的，从法律上来讲，一般是主张年终奖是奖金的一种，进而是工资的一部分，也就是属于劳动报酬的范围，因此用人单位有法定义务进行支付。根据国家统计局《关于工资总额组成的规定》《〈关于工资总额组成的规定〉若干具体范围的解释》的规定,劳动者可以主张年终奖是奖金的一种,进而是工资的一部分,属于劳动报酬的范围。既然年终奖属于劳动报酬的范围,用人单位不得克扣或者无故拖欠劳动者的奖金,否则由劳动行政部门责令其支付劳动者的奖金报酬、经济补偿,并可以责令其支付赔偿金。

这样的争议往往首先要看集体合同、双方的劳动合同中有没有合理的约定,但是由于现行法律对年终奖的性质并没有给予明确,所以从用人单位来说,也可以主张年终奖并非劳动报酬,从而不向离职员工支付。公司在遵循同工同酬的劳动法原则的前提下,有权决定是否发放年终奖,也有权自主决定年终奖发放的具体标准、范围和方式。

年终奖的具体处理步骤如下。第一,处理年终奖的争议往往首先要看劳动合同(包括集体合同)中有没有合理约定。第二,如果劳动合同中没有约定,或约定不清楚的,再看用人单位的规章制度有没有规定,即查找公司管理章程、员工手册等有没有明确的有关薪资奖金方面的规章制度。第三,如果用人单位有比较明确的规章制度,对员工的薪水组成和奖金办法有细致的分类和规定,那么年终奖可以作为福利或奖励而区别于一般薪酬。公司可以进而规定这种福利或奖励的发放规则。比如说有些用人单位在现行的公司规章制度中,明确规定发放年终奖金作为公司的特别福利,只发放给在职的员工。只要该规定是事先通过民主程序制订,已经公示或告知过劳动者,内容上也不违法,这样即使发生争议,用人单位败诉的风险也会降低很多。一般而言,劳动仲裁机关或法院倾向于尊重公司的自主经营管理权,对合法的公司规章制度不会轻易干涉。第四,如果劳动合同中没有约定,用人单位也没有此方面的规章制度,那么如何界定年终奖的属性则要看具体案例的实际情况,在无法判断一些用人单位工资和年终奖界限的时候,仲裁员或法官有一定的裁量权,很有可能认为年终奖属于劳动报酬,作出支持劳动者的裁决,导致用人单位败诉。

在对年终奖是否属于法定劳动报酬还存在理解上的分歧的情况下,由于年终奖金本身的特殊性,劳资双方在发生纠纷时,用人单位往往处于不利地位。问题的关键在于多数用人单位未在规章制度或劳动合同中明确年终奖的性质。所以,只有明确约定年终奖不属于工资,类似年度奖金的发放对象是发放时在册的全体员工的条款才有合法存在的基础。用人单位想避免类似纠纷,可以在对劳动报酬进行一般规定之外,另行详细规定年终奖的发放范围、发放标准和发放方式。确定年终奖是员工的一项特殊福利,而非一般的劳动报酬,是用人单位依据员工绩效考核实施的激励方式,从而明确本用人单位年终奖的基本属性。如果在年终奖考核的年度,劳动者工作时间已经满一年,之后离开公司,这个时候年终奖的考核依据已经确定,只是实际计核和发放的时候员工已经离开公司,这种情形下劳动者离职后,要求用人单位支付年终奖,很容易得到仲裁委或法院的支持。如果在年终奖考核的年度,劳动者的工作时间不满一年,提前离职,除非劳动合同有特别约定或者公司有特别规定,其年终奖一般是按照一年业绩和月份比例来比照折算的。

第六节 劳动条件、劳动保护和职业危害防护

[劳动条件和劳动保护]
5.1 甲方为乙方提供符合国家标准的劳动条件和劳动保护,依法对女职工实行特殊劳动保护。

● 律师批注
【风险提示】
⊙ 用人单位应当依法为劳动者提供劳动条件和劳动保护
⊙ 用人单位应当对女职工实行特殊劳动保护

劳动条件是指工作场所、劳动工具、机器设备、技术资料等。劳动者还可以与用人单位就劳动条件进行约定。用人单位应当提供符合国家标准的劳动条件,创造安全的工作环境。劳动保护是指用人单位为了防止劳动过程中发生安全事故,采取各种措施来保障劳动者的生命安全和健康,包括工作时间和休息时间、休假制度、保障劳动安全与卫生的措施、女职工劳动保护规定、未成年人劳动保护规定等。用人单位应根据自身的具体情况,制定相应的劳动保护规章制度,建立安全生产制度,加强劳动保护教育工作,建设完善的安全生产救援体系,组织编制安全生产规章制度、安全操作规程及岗位操作方法等。

根据相关劳动法律法规和劳动政策,对女职工实行特殊劳动保护的规定主要包括以下几个方面:(1) 男女同工同酬。《宪法》第48条第2款规定,国家保护妇女的权利和利益,实行男女同工同酬。《妇女权益保障法》规定,在分配住房和享受福利待遇方面男女平等。(2) 男女就业平等,用人单位招工时不得歧视妇女。《妇女权益保障法》规定,国家保障妇女享有与男子平等的劳动权利。各单位在录用职工时,除不适合妇女的工种或者岗位外,不得以性别为由,拒绝录用妇女或者提高对妇女的录用标准。根据国务院《女职

工劳动保护规定》,凡适合妇女从事劳动的单位,不得拒绝招收女职工。不得在女职工怀孕期、产期、哺乳期降低其基本工资,或者解除劳动合同。(3)禁止安排女职工从事高劳动强度的劳动。《妇女权益保障法》规定,任何单位均应根据妇女的特点,依法保护妇女在工作和劳动时的安全和健康,不得安排不适合妇女从事的工作和劳动。(4)对妇女生理机能变化过程中的保护,一般是指女职工的经期、孕期、产期、哺乳期的劳动保护。

【法律规定】
《劳动法》第54、58—61条
《劳动合同法》第42条
国务院《女职工劳动保护特别规定》第5—10条

【相关案例】
案例1-28:用人单位没有依法提供劳动条件和劳动保护,劳动者应当如何应对?

张女士经朋友介绍,到一家劳动密集型的公司工作,具体从事箱包缝纫。张女士与公司订立了书面的劳动合同。一个月后,公司对张女士的工作岗位进行调整,要其从事最简单的刷胶作业。在与张女士协商一致后,公司调张女士至新的工作岗位工作。其后张女士经过打听,得知作为箱包黏合剂使用的胶水含有毒物质苯,而长期接触苯对人体健康有很大的危害,严重的还会导致白血病等。关于新岗位可能带来的职业病危害,公司并没有告知张女士,因此张女士要求恢复原有的工作岗位。而公司的负责人答复,胶水只是气味难闻,并不影响身体健康,张女士要么服从公司的安排,要么就解除劳动合同。张女士到劳动保障部门反映情况,劳动保障部门在调查了解有关情况后,向该公司宣传解释了有关法律法规。

分析:

国家对劳动者在使用有毒物品作业场所从事劳动有着严格的规定。国务院《使用有毒物品作业场所劳动保护条例》第18条规定,用人单位应当与劳动者订立劳动合同,将工作过程中可能产生的职业中毒危害及其后果、职业中毒危害防护措施和待遇等如实告知劳动者,并在劳动合同中写明,不得隐瞒或者欺骗。劳动者在已订立劳动合同期间因工作岗位或者工作内容变更,从事劳动合同中未告知的存在职业中毒危害的作业,用人单位应当依照前款规定,将情况如实告知劳动者,并协商变更原劳动合同有关条款。用人单位违反前两款规定的,劳动者有权拒绝从事存在职业中毒危害的作业,用人单位不得因此单方面解除或者终止与劳动者所订立的劳动合同。此案中,张女士所在公司没有按照国家有关法规的规定履行告知义务,在对张女士进行工作调整时,没有将调整后的刷胶作业接触有毒物质的情况以及可能产生的职业病危害如实告知张女士,张女士有权拒绝公司所作的工作调整,而公司也不能单方面解除与张女士的劳动合同。同时,对公司违反劳动法规的行为,卫生行政部门或当地政府应给予处罚。

> [安全生产]
> 5.2 乙方在劳动过程中必须严格遵守关于劳动生产安全的法律法规和甲方的规章制度。但是,对甲方管理人员违章指挥、强令冒险作业,有权拒绝执行;对危害生命安全和身体健康的行为,有权提出批评、检举和控告。

● **律师批注**

【风险提示】

⊙ 用人单位和劳动者都应严格执行安全生产规范

用人单位和劳动者都应严格执行国家和用人单位有关安全生产的各项规章制度和操作规范,劳动者服从甲方管理人员的管理和指挥,严格杜绝不服从管理和违规操作的行为。用人单位不得以限制人身自由的手段强迫劳动者劳动,不得强令劳动者冒险作业或从事危及人身安全的生产行为,不得安排劳动者进入劳动条件恶劣、环境污染严重的生产区域从事生产活动。用人单位给劳动者造成人身损害的,负有赔偿责任,构成伤残等级的,除根据国务院《工伤保险条例》落实工伤保险待遇外,用人单位还要向劳动者进行赔偿。侵犯劳动者人身权益,用人单位可能要承担刑事、行政、民事等多种法律责任,在劳动合同中只能约定用人单位的民事责任,刑事、行政处罚要由相关部门来实施。《劳动合同法》第88条规定,用人单位给劳动者造成损害的,应当承担赔偿责任,这里的赔偿责任是指用人单位的行为造成劳动者实际损失的赔偿,既包括对劳动者的直接损害,也包括间接损害,既包括对劳动者的物质损害,也包括精神损害。

【法律规定】

《劳动合同法》第32、38、88条

《安全生产法》第46、50条

《职业病防治法》

国务院《工伤保险条例》

【相关案例】

案例1-29：劳动者如何应对违章指挥？

某金属制品有限公司炼铁厂高炉主风机跳闸断电。在维修的过程中，在箱体放散管气动蝶阀关闭不到位、未切断煤气气源、放散管仍处于放散状态的情况下，作业人员未按照规定佩戴报警仪和呼吸器，就贸然上到箱体顶部实施人工关闭，造成维修人员当场中毒。而其他操作人员也未佩戴呼吸器，未采取任何措施就盲目进行施救，造成中毒并导致事故扩大。本次事故造成多人死亡，直接经济损失达百万余元。事后经调查发现，此次事故发生的重要原因是作业人员的违章指挥。

分析：

劳动法对用人单位违章指挥的规定是很明确的。简而言之，劳动者对违章指挥有权拒绝，并可以立即解除劳动合同，用人单位给劳动者造成损害的，应当承担赔偿责任，同时用人单位还可能被处以相应的惩罚。《劳动合同法》第32条规定，劳动者拒绝用人单位管理人员违章指挥、强令冒险作业的，不视为违反劳动合同。劳动者对危害生命安全和身体健康的劳动条件，有权对用人单位提出批评、检举和控告。第38条第2款规定，用人单位以暴力、威胁或者非法限制人身自由的手段强迫劳动者劳动的，或者用人单位违章指挥、强令冒险作业危及劳动者人身安全的，劳动者可以立即解除劳动合同，不需事先告知用人单位。根据第88条的规定，用人单位违章指挥或者强令冒险作业危及劳动者人身安全的，依法给予行政处罚；构成犯罪的，依法追究刑事责任；给劳动者造成损害的，应当承担赔偿责任。

从用人单位管理的层面看，第一，企业应高度重视安全生产工作，建立健全安全生产制度，加强对工作人员的岗位培训、安全教育和遵守劳动纪律培训，按照操作规程要求作业。第二，加强安全投入。比如设备设施要做到定期保养、检修和检测，对设施设备存在的安全隐患要有效根除。涉及存在危险的关键设备的操作岗位，安全防护器具配备要满足防护及救护需要。第三，完善应急救援预案，提高防控和处置能力，定期组织演练，提高应对各类安全生产事故的能力。

[职业危害防护]

5.3 甲方应当建立、健全劳动安全卫生制度，严格执行国家劳动安全卫生规程和标准，对乙方进行劳动安全卫生教育，防止劳动过程中的事故，减少职业危害。

第一章 劳动合同的订立

● **律师批注**

【风险提示】

⊙ 用人单位有义务向劳动者进行安全教育和培训

用人单位应加强对劳动者进行劳动安全卫生教育,防止劳动过程中的事故,减少职业危害。劳动者上岗前与上岗期间,用人单位有义务为劳动者提供安全生产与劳动防护方面的技能培训,用人单位不组织安全生产技能培训的,劳动者有权向安全生产监督管理部门举报企业这一违反安全生产要求的行为。劳动者不参加用人单位组织的安全生产技能培训的,用人单位可以依据合同的约定和用人单位的规章制度对劳动者进行相应的处分。

【法律规定】

《劳动法》第3、52条

《安全生产法》第21、82条

【相关案例】

案例1-30:用人单位不进行安全生产教育,应当承担什么责任?

某劳动密集型公司生产扩大,订单增多,对劳动力的需求增加。张女士应聘到该公司工作,约定试用期三个月,劳动合同的期限为三年。公司在没有对其进行岗前职业培训和安全教育的情况下,即让张女士和其他新入职的劳动者上岗,并为他们颁发了上岗证。某日因与张女士同车间的机床操作工王女士不在岗,其机床无人操作,张女士想多学些技术,在未经任何人允许和指派的情况下,擅自操作王女士的机床。因操作不慎,机床将张女士左手轧成粉碎性骨折。经鉴定,张女士左手损伤构成6级伤残,劳动能力部分丧失。张女士向公司主张赔偿,而公司认为张女士违反了公司关于安全生产的规章制度,其本人应当负主要责任。双方在赔偿数额上无法达成一致,张女士向当地劳动争议仲裁委员会申请仲裁。

分析:

在生产劳动过程中,不安全因素是客观存在的。用人单位有义务对劳动者进行安全生产的教育和培训。根据《劳动法》第3条的规定,劳动者享有获得劳动安全卫生保护的权利。该法第52条规定,用人单位必须建立、健全劳动安全卫生制度,严格执行国家劳动安全卫生规程和标准,对劳动者进行劳动安全卫生教育,防止劳动过程中的事故,减少职业危害。《安全生产法》第21条规定,生产经营单位应当对从业人员进行安全生产教育和培训,保证从业人员具备必要的安全生产知识,熟悉有关的安全生产规章制度和安全操作规程,掌握本岗位的安全操作技能。未经安全生产教育和培训合格的从业人员,不得上岗作业。该法第82条规定,生产经营单位没有提供安全生产教育的,由有关部门责令限期改正;逾期未改正的,责令停产停业整顿,可以并处相应的罚款。在安全教育过程中,企业不仅要向工人介绍国家劳动安全卫生的有关政策法规和企业规章制度,而且要根据企业生产特点,介绍企业安全技术知识,如企业的基本生产概况、生产过程、作业方法、危险设备、危险因素及个人防护用品的正确使用方法等,通过各种形式对工人进行安全教育。这是公司应当履行的法定义务。

本案中,张女士应聘到某有限责任公司工作,双方签订了劳动合同,形成了劳动关系。由于该公司违反《劳动法》及有关法规,没有对张女士进行必要的岗前职业培训和安全生产教育,在实际生产中管理不严,监督不力,致使张女士串岗操作而发生事故,造成伤残,应承担张女士的工伤赔偿责任,并接受有关行政部门的处罚。

[职业危害的处理]
5.4　甲乙双方应当严格执行国家有关生产事故、职业病、工伤的统计报告和处理制度。乙方在劳动合同期内患有职业禁忌、职业病、工伤等,应当按照国家有关规定处理。

● 律师批注
【风险提示】
⊙ 有职业禁忌的劳动者不得从事其所禁忌的作业
⊙ 乙肝病毒携带者可以从事厨师职业

职业禁忌是指劳动者从事特定职业或接触特定职业病危害因素时,比一般职业人群更易于遭受职业病危害和罹患职业病,或者可能导致原有自身疾病病情加重,或者在作业过程中诱发可能导致对他人生命健康构成危险的疾病的个人特殊生理或病理状态。比如血液疾病是接触苯作业的禁忌症,肺结核是接触硅尘作业的禁忌症,视力减退对于机车乘务员,恐高症、高血压对于电力工、架子工,高血压、心脏病对于巡道工、调车人员等均属职业禁忌。一旦在接触某些职业危害因素时产生这种状态,劳动者就很容易患上职业病,从而威胁健康。职业禁忌不一定就是职业病,如糖尿病是高温作业的职业禁忌,而糖尿病不属于职业病。但是诊断为职业病的,属于职业禁忌,如接触粉尘诊断为尘肺病的,是粉尘作业的职业禁忌,应调离粉尘作业岗位;诊断为噪声聋的,是噪声作业的职业禁忌,应调离噪声作业岗位。对患职业禁忌的劳动者,用人单位应当调整劳动者的工作岗位,并妥善安置。

较为常见的职业禁忌有以下情形。血象检查低于正常参考值或患有各种血液病、严重的全身性血液病的人,以及妇女月经过多或有功能性子宫出血,不宜从事苯作业。患各种精神疾病及明显的神经症,神经系统器质性疾病,严重的肝、肾及内分泌病的人不宜从事铅作业等。特别值得注意的是,虽然患病毒性肝炎里面的甲型、戊型肝炎的患者,不能从事直接入口食品的生产经营活动,但是国务院《食品安全法实施条例》将《食品安全法》中的病毒性肝炎具体分为甲型、戊型病毒性肝炎,明确了对乙肝病毒携带者不再禁止其从事接触直接入口食品工作。乙肝被排除在《食品安全法》从业禁忌传染病之外,这意味着乙肝病毒携带者可以依法取得《食品从业健康证》,可以从事厨师职业。

【法律规定】
《职业病防治法》第36、76条
《食品安全法》第34条
《劳动合同法》第40、46、47条
国务院《食品安全法实施条例》第23条

【相关案例】
案例1-31:劳动者患有职业禁忌应如何处理?
某公司的员工在职业健康体检时发现听力存在问题,被职业预防保健机构认定为患有职业禁忌的人员。公司根据相关法律规定,对该员工进行了调岗处理,但是该员工不同意调岗,坚持要求解除劳动合同,并要求公司给予经济补偿。公司的人力资源部门对此很疑惑,不确定在该种情形下,公司是否应当给予员工补偿以及补偿的法定标准,特向劳动法专家咨询关于患有职业禁忌的员工离职经济补偿的相关问题。

分析:
职业禁忌不是职业病,《职业病防治法》对职业禁忌在法律上做出了定义。简单来讲,就是指员工如果继续在禁忌岗位工作,有发展成为职业病的风险。《职业病防治法》第36条规定,对从事接触职业病危害的作业的劳动者,用人单位应当按照国务院安全生产监督管理部门、卫生行政部门的规定组织上岗前、在岗期间和离岗时的职业健康检查,并将检查结果书面告知劳动者。职业健康检查费用由用人单位承担。用人单位不得安排未经上岗前职业健康检查的劳动者从事接触职业病危害的作业;不得安排有职业禁忌的劳动者从事其所禁忌的作业;对在职业健康检查中发现有与所从事的职业相关的健康损害的劳动者,应当调离原工作岗位,并妥善安置;对未进行离岗前职业健康检查的劳动者不得解除或者终止与其订立的劳动合同。

因此,本案中劳动者被确诊为患有职业禁忌,不适宜在现有岗位继续工作。按照上述法律规定,用人单位应当把劳动者调离原工作岗位,并妥善安置。法律法规中并没有对妥善安置做出明确解释。如果用人单位将劳动者调整到非职业禁忌的工作岗位,或者在无合适的工作岗位的情况下,与劳动者协商一致解除劳动合同,可以认为用人单位已经履行了妥善安置的义务。否则,用人单位应当承担相应的责任。本案中,如果公司可以提供其他工作岗位,而员工不同意调岗,那么公司可以与其解除劳动合同,否则即使有职业禁忌的劳动者自愿,公司允许其继续从事其所禁忌的作业也是违法的。对患有职业禁忌症的员工离职的经济补偿,法律没有明确规定。这种情形下,如果把劳动者解除劳动合同的要求视为劳动者单方提出解除劳动合同(即劳动者主动离职),那么劳动者不能得到任何经济补偿,这种看法显然有失公平。考虑到劳动者的离职并非出于劳动者的过错,建议公司参照《劳动合同法》第40条、第46条、第47条的相关规定解除劳动合同,并支付相关经济补偿。

第七节 规章制度和劳动纪律

> [规章制度的制定程序]
> **6.1** 甲方在制定、修改或者决定直接涉及乙方切身利益的规章制度或者重大事项时,应当征求工会和乙方的意见,与工会或者职工代表平等协商确定。在规章制度和重大事项决定的实施过程中,工会或者乙方认为不适当的,有权向甲方提出,通过协商予以修改完善。

● 律师批注

【风险提示】

⊙ 制定规章制度一要民主,二要公示

⊙ 规章制度制定的程序民主、内容不违法、已经公示的,可以作为案件审理的依据

用人单位的规章制度是用人单位制定的组织劳动过程和进行劳动管理的规则和制度的总和。根据劳动部《关于对新开办用人单位实行劳动规章制度备案制度的通知》,规章制度主要包括:劳动合同管理、工资管理、社会保险福利待遇、工时休假、职工奖惩,以及其他劳动管理规定。用人单位制定规章制度,要严格执行国家法律、法规的规定,保障劳动者的劳动权利。规章制度经法定程序制定公布后,即对用人单位内部的劳动者产生约束力。由于用人单位的规章制度涉及本单位全体职工的切身利益,因此用人单位的规章制度

必须在内容和制定程序上都合法。制定、修改或者决定涉及劳动者切身利益的规章制度或者重大事项时,应当征求工会和职工意见,与工会或者职工代表平等协商确定。民主的制定程序和公示程序是规章制度制定的最重要的程序性因素,决定了规章制度在法律上的有效性。用人单位在制定过程中,应广泛发动劳动者的参与,吸纳其合理意见,保证规章制度施行之后能有效执行。用人单位通过民主程序制定的规章制度,不违反国家法律、行政法规及政策规定,并已向劳动者公示的,可以作为劳动争议仲裁委员会和人民法院审理劳动争议案件的依据。

关于规章制度的制定程序,在操作实务中用人单位可以向全体员工征集意见,可以通过召开全体职工大会或职工代表大会,召集负责人大会层层传达,在单位内部网络刊发公告,在单位布告栏张贴布告,向员工群发电子邮件要求员工反馈意见等多种形式,满足劳动法规定的规章制度制定应采取民主程序的要求。同时,用人单位应当做好相关书面记录的保存工作,比如通过会议征求职工意见的,要保留好会议记录,员工签到册等。关于规章制度的公示,除了采取上述制定时开会、发电子邮件等办法外,还可以制作员工手册,要求员工学习阅读,遵照执行;也可以通过员工培训等形式,告知劳动者并要求其签字确认;或者在工作场所将规章制度内容公告,进行拍照、录像等方式的记录备案,并可以请第三方人员比如物业管理等人员见证等。

【法律规定】

《宪法》第53条

《劳动法》第3、4、52、53、56条

《劳动合同法》第4条

最高人民法院《关于审理劳动争议案件适用法律若干问题的解释》第19条

【相关案例】

案例1-32:如何保证用人单位规章制度的合法有效?

庄先生到某公司工作,双方签订了书面劳动合同。劳动合同期限为三年。庄先生在公司工作期间,经常迟到早退。公司领导对庄先生的工作表现不是十分满意,与庄先生约谈也没有取得理想的效果。公司领导产生了解除与庄先生劳动合同的想法。根据公司指示,人力资源部门查阅公司出勤记录,发现庄先生无故旷工已经达到两次。于是公司向庄先生下发了解除劳动合同的书面通知,其理由是劳动者经常旷工,严重违反了公司的规章制度。庄先生对收到的公司出具的解除劳动合同的通知书不服,认为公司并没有制定相关的规章制度,员工对此也从不知情,要求公司恢复其劳动关系,并补发劳动争议期间的工资。庄先生向当地劳动争议仲裁委员会申请仲裁，其请求得到了仲裁委的支持。

分析：

用人单位应重视规章制度的建设，依照法律规定制定和执行规章制度。本案中，由于公司并没有相关的规章制度，庄先生的无故旷工两次的行为，很难构成《劳动合同法》第39条"严重违反用人单位的规章制度"的程度。也就是说，公司可以根据庄先生的过错（无故旷工的行为），给予与其过错程度相适应的处罚，比如扣除当月出勤奖金、在公司内部通报批评、扣发相关福利待遇、无资格参与年度评选先进等，但是旷工两次就被解除劳动合同则过于严厉。因此仲裁委裁决恢复庄先生与公司的劳动关系，并要求公司补发劳动争议期间庄先生的工资损失。

用人单位对此合理的应对途径是，制定合法有效的规章制度，经过民主的制定程序，公示或告知劳动者本人，最大限度地发挥用人单位内部规章制度的重要作用。比如，可以在规章制度中明确规定，劳动者旷工累计达到特定次数以上，视作对规章制度的严重违反，用人单位有权解除劳动合同，并不支付经济补偿。一些轻微的违反劳动纪律的情况，比如经常迟到早退，在上班期间从事与工作无关的事务，打私人电话、上网娱乐、看小说等，就单个行为来看，都够不上严重违反用人单位规章制度的程度。用人单位可以在规章制度中明确，类似行为一经查实，可以给予书面警告，三次书面警告以上视为严重违反规章制度，这样可以使规章制度具有可操作性。用人单位依据规章制度管理劳动者，在面临劳动争议时得到法律支持的可能性就会高得多。

［规章制度的公示或告知］

6.2 甲方应当将直接涉及乙方切身利益的规章制度和重大事项决定公示，或者告知乙方。

● **律师批注**

【风险提示】

⊙ 直接涉及劳动者切身利益的规章制度应公示或告知劳动者

直接涉及劳动者切身利益的规章制度应当公示，或者告知劳动者。关于告知的方式有很多种，有的用人单位是在企业的告示栏张贴告示，有的是把规章制度作为劳动合同的附件发给劳动者，有的是向每个劳动者发放员工手册。如果在劳动合同中约定用人单位已有的规章制度为劳动合同的一部分的话，那么在签订劳动合同时，应直接将规章制度的内容及时告知劳动者，否则规章制度对劳动者不具有约束力。如果用人单位在劳动合同签订之后,重新制定规章制度或者修改规章制度的,也应及时告知劳动者,便于规章制度能够顺利得到贯彻执行。

【法律规定】

《劳动法》第4条

最高人民法院《关于审理劳动争议案件适用法律若干问题的解释》第19条

【相关案例】

案例1-33:用人单位可以依据规章制度解除劳动合同吗?

某公司与杨女士签订期限两年的劳动合同,约定杨女士担任渠道岗位,双方约定了月工资数额。上述劳动合同到期后,双方续签了为期两年的劳动合同。其后,某公司向杨女士发出解除劳动合同通知书,称杨女士违反奖惩制度,自当日起与杨女士解除劳动合同,解除理由为拒不服从工作安排,无故旷工三天。杨女士对某公司所称解除理由均不认可,称自己并未见过某公司解除劳动合同所依据的奖惩制度。某公司未就杨女士拒不服从工作安排一事举证。就杨女士旷工三天一事,某公司提交考勤表,其中记载杨女士有三天旷工。该考勤表并无任何人签字,杨女士不认可该考勤表,称并无旷工。杨女士申请劳动仲裁,要求某公司向其支付解除劳动合同的赔偿金,劳动争议仲裁委员会裁决某公司向杨女士支付违法解除劳动合同的赔偿金。

分析:

根据最高人民法院《关于审理劳动争议案件适用法律若干问题的解释》第19条的规定,用人单位根据《劳动法》第4条之规定,通过民主程序制定的规章制度,不违反国家法律、行政法规及政策规定,并已向劳动者公示的,可以作为人民法院审理劳动争议案件的依据。某公司以杨女士不服从工作安排及旷工为由,依据公司奖惩制度与杨女士解除劳动合同,该奖惩制度并未依法向劳动者公示或告知,不能作为其解除劳动合同的依据。且某公司亦未提供证据证明杨女士存在不服从工作安排的情形,所举考勤表未经劳动者确认,杨女士现不予认可,也无其他辅证,并与其向杨女士发放的工资数额矛盾,所以无法证明杨女士存在旷工三日的情形。因此,某公司解除与杨女士劳动合同的行为属于违法解除劳动合同,应按照经济补偿标准的二倍向杨女士支付赔偿金。现某公司要求不向杨女士支付赔偿金,不符合法律规定,因此不能得到支持。

> [乙方遵守规章制度的义务]
> **6.3** 乙方应当遵守甲方的规章制度和劳动纪律,积极参加甲方组织的相关培训,提高专业素质和职业道德。乙方违反规章制度和劳动纪律,甲方可以根据具体情况,依法给予处罚或解除劳动合同。乙方严重违反国家法律法规、甲方的规章制度和劳动纪律,给甲方造成损失的,甲方可以要求乙方承担赔偿责任。

● 律师批注

【风险提示】
⊙ 劳动者有义务遵守用人单位的各项规章制度
⊙ 劳动合同与规章制度不一致,劳动者有权要求适用前者

劳动者作为用人单位的一员,有义务服从用人单位的管理,遵守用人单位的规章制度和劳动纪律,以便更好地开展工作。本条约定明确了劳动者遵守用人单位规章制度和劳动纪律的义务,有利于规章制度作为管理或处理劳动争议的依据。这样避免劳动争议发生时,劳动者以不知道用人单位的相关规章制度和劳动纪律为由进行辩解。

劳动者在履行职务行为时违反法律法规、劳动纪律和规章制度,造成用人单位经济损失的,用人单位可以要求劳动者承担赔偿责任。劳动者承担责任的大小,可结合用人单位对损害发生有无过错、工作内容、劳动条件等相关因素综合考虑。劳动者故意的,应承担全部的责任;劳动者具有重大过失的,可依照过失程度确定分担损害。任何人均不得将基于自己过错所产生的损害转嫁给他人负担。数人对损害的发生均有过错的,应当依据各自过错的大小,确定其责任分担。用人单位因自己需要雇用劳动者,应当对其行为负有管理、监督的责任。因此,对损害结果的发生,用人单位自身有过错的,应当减轻或免除劳动者的赔偿责任。

【法律规定】
《劳动法》第4、25、30条
《劳动合同法》第4、39、43、80条
最高人民法院《关于审理劳动争议案件适用法律若干问题的解释》第16、19条

【相关案例】
案例1-34:用人单位可以对劳动者进行经济处罚吗?
张先生到某房地产公司工作,双方签订了为期一年的劳动合同。其中约

定:员工的薪酬、福利待遇和考核制度,按照公司的员工薪酬福利管理制度执行;该制度作为合同的附件,员工有理解、认可并遵守的义务。张先生工作一段时间后,经过公司的考核,其绩效工资常被扣除。张先生对此提出异议,提出从来没有见过公司的员工薪酬福利管理制度。张先生经过打听,认为现在的劳动法律法规禁止用人单位对员工进行经济处罚,他因此主张公司无权扣除其绩效工资,而且自己也不知道员工薪酬福利管理制度,因此该制度不能对自己适用。此案经过仲裁、诉讼程序,法院最终认定公司的规章制度是合法有效的,张先生的主张没有得到法院的支持。

分析:

用人单位能否依据规章制度对劳动者进行经济处罚,这个问题的关键在于用人单位制定的规章制度是否合法。合法包括内容上与程序上的合法。内容合法是指用人单位制定的规章制度的内容符合《劳动合同法》《劳动法》等法律法规,与法律抵触的部分是无效的。程序上的合法是指用人单位涉及劳动者切身利益的规章制度制定民主,征求过职工意见,经过公示或者告知过劳动者本人。在本案中,公司依据自身生产经营的特点,通过员工薪酬福利管理制度,对张先生的工作表现进行量化管理。从内容上看,该制度的规定明确,没有违反法律的条款,也没有显失公平、明显不合理的地方。从程序上看,用人单位是在劳动合同中约定,将员工薪酬福利管理制度作为合同的附件,对张先生进行告知的。在执行过程中,月度考核表有张先生的签字确认,张先生没有提出异议,也表明张先生认可这一制度。公司对考核制度的执行,也是比较规范的。公司的规章制度已经依法向劳动者公示,可以作为用人单位考核员工的依据。这一制度并不是用人单位对考核不合格员工直接进行罚款,而是明确在用人单位发放的劳动报酬中,部分特定的工资具有奖励的性质,只有员工达到公司的考核标准,才可以获得该部分奖励。据查,用人单位扣除该部分绩效奖励之后,当月的工资支付额度并没有低于当地最低工资标准。因此法院认定公司的规章制度是有效的。公司依据其有效的规章制度扣除考核不合格的劳动者的绩效奖励也并无不当。

值得注意的是,一些用人单位往往根据本单位的规章制度、员工手册等的规定,对员工违反规章制度的行为予以一定数额的罚款,这种做法是不合法的。《宪法》第13条第1款规定,公民的合法的私有财产不受侵犯。罚款剥夺公民的财产,属于财产罚的范畴。依照《立法法》和《行政处罚法》的规定,对财产的处罚只能由法律、法规和规章设定。公司和企业是以营利为目的的经济组织,无权在规章制度中设定罚款条款,除非有相关法律法规的明确授权。我国劳动法律关系中对企业职工罚款的直接法律渊源是国务院颁布施行的《企业职工奖惩条例》第11条、第12条,其中规定了企业可以根据情况对劳动者给予行政处分或者经济处罚。现实中很多用人单位也是参照了这两条规定,在其规章制度中设定了对员工罚款的权利。但是2008年国务院发布的《关于废止部分行政法规的决定》已经明确废止了《企业职工奖惩条例》。

第八节 附属协议

一、保密协议

甲方:＿＿＿＿＿＿＿＿＿＿＿＿＿＿＿＿＿＿＿＿＿＿＿＿
法定代表人或主要负责人:＿＿＿＿＿＿＿＿＿＿＿＿＿＿
住所:＿＿＿＿＿＿＿＿＿＿＿＿＿＿＿＿＿＿＿＿＿＿＿＿
邮编:＿＿＿＿＿＿＿＿＿＿＿＿＿＿＿＿＿＿＿＿＿＿＿＿
传真:＿＿＿＿＿＿＿＿＿＿＿＿＿＿＿＿＿＿＿＿＿＿＿＿
电话:＿＿＿＿＿＿＿＿＿＿＿＿＿＿＿＿＿＿＿＿＿＿＿＿
电子邮箱:＿＿＿＿＿＿＿＿＿＿＿＿＿＿＿＿＿＿＿＿＿＿
乙方:＿＿＿＿＿＿＿＿＿＿＿＿＿＿＿＿＿＿＿＿＿＿＿＿
身份证号码:＿＿＿＿＿＿＿＿＿＿＿＿＿＿＿＿＿＿＿＿＿
住址:＿＿＿＿＿＿＿＿＿＿＿＿＿＿＿＿＿＿＿＿＿＿＿＿
电话:＿＿＿＿＿＿＿＿＿＿＿＿＿＿＿＿＿＿＿＿＿＿＿＿
电子邮箱:＿＿＿＿＿＿＿＿＿＿＿＿＿＿＿＿＿＿＿＿＿＿

根据《中华人民共和国劳动法》《中华人民共和国劳动合同法》等国家法律法规的规定,甲乙双方经平等自愿、协商一致签订保密协议,共同遵守保密协议所列条款。

第一条 保密信息的定义

1.1 本协议所称保密信息(商业秘密)是指不为公众知悉,能为甲方带来经济利益,具有实用性并经甲方采取保密措施的技术信息和经营信息,具体包括甲方的技术信息、经营信息和规章制度中列为绝密、机密级的各项文件。

1.2 技术信息指甲方拥有或获得的有关生产和产品销售的技术方案、制造方法、工艺流程、计算机软件、数据库、实验结果、技术数据、图纸、样品、样机、模型、模具、说明书、操作手册、技术文档、涉及商业秘密的业务函电等一切有关的信息,以及有关生产和产品销售的技术知识、信息、技术资料、制作工艺、制作方法、经验、方法或其组合,并且未在任何地方公开过其完整形式的、未作为工业产权来保护的其他技术。

1.3 经营信息指有关商业活动的市场行销策略、货源情报、定价政策、不公开的财务资料、合同、交易相对人资料、客户名单等经营信息。

1.4 甲方依照法律规定和有关协议约定,应对外承担保密义务的事项,也属本保密协议所称的商业秘密。

1.5 乙方对上述商业秘密承担保密义务。本协议之签订可认为甲方已对其商业秘密采取了合理的保密措施。

● 律师批注

【风险提示】

⊙ 商业秘密包括技术信息和经营信息

⊙ 商业秘密的三个特征:一是不为公众知悉,二是能为权利人带来经济利益,三是具有实用性并经权利人采取保密措施

⊙ 用人单位应明确界定商业秘密的范围

按照《反不正当竞争法》的规定,商业秘密是指不为公众知悉、能为权利人带来经济利益、具有实用性并经权利人采取保密措施的技术信息和经营信息。由此可以得出,商业秘密具有如下特点:一是非公知性,指该信息不能从公开渠道直接取得;二是实用性,指该信息具有确定的可用性,能为权利人带来现实的或潜在的经济利益或竞争优势;三是管理性,指权利人采取了相对合理的保密措施,并足以使其员工或其他人知道或应当知道商业秘密的存在,并应当予以保密。商业秘密的条款是保密协议的基础性条款,用人单位应当明确界定商业秘密和泄密行为的范围,进行细化约定。否则,员工可能以不知商业秘密的范围或不知其行为为泄密行为进行抗辩。商业秘密的范围不能仅限于用人单位自身的秘密,还应当包括其在生产经营活动中获知因而负有保密义务的第三方的商业秘密。与专利、著作权相比,商业秘密的特征是:不要求公开技术,基本无创新性要求,可获得无期限的保护,无权排斥同类信息,获得保护的程序简单、费用低,丧失权利的可能性大。

第二条 保密义务

2.1 乙方应当遵守甲方的规章制度中关于保密的规定,履行保密职责。未经甲方同意,乙方不得披露和使用商业秘密。

2.2 劳动合同解除或终止,乙方承担保密义务的期限为下列第_____种(没有做出选择的,视为无限期保密):

(1) 无限期保密,直至甲方宣布解密或者秘密信息实际上已经公开。

(2) 有限期保密,保密期限自劳动合同解除或终止之日起至_____年_____月_____日止。

2.3 乙方因承担保密义务,甲方应当向乙方支付保密费。保密费的支付方式为下列第_____种:

(1) 劳动合同解除或终止,甲方一次性支付乙方_____元。

(2) 双方约定,甲方支付乙方的工资报酬已经包含保密费。劳动关系解除或终止,甲方不另行支付保密费。

● 律师批注

【风险提示】

⊙ 用人单位的保密规定应当公示或告知涉密的劳动者

⊙ 用人单位对内应当规范保密机制,对外交往可以签订保密协议

⊙ 用人单位应当合理确定劳动者保密期限

建立完善的商业秘密内部维护机制对商业秘密的有效保护是非常重要的。用人单位可以成立商业秘密管理委员会或者指派专门人员,负责商业秘密的管理与维护。同时建立切实可行的保密制度,比如编制保密手册,建立秘密资料标签、存档管理及复制、查看、外借制度和其他反泄密机制。保密制度或保密手册都应当向负有保密义务的人公开,使其了解相应的规定。至于公司内部不成文的保密规定或惯例,最好能以章程制度等文字形式固定下来,以达到公示的效果。这样也可以体现权利人已经采取合理的方式使他人认识到该信息的秘密性。商业秘密范围的划定,一般要从以下几个方面来考虑:该信息是否有保密的必要性和可能性;与其他知识产权保护方式相比,以商业秘密方式进行保护,是否具有更好的效果。必要的时候,还可以对商业秘密实行分级管理。对用人单位来说,在做好内部管理的同时,也要注意对外咨询管理的维护。比如与供应商、经销商等客户,与咨询公司、会计师、律师事务所等可能接触商业秘密的中介服务机构、可能涉及自身商业秘密的项目谈判对手等签订保密协议。

第三条 违约责任

3.1 乙方违反上述约定,造成甲方损失的,乙方应当承担赔偿责任。乙方给甲方造成的损失,甲方可以从乙方的工资报酬中扣除,扣除后仍然不足的部分,甲方可以向乙方追偿。

3.2 乙方按照甲方要求或者为了完成甲方工作任务可能侵犯他人知识产权的,如果甲方遭受第三方的侵权指控,应诉费用和侵权赔偿不得由乙方承担。

3.3 损失赔偿额为甲方因乙方的违约行为受到的实际经济损失。计算方法是,因乙方的侵权行为导致甲方的产品销售数量下降,其销售数量减少的总数乘以每件产品利润所得之积。

3.4 如果甲方的损失依照上述计算方法难以计算的,损失赔偿额为乙方因违约行为获得的全部利润。计算方法是,乙方从每件与违约行为直接关联的产品获得的利润乘以在市场上销售的总数所得之积,或者以不低于甲方商业秘密许可使用费的合理数额作为损失赔偿额。甲方因调查乙方的违约行为而支付的合理费用,应当包含在损失赔偿额之内。

● 律师批注

【风险提示】

⊙ 不能单独就保密协议约定违约金,但可约定损失赔偿的计算方法

⊙ 商业秘密被侵犯,用人单位可以要求劳动者承担违约或侵权责任

如果劳动者履行职务,必然导致侵犯他人知识产权的,在遭遇第三方的侵权指控时,并不能以此条免除自己对外承担的侵权责任。这种条款应当视作甲乙双方关于侵权发生时关于赔偿责任的内部约定,最终的责任承担应当依照法律的规定进行。侵犯商业秘密的一方,并不因为事先的内部约定而减轻或免除因侵权导致的损害赔偿责任。事先约定的意义在于甲乙双方在面临损害赔偿时,对内部责任的划分已达成一致。《劳动合同法》只允许就竞业限制和专业技术培训的服务期约定违约金,不能就单独的保密协议约定违约金。所以违反保密协议的违约责任主要体现在对赔偿计算方法的约定上,具体可以参照泄密行为带来的直接的实际损失和间接的损失等来确定。提前约定损失赔偿的计算方法可以避免纠纷发生时用人单位面临的举证困难,又不违反劳动法的禁止性规定。

第四条 争议处理及其他

4.1 因本协议而引起的纠纷,如果双方无法协商解决,任何一方可以向当地劳动争议仲裁委员会申请仲裁。不服裁决的,可以向人民法院提起诉讼。

4.2 本协议一式二份,甲乙双方各执一份,具有同等法律效力。经双方签字盖章生效。

以下无正文。

甲方(盖章):_____
法定代表人或委托代理人(签名):_____
签订日期:_____

乙方(签名):_____
签订日期:_____

● **律师批注**

【风险提示】

⊙ 只涉及侵犯商业秘密,可以直接诉讼

⊙ 商业秘密被侵犯,可以向工商行政管理机关举报

⊙ 应对侵犯商业秘密或知识产权,还可以考虑刑事途径

商业秘密被侵犯,用人单位可以向工商行政管理机关举报,申请行政强制措施,要求返还载有商业秘密的资料或停止侵权,提出赔偿要求并申请调解。在向行政机关举报的同时,用人单位可就相关赔偿事宜向法院提起民事诉讼。用人单位提交要求立案查处的申请,应提供相应证据证明被申请人所使用的信息与申请人的信息相同或相似、被申请人有获取申请人秘密的条件等。县级、市级工商管理机关管辖本辖区内发生的案件,省级工商管理机关管辖本辖区发生的重大、复杂案件,国家工商管理机关管辖跨区重大、复杂案件。

应对侵犯商业秘密或知识产权还可以考虑通过刑事途径。这往往能更快、更好地获得赔偿。更为关键的是,通过刑事途径往往能收集到一些在民事诉讼当中无法收集到的证据。侵犯商业秘密罪的构成要件如下:存在商业秘密;主观上具有犯罪故意;客观上具有非法获取、披露、使用或允许他人使用商业秘密的行为;侵权行为给权利人造成重大损失。其中"重大损失"指的是造成直接经济损失50万元以上,或导致权利人公司、企业破产、倒闭或濒临破产倒闭等严重后果。

【法律规定】
《劳动合同法》第 23、24 条
《反不正当竞争法》第 25 条
《刑法》第 219 条
最高人民法院《关于审理不正当竞争民事案件应用法律若干问题的解释》第 14 条

【相关案例】
案例 1-35：客户信息是商业秘密吗？

叶先生在某咨询公司工作，担任技术支持经理一职。该公司的主要经营范围是在质量检查方面提供咨询和服务。咨询公司与叶先生在双方签订的劳动合同中约定，叶先生在公司供职期间和离开后，在约定时间内，应当保守咨询公司的商业秘密，承担保密义务。劳动合同到期后，咨询公司在发给叶先生的终止劳动合同通知书中明确注明，双方终止劳动关系，公司根据有关规定进行经济补偿，要求叶先生承担不泄露公司商业秘密及客户信息的义务。某检测公司的经营范围包括质量检验检测、设备检验检测等。叶先生原非检测公司股东，其在咨询公司任职期间，从其他股东处受让了检测公司的股权，成为该公司唯一股东。后某咨询公司发现，叶先生离职之后经营与咨询公司类似的业务。咨询公司认为叶先生担任技术支持经理一职期间，掌握了公司的客户信息资料等商业秘密。咨询公司主张属于商业秘密的客户信息具体指该公司的三个客户即某金属制品有限公司、某汽车零部件有限公司和某西班牙公司的联系方式、结算方式、交易条款以及交易价格。法院经过审理认为，叶先生并没有侵犯原公司的商业秘密，因此不应承担任何损害赔偿责任，驳回了某咨询公司的诉讼请求。

分析：

当事人对自己提出的主张，有责任提供证据；负有举证责任的当事人没有证据或者证据不足以证明其事实主张的，应承担不利后果。本案中，某咨询公司主张商业秘密的客户信息是某金属制品有限公司、某汽车零部件有限公司和某西班牙公司的联系方式、结算方式、交易条款以及交易价格。但是首先咨询公司提交的证据仅能证明某咨询公司与上述三家公司存在过业务往来，其未能举证证明上述三家公司是与其保持长期稳定交易关系的特定客户。其次，从某咨询公司提交的涉案客户名单内容来看，客户名单上记载的内容主要是相关公司的联系方式，上述信息并不属于明显区别于公知信息的特殊客户信息。第三，虽然咨询公司在劳动合同以及解除劳动合同通知书中明确叶先生负有保密义务，但上述约定是笼统的。某咨询公司证明其与客户交易的条款、价格和结算方式的证据也仅有传真件或打印件,没有证据表明其就涉案诉请保护的客户信息采取了足以防止信息泄露的具体措施。综上,法院认为,咨询公司的现有证据不足以证明其所主张的客户信息符合商业秘密的法定条件,叶先生及其检测公司没有侵犯咨询公司的商业秘密。

案例1-36:同业竞争构成侵犯商业秘密吗?

张先生到甲公司工作,签订了书面合同。鉴于甲公司业务的性质特殊以及张先生的职位十分重要,甲公司与张先生签订了保密协议。该协议主要内容为,张先生在劳动合同的有效期及其期满后的任何时间,都要对甲公司的技术开发、市场计划、商业和财务计划等一切有关的企业信息及其专有技术等严格保密。张先生在劳动合同存续期间,与甲公司管理层发生矛盾。向甲公司提出书面离职,随即离开了甲公司,另行成立了与甲公司业务性质相似的乙公司。甲公司一直与丙公司签订服务协议。丙公司在与甲公司的服务协议到期时,对其服务需求进行公开招标。甲、乙等公司参与了投标活动。最终丙公司没有选择与甲公司续约,而是与乙公司签订了服务合同。为此,甲公司主张,张先生和乙公司侵犯了甲公司的商业秘密,向法院提起了诉讼。经过审理,法院最终判决,张先生和乙公司没有侵犯甲公司的商业秘密。

分析:

甲公司在向丙公司提供服务时,所形成的技术信息和经营信息,应被认定为商业秘密。根据最高人民法院《关于审理不正当竞争民事案件应用法律若干问题的解释》第11条的规定,权利人为防止信息泄漏所采取的与其商业价值等具体情况相适应的合理保护措施,应当认定为保密措施。签订保密协议,在正常情况下足以防止涉密信息泄漏的,应当认定权利人采取了保密措施。甲公司与张先生签订了保密协议,应当认为甲公司采取了保密措施。但是,本案中,张先生及其乙公司的行为不应当认定为侵犯商业秘密。理由如下。首先,在市场经营过程中,选择服务的提供者是被服务者的一项权利。丙公司可以选择继续与甲公司签订服务合同,也可以不选择与其续约。其次,虽然丙公司选择与乙公司签订服务合同,甲公司因为没有得到服务合同的续签蒙受了经济损失,但是甲公司没有提供证据证明,丙公司不与甲公司续签服务合同的行为,与张先生知晓的甲公司的技术资料或招标信息存在因果联系。张先生曾经在甲公司任职,知晓其客户名单上有丙公司。而最终丙公司与张先生任职的乙公司签订合同。以上事实并不足以推定,张先生和乙公司实施了侵犯商业秘密的不正当竞争行为。

第一章 劳动合同的订立

【实务指南】
问题：商业秘密被侵犯如何维权？

在涉及侵犯商业秘密的情形出现时，用人单位应当合理选择民事、行政、刑事诉讼等法律途径解决纠纷，避免商业秘密的进一步扩散。分析侵权公司的资产，充分了解侵权公司的资产、信誉、支付赔偿款的能力等状况，分析和解成功的可能性。按照诉讼的要求，充分完整地收集好侵权方的侵权证据。商业秘密的价值就在于它的秘密性，一旦秘密遭到他人的破坏，再通过其他途径进行弥补，无论如何都难恢复到圆满的状态。因此当发现商业秘密遭到侵害时，用人单位可结合实际情况，考虑转用专利等其他方式进行权利保护。用人单位提起民事诉讼，要注意是将离职员工与其所在单位列为共同被告，还是仅将离职员工列为被告。前者的优点是，能更好地获得赔偿并能够比较彻底地解决问题；缺点在于，容易让离职员工与其所在单位团结起来，从而增强被告方的对抗力。后者的优点是，仅将离职员工列为被告，能较好地将其孤立，利于在适当的时候与其和解或调解；不利之处是，仅将离职员工列为被告，其赔偿能力有限，且不足以让其所在单位停止使用原告的商业秘密。

在证据的准备上，首先要提供原告商业秘密存在的证据。证据应围绕以下标准收集提供。第一，有一定的技术、经营信息存在，该信息系原告所有或拥有合法使用权，并且该信息有具体的载体。该信息已经原告采取保密措施。第二，要证明被告侵权行为的存在。关于侵权行为是否存在，原告负有举证责任。还要证明被告占有、使用或披露的信息与原告的商业秘密信息相同或相似。有关该方面的证据，用人单位可自行委托或申请法院委托有关机构进行鉴定。还应证明被告有接触商业秘密的机会或能力。最后，证明原告所花费用及损失的存在与数额。费用包括聘请律师的合理费用及调查所花费的合理费用。原告损失可以计算的，以原告损失为准，无法计算的以被告获益为准。用人单位也可以视情况，提出诉讼保全的申请，对此法院一般都会受理。一般应对以下证据提出保全：关于被告有侵权行为的证据，比如被告持有原告客户名单、技术资料的事实等；关于被告获利情况的证据，比如被告的生产、销量、利润等财务资料。诉前向法院提出采取临时措施的申请，是为了防止商业秘密进一步扩散，具体法律依据可适用《民事诉讼法》中关于先予执行和财产保全的条款。需要注意的是，原告要为临时措施的采取提供担保，而且一旦申请错误还将为此承担赔偿责任，所以提出临时措施时需要谨慎。

作为侵犯商业秘密案件中的被告方，可以从以下几方面进行抗辩。第一,讼争信息并不构成商业秘密。这主要包括:讼争信息已为公众所知悉,社会大众或该行业中的普通人员可比较轻易地通过合法的手段取得,例如该信息已在国内外的书籍、报刊等媒体上公开;该信息已被国内有关产品所公开;经有关机构鉴定,该信息已是行业内公知技术。第二,讼争信息不具有实用性、不能为权利人带来经济利益,即该保密信息仅在理论上成立,目前尚无法将其应用到实际当中,不具有实用性,也不能给原告带来潜在的竞争优势。第三,讼争信息未经权利人采取保密措施或虽采取了保密措施,但显然不足以保护该信息的秘密性,不足以让他人知道该信息是秘密信息。第四,侵权行为并不存在。这主要包括,被告使用的信息与原告的信息不相同也不相似。被告方可将原告主张的秘密信息中的"风险提示"与被告使用的信息中的"风险提示"进行对照,以论证两者间的相同及区别点。当然,也可直接申请有关机构对此进行鉴定,被告没有可以接触到原告信息的条件与可能性。第五,被告使用信息有合法来源。比如,使用已经原告许可同意;从第三方善意取得,而且从未收到原告关于不能使用该信息的通知;被告使用的信息是被告自己独立取得的,与原告信息无关;被告使用的信息是被告通过反向工程等其他合法方式取得的;被告使用的信息来源于公开信息等。第六,被告使用的信息是在原告处履行工作时自然积累起来的经验,已经成为被告个人价值与人格中不可分割的一部分。被告以其为他人工作并赖以谋生,并不侵权。关于这一点需要注意的是,对于被告故意采用记忆的方式带走原告信息并披露或使用的,实践中一般仍认定其为侵权行为。第七,以损害不存在或数额计算没有依据为由进行抗辩。这主要包括:原告销量减少的计算不正确,比如销量减少还有其他市场因素等;原告的利润计算不正确,比如将未使用商业秘密产品的正常利润与因使用商业秘密信息而增加的利润相混淆,损失的计算方式不对等。

二、竞业限制协议

甲方:_____

法定代表人或主要负责人:_____

住址:_____

邮编:_____

传真:_____

电话:_____

电子邮箱:_____

乙方：_____
身份证号码：_____
住址：_____
邮编：_____
电话：_____
电子邮箱：_____

根据《中华人民共和国劳动法》《中华人民共和国劳动合同法》等国家法律法规的规定，甲乙双方经平等自愿、协商一致签订竞业限制协议，共同遵守协议所列条款。

● 律师批注
【风险提示】
⊙ 为了维护商业秘密和限制竞争，用人单位可签订竞业限制协议
⊙ 竞业限制的人员限于高级管理人员、高级技术人员和其他负有保密义务的人员

竞业限制是指依照法律的规定或者合同的约定，用人单位可以禁止劳动者在任职期间或者离职后的一定时期内，不得到与本单位有竞争关系的其他单位工作，或者从事与本用人单位有密切竞争关系的其他业务活动。用人单位为保护自身的商业秘密，与掌握或知悉用人单位商业秘密的劳动者签订竞业限制协议，对竞业限制做出约定是维护其合法权益的手段。一般来说，签订竞业限制协议的人员多为用人单位的高级管理人员、高级技术人员，但实践中，有的用人单位突破了这一界限，把签订竞业限制协议的主体扩大到了所有劳动者。竞业限制的相对方是有保密义务的劳动者，用人单位应根据劳动者从事的岗位实际情况来评估，对文员、前台、司机等不知悉用人单位商业秘密的劳动者，不宜签订此类协议，以免引发限制择业自由权的质疑，同时避免在劳动者离职之后给付大量竞业限制补偿金。

第一条 竞业限制的含义及期限

1.1 乙方在劳动合同期间、劳动合同解除或终止之后，都应当遵守甲方规章制度中关于保密的规定，履行保密职责。未经甲方同意，乙方不得泄露和使用其商业秘密信息。

1.2 解除或者终止劳动合同后_____年内（不超过两年），乙方不得到与甲方生产或者经营同类产品、从事同类业务的有竞争关系的其他用人

单位工作。不得自己开业生产或者经营同类产品、从事同类业务。

1.3 在解除或终止劳动合同之后,甲方向乙方在竞业限制的期限内按月给予乙方_____元人民币经济补偿。

● **律师批注**

【风险提示】
⊙ 竞业限制补偿金的支付标准应合理
⊙ 约定工资中包含竞业限制补偿金,存在极大法律风险
⊙ 竞业限制期间应按月支付给劳动者经济补偿

竞业限制补偿的具体补偿金额,应结合劳动者的专业水准、竞业限制的限制范围、限制地域和特定劳动者之前的工资待遇等因素来综合考虑。对补偿费数额标准问题,最高人民法院《关于审理劳动争议案件适用法律若干问题的解释(四)》第6条规定,当事人在劳动合同或者保密协议中约定了竞业限制,但未约定解除或者终止劳动合同后给予劳动者经济补偿,劳动者履行了竞业限制义务,要求用人单位按照劳动者在劳动合同解除或者终止前十二个月平均工资的30%按月支付经济补偿的,人民法院应予支持。前款规定的月平均工资的30%低于劳动合同履行地最低工资标准的,按照劳动合同履行地最低工资标准支付。

当前一些用人单位为了减少竞业限制补偿费的支付,规定竞业限制补偿费的支付已包含在劳动关系期间支付给劳动者的工资之中。这样的规定实际上是有法律风险的。首先,增加了法院或仲裁机关认定用人单位未履行支付补偿费的法律风险。除非单位能证明支付给劳动者的工资中确实包含了这一款项,比如,协议签订后劳动者的工资中比先前有了明显增长,且这种增长和劳动者履行工作无关。其次,这种预付款也违背通常做法。补偿费实质是对劳动者就业权限制的一种补偿。在劳动关系存续期间,劳动者的就业权并未受到限制,用人单位提前支付给劳动者补偿金,可能使劳动者在劳动关系结束后因已提前得到对价而不履行自己的义务。对于高工资已经包含保密和竞业限制的补偿金的,用人单位应该在合同中明确其性质,防止出现争议时,劳动者主张高工资是其工作应该得到的劳动报酬,或是对其工作认可而给予的额外奖金,而不认可工资津贴中包含补偿金。建议用人单位还是应该严格按照劳动合同法的规定,在竞业限制期间按月支付给劳动者经济补偿。

第二条 竞业限制与经济补偿

2.1 劳动合同解除或终止后,除另有约定外,甲方可以要求乙方履行竞业限制义务。乙方履行了竞业限制义务后,可以要求甲方支付经济补偿。

2.2 劳动合同解除或终止后,因甲方的原因导致三个月未支付经济补偿,乙方可以解除竞业限制协议,不再受其约束。

2.3 在竞业限制期限内,甲方可以解除竞业限制协议。在解除竞业限制协议时,乙方可以要求甲方额外支付三个月的竞业限制经济补偿。

第三条 违约责任

乙方违反竞业限制约定,应当按照约定向甲方支付违约金。乙方支付违约金后,甲方要求乙方继续履行竞业限制义务,乙方应当履行。

● 律师批注

【风险提示】

⊙ 竞业限制补偿金约定不清,不意味着竞业限制条款无效

⊙ 用人单位三个月未支付竞业限制经济补偿的,劳动者可以解除竞业限制

⊙ 劳动者支付了违约金,也不意味着劳动者可以不遵守竞业限制的约定

《劳动合同法》第23条第2款规定,对负有保密义务的劳动者,用人单位可以在劳动合同或者保密协议中与劳动者约定竞业限制条款,并约定在解除或者终止劳动合同后,在竞业限制期限内按月给予劳动者经济补偿。劳动者违反竞业限制约定的,应当按照约定向用人单位支付违约金。但是没有明确用人单位没有支付经济补偿金,竞业限制条款是否当然无效。最高人民法院《关于审理劳动争议案件适用法律若干问题的解释(四)》第6条规定,当事人在劳动合同或者保密协议中约定了竞业限制,但未约定解除或者终止劳动合同后给予劳动者经济补偿,劳动者履行了竞业限制义务,要求用人单位按照劳动者在劳动合同解除或者终止前十二个月平均工资的30%按月支付经济补偿的,人民法院应予支持。前款规定的月平均工资的30%低于劳动合同履行地最低工资标准的,按照劳动合同履行地最低工资标准支付。

该《解释》第7条规定,当事人在劳动合同或者保密协议中约定了竞业限制和经济补偿,当事人解除劳动合同时,除另有约定外,用人单位要求劳动者履行竞业限制义务,或者劳动者履行了竞业限制义务后要求用人单位支付经

济补偿的,人民法院应予支持。该《解释》第8条规定,当事人在劳动合同或者保密协议中约定了竞业限制和经济补偿,劳动合同解除或者终止后,因用人单位的原因导致三个月未支付经济补偿,劳动者请求解除竞业限制约定的,人民法院应予支持。该《解释》第9条规定,在竞业限制期限内,用人单位请求解除竞业限制协议时,人民法院应予支持。在解除竞业限制协议时,劳动者请求用人单位额外支付劳动者三个月的竞业限制经济补偿的,人民法院应予支持。该《解释》第10条规定,劳动者违反竞业限制约定,向用人单位支付违约金后,用人单位要求劳动者按照约定继续履行竞业限制义务的,人民法院应予支持。

第四条 争议处理及其他

4.1 因本协议而引起的纠纷,如果双方无法协商解决,任何一方可以向当地劳动争议仲裁委员会申请仲裁。不服裁决的,可以向人民法院提起诉讼。

4.2 本协议一式二份,甲乙双方各执一份,具有同等法律效力。经双方签字或盖章之日起生效。

以下无正文。

甲方(盖章):_____
法定代表人或委托代理人(签名):_____
签订日期:_____
乙方(签名):_____
签订日期:_____

● **律师批注**

【风险提示】

⊙ 单纯违反竞业限制约定而不涉及侵犯商业秘密,应先申请劳动仲裁
⊙ 侵犯商业秘密纠纷,可以直接向法院起诉

用人单位与劳动者可以在劳动合同中约定劳动者须保守用人单位的商业秘密和与知识产权相关的保密事项。对负有保密义务的劳动者,用人单位可以与之约定竞业限制条款。用人单位以劳动者不履行劳动合同约定的权利和义务,请求劳动者按照劳动合同约定承担违约责任,属于劳动权利义务之争,属于劳动争议案件的受理范围。用人单位向人民法院起诉,法院应当以劳动争议案件立案受理。对此,劳动和社会保障部办公厅《关于劳动争议案中涉及商业秘密侵权问题的函》第2条规定,劳动合同中如果明确约定了

有关保守商业秘密的内容,由于劳动者未履行,造成用人单位商业秘密被侵害而发生劳动争议,当事人向劳动争议仲裁委员会申请仲裁的,仲裁委员会应当受理,并依据有关规定和劳动合同的约定作出裁决。

对于既违反竞业限制义务,又侵犯商业秘密的情形,如劳动者擅自将其获得的商业秘密投入使用或向他人披露而发生的纠纷,用人单位可以劳动者侵犯商业秘密和知识产权,给其造成重大经济损失为由,要求劳动者按照反不正当竞争相关法律的规定承担侵权责任和赔偿损失。这种争议在性质上属于侵犯商业秘密纠纷,属于普通民事案件的受理范畴,无须经过劳动争议仲裁前置程序,用人单位可以直接向有管辖权的人民法院起诉。

【法律规定】
《劳动合同法》第23、24条
《反不正当竞争法》第25条
《刑法》第219条
最高人民法院《关于审理不正当竞争民事案件应用法律若干问题的解释》第14条

【相关案例】
案例1-37:竞业限制协议解除,用人单位如何支付补偿金?
马女士与某商业培训学校签订了劳动合同,约定马女士担任考试培训的讲师一职,劳动合同期限为三年。双方还另外签署了竞业限制协议。其中约定,马女士自从公司离职,无论是公司解除劳动合同,还是主动离职或其他原因,不经公司的书面同意,马女士不得到与公司从事同类业务的有竞争关系的其他用人单位工作。学校在马女士离职时,一次性支付事先约定的竞业限制的经济补偿金。劳动合同履行期间,马女士以私人事务为由,与公司协商一致后解除了劳动合同。劳动合同解除之后一个月,公司以书面形式通知马女士,劳动合同的竞业限制条款即日起废除,员工不需要再遵守此限制,因此公司不支付补偿金。马女士认为公司没有诚信,要求公司遵守劳动合同约定,全额支付其竞业限制补偿金。

分析:
《公司法》第149条主要对董事、经理等高级经营管理人员任职期间(即劳动合同履行期间)的竞业限制做了规定。《劳动合同法》第23条、第24条主要对劳动合同解除或终止后的竞业限制做了规定。本案中,公司与马女士签订了竞业限制协议,双方已经协商一致解除了劳动合同。公司向马女士发出了原劳动合同的竞业限制条款作废的通知,放弃了对马女士择业进行限制的权利。也就是说,马女士自竞业限制条款废除之后可以自由择业。竞业限制的补偿金是以竞业限制的义务存在为前提的。马女士不再负有遵守的义务,因而也不享有相应的补偿。但是马女士在公司发出废除竞业限制的通知之前的一个月,遵守了相关的竞业限制约定,有权得到这一个月内择业权利被限制的相应补偿。另外,根据最高人民法院《关于审理劳动争议案件适用法律若干问题的解释(四)》第9条的规定,在竞业限制期限内,用人单位请求解除竞业限制协议时,人民法院应予支持。在解除竞业限制协议时,劳动者请求用人单位额外支付劳动者三个月的竞业限制经济补偿的,人民法院应予支持。也就是说,马女士还有权请求用人单位额外支付其三个月竞业限制经济补偿。

三、专项培训协议

甲方:＿＿＿＿＿＿＿＿＿＿＿＿＿＿＿＿＿＿＿＿＿＿＿＿＿＿

法定代表人或主要负责人:＿＿＿＿＿＿＿＿＿＿＿＿＿＿＿＿

住所:＿＿＿＿＿＿＿＿＿＿＿＿＿＿＿＿＿＿＿＿＿＿＿＿＿＿

邮编:＿＿＿＿＿＿＿＿＿＿＿＿＿＿＿＿＿＿＿＿＿＿＿＿＿＿

传真:＿＿＿＿＿＿＿＿＿＿＿＿＿＿＿＿＿＿＿＿＿＿＿＿＿＿

电话:＿＿＿＿＿＿＿＿＿＿＿＿＿＿＿＿＿＿＿＿＿＿＿＿＿＿

电子邮箱:＿＿＿＿＿＿＿＿＿＿＿＿＿＿＿＿＿＿＿＿＿＿＿＿

乙方:＿＿＿＿＿＿＿＿＿＿＿＿＿＿＿＿＿＿＿＿＿＿＿＿＿＿

身份证号码:＿＿＿＿＿＿＿＿＿＿＿＿＿＿＿＿＿＿＿＿＿＿

地址:＿＿＿＿＿＿＿＿＿＿＿＿＿＿＿＿＿＿＿＿＿＿＿＿＿＿

邮编:＿＿＿＿＿＿＿＿＿＿＿＿＿＿＿＿＿＿＿＿＿＿＿＿＿＿

电话:＿＿＿＿＿＿＿＿＿＿＿＿＿＿＿＿＿＿＿＿＿＿＿＿＿＿

电子邮箱:＿＿＿＿＿＿＿＿＿＿＿＿＿＿＿＿＿＿＿＿＿＿＿＿

根据《中华人民共和国劳动法》《中华人民共和国劳动合同法》等国家法律法规的规定,甲乙双方经平等自愿、协商一致签订培训服务期协议,共同遵守协议所列条款。

● **律师批注**

【风险提示】

⊙ 约定专业技术培训的服务期,可以合理限制劳动者跳槽

⊙ 不是任何职业培训,都是专业技术培训,都可以约定服务期和违约金

员工的专项培训协议,是指用人单位和劳动者就专业技术培训的具体事

项达成一致而签订的协议。约定权利义务清晰的专项培训协议,对于用人单位和劳动者双方都是有积极意义的。一方面,劳动者在劳动合同中约定专项培训的内容,可以避免用人单位招聘时的承诺不兑现。另一方面,从用人单位的角度说,用人单位付出巨大成本,使劳动者专业技能水平得到提高,劳动者却被别的公司高薪挖走,或在服务期内跳槽。对于这种情况,用人单位可以依据劳动合同追究劳动者的违约责任。用人单位只有为劳动者提供了专业技术培训,才可以与劳动者约定一定期限的服务期。如果只是一般性的职业培训而非专业技术培训,也不得与劳动者约定服务期和违约金。即使已经与劳动者约定了服务期和违约金,也都是无效的。

> **第一条 专业培训的期限和费用**
>
> 1.1 甲方已经履行公司规章制度中关于专业技术培训管理规定的告知义务,乙方承诺遵守甲方的规章制度。
>
> 1.2 甲方为乙方提供有关_____方面的专业技术培训,地点为_____(国家或地区),培训时间从_____年_____月_____日至_____年_____月_____日,预计培训费用为_____元人民币。
>
> 1.3 预计培训费用是指甲方为了对乙方进行专业技术培训而支付的有凭证的培训费用、培训期间的差旅费用以及因培训产生的用于该劳动者的其他直接费用。若实际培训总费用与预计培训总费用不符,则本协议约定的违约金数额应根据实际发生的总费用自动调整。

● **律师批注**

【风险提示】
⊙ 培训费用要清楚明确
⊙ 违约金的数额不得超过培训费用

如果劳动者违反了培训合同中关于服务期的约定,应当向用人单位承担专业技术培训协议约定的违约金。根据国务院《劳动合同法实施条例》第16条的规定,培训费用包括用人单位为了对劳动者进行专业技术培训而支付的有凭证的培训费用、培训期间的差旅费用以及因培训产生的用于该劳动者的其他直接费用。

第二条 服务期的履行和终止

2.1 根据甲方规章制度的规定双方约定,从乙方完成培训之日起,必须为甲方服务_____月,即从_____年_____月_____日至_____年_____月_____日止。双方协商一致,可以延长本协议规定的服务期。

2.2 乙方在完成培训后未经甲方批准而逾期未归的,甲方可以解除劳动合同,并要求乙方承担赔偿责任。

2.3 乙方在进行专项培训期间,甲方应向乙方支付工资_____元人民币,并提供相应福利待遇。

2.4 服务期内,如劳动合同期限变更或者届满,双方对续订劳动合同不能达成一致,应按原劳动合同确定的条件继续履行至服务期终止之日。

● 律师批注

【风险提示】

⊙ 服务期的期限无强制规定,但应公平合理

⊙ 违反培训协议,用人单位可解除劳动合同,追偿培训费用

培训协议应明确约定因甲方提供专业技术培训,乙方应为甲方服务的期限。劳动者违反培训协议约定,培训期满无故逾期不归,用人单位除了可以与劳动者解除劳动关系外,还可以向劳动者追偿培训费用,包括直接支付的培训费用,培训期间支付给劳动者的工资、奖金与其他福利待遇。劳动者培训期间,包括经单位批准的合同约定培训期后的延长期,应当视为劳动者正常的工作期间。劳动者参加专业技术培训是为了提高工作技能,更好地完成用人单位的工作任务。因此,劳动者培训期的工资、奖金、津贴、补贴、社会保险及其他社会福利都应该按照劳动者正常上岗的标准落实。用人单位与劳动者约定服务期的,不影响按照正常的工资调整机制提高劳动者在服务期期间的劳动报酬。劳动者应注意服务期的时间是否长于劳动合同的期限,当劳动合同期限届满而服务期没有到期,劳动者提出解除劳动关系属于违约行为。

第三条 违约责任

3.1 乙方在培训开始前放弃培训或解除劳动合同的,应当向甲方支付违约金_____元人民币。违约金不超过甲方提供的培训费用。

3.2 乙方在培训完成之后违反服务期约定的,包括单方提出解除劳动合同,因自身过错等原因导致劳动合同解除或终止,应当向甲方支付违约金。违约金的数额的计算方法是:违约金金额＝实际培训总费用/应服务月数×(应服务月数－实际服务月数)。

律师批注

【风险提示】

⊙ 违约金的数额不得超过用人单位提供的培训费用

⊙ 用人单位因劳动者过错(五种情形)解除劳动合同,劳动者应支付服务期的违约金

⊙ 劳动者因用人单位的过错(八种情形)解除劳动合同,不属于违反服务期约定

违约金的数额不得超过用人单位提供的培训费用,也不得超过服务期尚未履行部分所应分摊的培训费用。此处的培训费包括与培训有关的由用人单位支付的费用。劳动者违反服务期约定,要求提前解除劳动合同,或者因劳动者自身过错,迫使用人单位单方与劳动者解除劳动合同,致使约定服务期的目的无法实现的,劳动者应向用人单位支付约定的违约金。所谓劳动者存在过错,根据国务院《劳动合同法实施条例》第26条的规定,具体是指以下五种情形:(1)劳动者严重违反用人单位的规章制度的;(2)劳动者严重失职,营私舞弊,给用人单位造成重大损害的;(3)劳动者同时与其他用人单位建立劳动关系,对完成本单位的工作任务造成严重影响,或者经用人单位提出,拒不改正的;(4)劳动者以欺诈、胁迫的手段或者乘人之危,使用人单位在违背真实意思的情况下订立或者变更劳动合同的;(5)劳动者被依法追究刑事责任的。

用人单位与劳动者约定了服务期,劳动者因用人单位的过错解除劳动合同的,不属于违反服务期的约定,用人单位不得要求劳动者支付违约金。所谓用人单位存在过错,依照《劳动合同法》第38条的规定,具体是指以下八种情形:(1)未按照劳动合同约定提供劳动保护或者劳动条件的;(2)未及时足额支付劳动报酬的;(3)未依法为劳动者缴纳社会保险费的;(4)用人单位的规章制度违反法律、法规的规定,损害劳动者权益的;(5)用人单位以欺诈、胁迫的手段或者乘人之危,使劳动者在违背真实意思的情况下订立或者变更劳动合同的;(6)用人单位以暴力、威胁或者非法限制人身自由的手段强迫劳动者劳动的;(7)用人单位违章指挥、强令冒险作业危及劳动者人身安全的;(8)法律、行政法规规定劳动者可以解除劳动合同的其他情形。

第四条　争议处理及其他

4.1　因履行本协议发生争议,若双方无法协商解决的,可以向当地劳动争议仲裁委员会申请仲裁。对仲裁裁决不服的,可以向人民法院提起诉讼。

4.2　本协议一式两份,甲乙双方各执一份,具有同等法律效力。经双方签字或盖章生效。

以下无正文。

甲方(盖章):＿＿＿＿＿＿＿＿＿＿＿＿＿＿＿＿＿＿＿＿

法定代表人或委托代理人(签名):＿＿＿＿＿＿＿＿＿＿

签订日期:＿＿＿＿＿＿＿＿＿＿＿＿＿＿＿＿＿＿＿＿＿

乙方(签名):＿＿＿＿＿＿＿＿＿＿＿＿＿＿＿＿＿＿＿＿

签订日期:＿＿＿＿＿＿＿＿＿＿＿＿＿＿＿＿＿＿＿＿＿

【相关案例】

案例 1-38:劳动者在服务期内提出辞职,必须支付违约金吗?

倪女士与某集团公司签订了劳动合同,约定服务期限为五年。因为倪女士的专业,符合其市场开发战略要求,公司特地派遣倪女士到发达国家进行了为期八个月的专业技术培训,为此在劳动合同中明确约定了倪女士的服务期和高额的违约金。倪女士回国后,认识到自己所掌握的前沿技术具有极强的市场竞争力,不满意集团公司的管理方式和提供的薪酬待遇,有了跳槽的想法。倪女士想解除劳动合同,但是不愿意也无力承担高额的关于服务期的违约金。经过咨询劳动法专家,倪女士发现公司一直没有依法为其缴纳社会保险,所以以此为理由,通知公司解除劳动合同。而公司主张,企业目前生产经营出现严重困难,集团处于改制阶段,所以无法及时为包括倪女士在内的部分职工缴纳社会保险。公司要求倪女士按照劳动合同中关于服务期的约定,赔偿解除劳动合同的违约金。此案经过仲裁、诉讼程序,法院驳回了某集团公司的诉讼请求。

分析:

本案中,倪女士辞职时虽然仍处于劳动合同约定的服务期内,但是公司没有依法为倪女士缴纳社会保险。根据《劳动合同法》第 38 条和国务院《劳动合同法实施条例》第 26 条的规定,劳动者以没有缴纳社会保险为理由,提出解除劳动合同,不属于违反服务期的约定,用人单位不得要求劳动者支付违约金。倪女士达到了跳槽而不支付高额违约金的目的,主要还是因为集团公司并没有对劳动者的社会保险等相关费用的缴纳给予足够的重视。公司所提出企业经营困难、处于改制阶段等理由,不能免除其应当为倪女士及时缴纳社会保险费的法定义务,因此并不为法院所认可。所以说,并不是只要约定了服务期及其违约责任(违约金),用人单位的利益就必然可以得到保障。用人单位应该全面履行自身的劳动法义务,切实重视对劳动者的权益保护。

第二章　劳动合同的履行和变更

第一节　劳动合同的变更

> [劳动合同的变更]
> 7.1　甲方与乙方协商一致,可以变更劳动合同的内容。变更劳动合同,应当采用书面形式载明变更的内容、日期等,由双方签字盖章。劳动合同未变更的部分,应当继续履行。

● 律师批注

【风险提示】

⊙ 变更劳动合同应协商一致,采用书面形式

⊙ 变更劳动合同虽没有采用书面形式,但不一定意味着劳动合同变更无效

变更劳动合同,应当经当事人双方协商一致,并采用书面形式。变更劳动合同要注意以下几个问题。第一,订立劳动合同时的情况发生了变化,原劳动合同确实已无法履行,才需要进行变更,且变更的内容在法律允许的范围之内。第二,劳动合同的变更必须经双方当事人协商一致。当事人一方提出变更劳动合同的建议,要说明修改的条款和理由。在限定的时间内,双方通过协商一致,订立协议,签字盖章后生效。第三,实践中用人单位随意变更劳动合同的现象比较严重,如随意调整劳动者工作岗位,随意降低劳动者工资标准,严重损害了劳动者的合法权益。为了规范劳动合同变更行为,《劳动合同法》明确规定了变更劳动合同,应当采用书面形式。变更后的劳动合同文本由用人单位和劳动者各执一份。第四,劳动合同变更后,变更后的新条款取代了原条款,原条款即失去了法律效力,但未予变更的旧条款依然有效。如果双方经过协商最后仍然无法就变更劳动合同达成协议,一是按原劳动合同继续履行,当然这是在劳动合同可以实际履行的情况下;二是依法解除劳动合同,双方按解除劳动合同的约定办理有关手续。如果就劳动合同的变更双方无法协商一致,用人单位违法解除劳动合同,除劳动者要求继续履行劳动合同或者劳动合同能够继续履行的情形之外,用人单位应当支付违法解除

劳动合同的赔偿金。

考虑到《劳动合同法》对劳动合同变更的规定非常严苛，在一定程度上不能适应实务中劳动纠纷的具体情况，最高人民法院《关于审理劳动争议案件适用法律若干问题的解释(四)》做出了稍微宽松的规定。该解释第11条规定，变更劳动合同未采用书面形式，但已经实际履行了口头变更的劳动合同超过一个月，且变更后的劳动合同内容不违反法律、行政法规、国家政策以及公序良俗，当事人以未采用书面形式为由主张劳动合同变更无效的，人民法院不予支持。也就是说，劳动合同的变更还是应协商一致，但不都是必须采取书面形式。口头变更的劳动合同已经实际履行超过一个月，在符合法律政策和公序良俗的情形下，劳动合同变更是有效的。变更劳动合同没有采用书面形式，并不意味着劳动合同变更必然无效。

在实践中，劳动合同的变更还包含一类特殊的情形，即劳动合同的中止。劳动合同的中止是指在劳动合同履行的过程中，出现法定或者约定的状况，致使不能继续履行劳动合同，但是劳动关系仍继续延续的状态。劳动合同中止履行的，劳动合同约定的权利和义务暂停履行，待到法定或约定的原因消除后，劳动合同仍继续履行。中止履行劳动合同期间，用人单位一般要办理社会保险账户暂停结算手续。对于劳动合同中止，《劳动合同法》和国务院《劳动合同法实施条例》对此没有做出明确规定，但是在以往的法律法规，尤其部门规章和地方性法规中，对此有过相关规定。根据《上海市劳动合同条例》第26条的规定，劳动合同期限内，有下列情形之一的，劳动合同中止履行：(1)劳动者应征入伍或者履行国家规定的其他法定义务的；(2)劳动者暂时无法履行劳动合同的义务，但仍有继续履行条件和可能的；(3)法律、法规规定的或者劳动合同约定的其他情形。劳动合同中止情形消失的，劳动合同继续履行，但法律、法规另有规定的除外。《安徽省劳动合同条例》第22条、《江苏省劳动合同条例》第30条等都有类似规定。劳动部《关于贯彻执行〈中华人民共和国劳动法〉若干问题的意见》第28条规定，劳动者涉嫌违法犯罪被有关机关收容审查、拘留或逮捕的，用人单位在劳动者被限制人身自由期间，可与其暂时停止劳动合同的履行。暂时停止履行劳动合同期间，用人单位不承担劳动合同规定的相应义务。劳动者经证明被错误限制人身自由的，暂时停止履行劳动合同期间劳动者的损失，可由其依据《国家赔偿法》要求有关部门赔偿。在劳动者被有关机关暂时限制人身自由，无法向用人单位提供正常劳动的情况下，用人单位可以使用"劳动合同中止"的方式处理双方劳动关系。按照劳动部《对〈关于取保候审的原固定工不签订劳动合同的请示〉的复函》规定，对原固定工在取保候审期间，用人单位可以暂缓与其签订劳动合同,但不能以此为由予以辞退。在审理结束后,可视具体的情况,依据有关法律法规进行处理。当该职工被宣告错捕,无罪释放,企业就应恢复与其的劳动关系,但在审理期间,这时候劳动合同的表现形式就是中止。如果该职工经审理被定罪量刑,用人单位当然可以解除劳动合同。

司法实践中也有类似判定劳动合同中止的做法。即认为劳动关系存续,劳动合同没有解除或终止,但在此期间内用人单位与劳动者不发生劳动法上的权利义务关系。比如北京市高级人民法院、北京市劳动争议仲裁委员会《关于劳动争议案件法律适用问题研讨会会议纪要》第14条规定,劳动者长期未向用人单位提供劳动,用人单位也长期不再向劳动者支付劳动报酬等相关待遇,双方长期两不找的,可以认定此期间双方不享有和承担劳动法上的权利义务。"长期两不找"情况的出现需要放在历史的大背景下去看待。这是我国在经济体制改革和用工制度、法律法规更迭过程中出现的一种特殊的、非正常的劳动关系状态。企业作为用工管理者,必须要对劳动关系的存续做出处理,与劳动者办理书面解除手续。从强调劳动关系稳定性,保障劳动者知情权的角度出发,不宜认定劳动关系已事实解除。

【法律规定】
《劳动合同法》第35条
劳动部《关于贯彻执行〈中华人民共和国劳动法〉若干问题的意见》
劳动部办公厅《对〈关于取保候审的原固定工不签订劳动合同的请示〉的复函》

【相关案例】
案例2-1:用人单位可以单方变更劳动合同吗?
吴女士与某集团公司签订劳动合同,约定劳动合同期限为三年。公司根据吴女士薪资标准和考核结果,每月支付报酬。劳动合同中约定,吴女士应当遵守公司制定的各项规章制度。劳动合同签订后,吴女士担任某集团公司的营运部总经理一职。第二年年初,集团公司对工作人员进行年度绩效考评,吴女士的绩效考核结果的书面文件表明,吴女士的综合得分在一般和差之间。按照集团公司的内部制度,公司将吴女士的职位调整为直营中心储备店长,其薪资也被一定幅度的降低,不再享受公务车待遇,公司高级管理人员享受的各种综合补贴也被取消。吴女士收到上述文件后,并未到调整后的岗位就职。其后,集团公司决定解除与吴女士的劳动关系,以支付一个月的工资代预告金,以当地月平均工资的三倍为基数支付经济补偿。吴女士收到上述解除合同的通知后,没有到集团公司上班。随后,吴女士向当地劳动争议仲裁委员会申请仲裁,认为公司解除劳动合同的行为违法,要求撤销解除劳动合同的决定,继续履行原合同,并要求公司支付从违法解除劳动合同以来,到劳动关系恢复期间的工资和其他损失。案件经过仲裁和诉讼程序,法院最终没有支持吴女士的请求。

分析：

绩效考核是指用人单位运用特定的标准对劳动者完成工作任务的效果做出判断。绩效考核制度一般载于用人单位制定的员工手册中,或者由用人单位另行单独制定。绩效考核制度如果在内容上没有违反法律的禁止性规定,经过征求劳动者意见等民主制定程序,进行公示或告知过劳动者,就应当是有效的,可以作为用人单位对劳动者进行管理的依据。吴女士与公司签订的劳动合同已经约定了员工手册作为劳动合同的一部分,对吴女士具有约束力。在争议产生之前集团公司的规章制度已经经过民主制定程序和公示,作为公司高级管理人员的吴女士在公司应当知晓该情况,有义务去了解和学习公司的规章制度,因此该规章制度具有正当性。公司有权根据内部规章制度对员工做出考核评定,并根据考核评定的结果,对不能胜任工作的劳动者进行相应处理。公司按照劳动合同的约定,基于合法内部考核制度对员工的岗位和薪金进行单方变更,属于企业自主管理范畴。

根据《劳动合同法》第40条的规定,劳动者不能胜任工作,经过培训或者调整工作岗位,仍不能胜任工作的,用人单位提前三十日以书面形式通知劳动者本人或者额外支付劳动者一个月工资后,可以解除劳动合同。集团公司向吴女士发出了调岗降薪通知。吴女士拒绝到岗的行为,致使用人单位无法实现"培训或调整岗位"的目的,所以在这种情况下,公司有权单方行使合同解除权。按照上述规定,公司可以以额外支付一个月工资的形式解除与吴女士的劳动合同,并无需支付任何其他经济补偿或赔偿金。

第二节 劳动合同的续延

[劳动合同的约定续延]
7.2 劳动合同期满,甲方与乙方续延劳动合同的,应当提前三十日通知乙方。双方协商一致,应当及时办理续延手续。

● **律师批注**

【风险提示】

⊙ 用人单位续订劳动合同应提前通知

劳动合同期满后,劳动合同自然终止。如果用人单位需要继续留用劳动者,应事先通知劳动者。设计该条款,是考虑到在用人单位不续订劳动合同的情况下,劳动者能够有比较充足的时间进行工作交接,着手准备寻找工作。该条款也有利于明晰在劳动合同到期之后,就劳动合同没有续订的原因,用人单位和劳动者的举证责任划分。续签劳动合同需要重新签订书面形式的劳动合同,约定双方的权利义务、劳动合同的期限等。用人单位与劳动者也可以在原劳动合同期限内对劳动合同期限进行变更,这不属于连续签订两次固定期限劳动合同的情形。

【法律规定】
《劳动法》第16、17条
《劳动合同法》第10、35条

【相关案例】
案例2-2:劳动合同约定自动续期,是否可以视为重新签订劳动合同?

刘先生大学毕业后,到国外留学深造。在国外的招聘会上,刘先生被国内业界十分有名的某公司关注。双方经过接触协商,刘先生决定回国到该公司任职。该公司信守对刘先生的承诺,提供的工作环境、劳动报酬和福利待遇等,都令刘先生十分满意。双方在劳动合同中明确约定,劳动合同期限为两年,劳动合同到期后,如果双方没有书面提出解除或终止劳动合同,劳动合同期限自动续延两年。作为一名职场新人,刘先生对该条款并没有十分注意。但是时间过得很快,转眼刘先生在公司工做了四年多,刘先生打听到劳动法上有连续订立二次固定期限劳动合同后,在某些情形下,劳动者可以要求与用人单位签订无固定期限的劳动合同的规定。刘先生想与公司签订无固定期限劳动合同,特向劳动法专家咨询自身条件是否符合相关规定。

分析:

本案例中实际涉及两个问题。第一,劳动合同约定自动续期,是否可以视为重新签订劳动合同?从劳动合同的类型来说,《劳动合同法》第12条规定,劳动合同分为固定期限劳动合同、无固定期限劳动合同和以完成一定工作任务为期限的劳动合同。含有类似"自动续期"条款的劳动合同,并不完全符合上述劳动合同分类。因此,用人单位与劳动者在劳动合同中约定,劳动合同期限届满后自动续延的(按照《劳动法》的规定合同期满应当自动延续的情形除外),应视为双方重新订立了一次固定期限劳动合同。《劳动合同法》第14条规定了签订无固定期限劳动合同的条件。在现实生活中,很多用人单位认为在劳动合同中约定,劳动合同到期后自动续延,可以规避续订劳动合同的次数,意图免除用人单位在原劳动合同到期后续订劳动合同的责任,限制劳动者要求订立无固定期限劳动合同的权利,这一认识是违反劳动法的强制性规定的,也是不成立的。

第二,连续订立二次固定期限劳动合同,劳动者没有《劳动合同法》第39条(劳动者存在过错)和第40条第(1)项(患病或因工负伤医疗期满无法工作)、第(2)项(不能胜任工作)规定的情形,是否只要劳动者提出订立无固定期限劳动合同,用人单位就必须签订?答案是否定的。在该种情形下,用人单位可以拒绝与劳动者续订劳动合同,从而避免与劳动者签订无固定期限劳动合同。其主要理由是,根据《劳动合同法》第14条第2款第(3)项规定,在劳动者提出或者同意续订、订立劳动合同之前需具备三个条件,即连续订立二次固定期限劳动合同;劳动者没有本法第39条和第40条第(1)项、第(2)项规定的情形;续订劳动合同的。《劳动合同法》第14条第2款第(1)项、第(2)项均无"续订劳动合同的"这个条件,只要达到十年则可直接签订,第(3)项中增加了"续订劳动合同的"这个条件。根据法条字面意思理解,应当是指前面二次固定期限劳动合同终止后,双方决定再次续订劳动合同。劳动者提出要求,经用人单位同意,则应当签订无固定期限劳动合同。如果用人单位不愿意再次续订劳动合同,则双方劳动关系终止。

[劳动合同的法定续延]
7.3 劳动合同期满,有本合同8.4条款约定情形之一的,劳动合同应当续延至相应的情形消失时终止。但是8.4条款第(4)项约定的劳动合同的终止,按照国家有关工伤保险的规定执行。

● 律师批注
【风险提示】
⊙ 劳动合同期满自动续延的情形有六种

根据《劳动合同法》第42条、第45条的规定,劳动者有下列情形之一的,用人单位不得依照本法第40条、第41条的规定解除劳动合同:(1)从事接触职业病危害作业的劳动者未进行离岗前职业健康检查,或者疑似职业病病人在诊断或者医学观察期间的;(2)在本单位患职业病或者因工负伤并被确认丧失或者部分丧失劳动能力的;(3)患病或者非因工负伤,在规定的医疗期内的;(4)女职工在孕期、产期、哺乳期的;(5)在本单位连续工作满十五年,且距法定退休年龄不足五年的;(6)法律、行政法规规定的其他情形。劳动合同期满,劳动合同应当续延至相应的情形消失时终止。但是丧失或者部分丧失劳动能力劳动者的劳动合同的终止,按照国家有关工伤保险的规定执行。考虑到有些法律、行政法规中也有不得解除劳动合同的规定，同时为了便于与以后颁布的法律相衔接，规定了一个兜底条款，这有利于对劳动者的保护。第四种情形，即使女职工是未婚先育或者违反计划生育政策生育的，劳动合同也必须相应续延。第六种的其他情形还包括《工会法》第18条规定的情形，基层工会专职主席、副主席或者委员自任职之日起，其劳动合同期限自动延长，延长期限相当于其任职期间；非专职主席、副主席或者委员自任职之日起，其尚未履行的劳动合同期限短于任期的，劳动合同期限自动延长至任期期满。但是，任职期间个人有严重过失或者达到法定退休年龄的除外。国务院《劳动合同法实施条例》第17条规定，劳动合同期满，但是用人单位与劳动者依照《劳动合同法》第22条的规定约定的服务期尚未到期的，劳动合同应当续延至服务期满；双方另有约定的，从其约定。按照劳动和社会保障部等《关于进一步推行平等协商和集体合同制度的通知》，职工协商代表在任期内，劳动合同期满的，企业原则上应当与其续签劳动合同至任期届满。职工代表的任期与当期集体合同的期限相同。

【法律规定】

《劳动合同法》第42、45条

《工会法》第18条

【相关案例】

案例2-3：劳动合同期限法定续延，该续延的期限可以计入工作年限吗？

徐女士大学毕业后，进入了一家大型集团公司工作。徐女士在该公司工作了九年多。原劳动合同期满之前，徐女士得知公司准备裁减部分部门和相关人员，对原劳动合同到期的员工，原则上都不打算续订劳动合同。徐女士听到消息之后，一方面咨询了公司的人事部门，另一方面也是迫于家庭的压力和考虑到自身年龄偏大的实际情况，决定选择在此时怀孕。一直到徐女士生完孩子，她在公司的时间已经超过十年。徐女士要求与公司签订无固定期限劳动合同，而公司则认为，徐女士在公司的时间超过十年，是由于其怀孕生育导致的，不能认为徐女士已经在公司连续工作满十年。因此公司拒绝签订无固定期限的劳动合同。徐女士不能认可公司的观点，向当地劳动争议仲裁委员会申请仲裁。最终仲裁委裁决公司应当与徐女士签订无固定期限的劳动合同。

分析：

本案是劳动者合理利用《劳动合同法》对处于特殊时期的劳动者的保护的相关规定，最大限度地维护自身权益的典型案例。徐女士在得知公司准备裁员、不再续订劳动合同的消息之后，主动选择怀孕，从而避免了可能失去工作的不利局面。这是因为根据《劳动合同法》第42条、第45条的规定,女职工在孕期、产期、哺乳期的,劳动合同应当续延至相应的情形消失时终止。所以,即使徐女士的原劳动合同到期,公司也不能对徐女士进行裁员,而是要等到徐女士孕期、产期、哺乳期结束之后。本案中还有一个特殊情形,即徐女士在公司连续工作的期限,是否应当包含徐女士的劳动合同自动延续的时间(即徐女士怀孕生育的时间)?如果包含在内,徐女士的情形属于《劳动合同法》第14条规定的签订无固定期限劳动合同的范畴,只要徐女士向公司提出签订无固定期限劳动合同,公司应当与徐女士签订。在徐女士的劳动合同期限法定续延期间,虽然徐女士为公司正常提供劳动受到影响,但是公司必须依照法律规定为徐女士发放劳动报酬,缴纳社会保险,提供相关福利待遇。这说明处于孕期、产期、哺乳期的徐女士在此期间是与公司存在劳动关系的。既然徐女士与公司的劳动关系合法存续已经超过十年,这就意味着徐女士已经满足了"劳动者在用人单位连续工作满十年"的要求。因此最终仲裁委裁决公司应当与徐女士签订无固定期限的劳动合同。

> [无固定期限劳动合同的签订]
> 7.4 有下列情形之一的,乙方提出或者同意订立、续订劳动合同,除乙方提出订立固定期限劳动合同外,应当订立无固定期限劳动合同:
> (1)乙方在甲方连续工作满十年的;
> (2)甲方初次实行劳动合同制度或者甲方作为国有企业改制重新订立劳动合同时,乙方在甲方连续工作满十年且距法定退休年龄不足十年的;
> (3)连续订立二次固定期限劳动合同,且乙方没有本合同8.3条款第(1)至第(5)项的约定情形之一,续订劳动合同的。

● 律师批注

【风险提示】
⊙ 用人单位应当订立无固定期限劳动合同的情形有三种
⊙ 订立无固定期限劳动合同无法协商一致,维持原劳动合同约定条件

劳动法对订立无固定期限劳动合同的情形做了明确规定。《劳动合同法》第14条规定,无固定期限劳动合同,是指用人单位与劳动者约定无确定终止时间的劳动合同。用人单位与劳动者协商一致,可以订立无固定期限劳动合同。有下列情形之一,劳动者提出或者同意续订、订立劳动合同的,除劳动者提出订立固定期限劳动合同外,应当订立无固定期限劳动合同:(1)劳

动者在该用人单位连续工作满十年的;(2)用人单位初次实行劳动合同制度或者国有企业改制重新订立劳动合同时,劳动者在该用人单位连续工作满十年且距法定退休年龄不足十年的;(3)连续订立二次固定期限劳动合同,且劳动者没有本法第39条(劳动者存在过错)和第40条第(1)项(患病或非因工负伤医疗期满无法工作)、第(2)项(不能胜任工作)规定的情形,续订劳动合同。用人单位自用工之日起满一年不与劳动者订立书面劳动合同的,视为用人单位与劳动者已订立无固定期限劳动合同。

在协商订立无固定期限劳动合同的过程中,用人单位和劳动者双方都有可能提高或降低原劳动合同约定的条件。一方面,有的劳动者基于用人单位必须与自己签订无固定期限劳动合同的强制性规定,在薪酬待遇中提出高于原劳动合同约定的条件;另一方面,有的用人单位为了逃避义务,降低原劳动合同的约定条件,比如调整工作岗位、降低薪酬等,想迫使劳动者主动不签订劳动合同,以此规避订立无固定期限劳动合同的强制要求。最高人民法院《关于审理劳动争议案件适用法律若干问题的解释》第16条规定,用人单位应当与劳动者签订无固定期限劳动合同而未签订的,人民法院可以视为双方之间存在无固定期限劳动合同关系,并以原劳动合同确定双方的权利义务关系。据此,依法订立或补订无固定期限劳动合同争议中,当事人对劳动合同除期限外的其他内容,仍应遵循订立劳动合同的原则协商确定。劳动者的工作岗位、劳动报酬等内容在双方不能协商一致确定时,以维持原劳动合同约定条件为依据来确定,较为公平合理,且具有可操作性。

【法律规定】
《劳动法》第20条
《劳动合同法》第14条
最高人民法院《关于审理劳动争议案件适用法律若干问题的解释》第16条

【相关案例】
案例2-4:劳动者连续工作十年,用人单位是否必须签订无固定期限劳动合同?

张先生自毕业之后被分配到某集团公司工作,在张先生最近的劳动合同到期之后,某公司以劳动合同到期不再续订为由,向张先生发出书面通知,解除了与张先生的劳动合同。张先生在收到通知后没有提出异议,之后办理离职交接手续,领取了公司支付的解除劳动合同的经济补偿。从张先生入职到劳动合同期限届满,张先生在某公司连续工作的时间已经超过了十年。其后,张先生经过打听得知,自己的情况符合《劳动合同法》有关签订无固定期限劳动合同的规定。离职之后,张先生向公司提出签订无固定期限的劳动合同,但是被公司拒绝。张先生向当地劳动争议仲裁委员会申请仲裁,要求确认公司不续签劳动合同的行为违法,并要求公司支付违法解除劳动合同的赔偿金。但是仲裁委会驳回了张先生的仲裁请求。

分析:

本案的焦点在于,劳动者符合签订无固定期限劳动合同的情形,劳动者本人在劳动合同到期时并没有提出续签,用人单位是否必须签订无固定期限劳动合同,或者用人单位是否有告知劳动者的义务?《劳动合同法》第14条规定,用人单位与劳动者协商一致,可以订立无固定期限劳动合同。劳动者在该用人单位连续工作满十年的,劳动者提出或者同意续订、订立劳动合同的,除劳动者提出订立固定期限劳动合同外,应当订立无固定期限劳动合同。本案中,张先生完全符合"劳动者在该用人单位连续工作满十年的"的规定,因此张先生完全符合与用人单位签订无固定期限劳动合同的法定条件。但是,张先生没有主动向公司提出签订无固定期限劳动合同的要求,而法律也没有规定用人单位在劳动者本人没有提出签订的情况下,必须主动签订无固定期限的劳动合同。法律也没有规定这种情况下,用人单位有向劳动者主动告知的义务。鉴于公司已经支付了解除劳动合同的经济补偿,因此仲裁委不支持张先生的仲裁请求。张先生自称向公司的人力资源管理负责人提出过续签劳动合同的请求,但是没有提供相应的证据,而公司对此也给予否认。张先生错失了提出签订无固定期限劳动合同的时机,没有积极主张自己的权利,因此只能承担败诉的不利后果。

第三章 劳动合同的解除和终止

第一节 劳动合同的解除

[劳动合同的协商一致解除]
8.1 甲乙双方协商一致,可以解除劳动合同。

● 律师批注
【风险提示】
⊙ 协商一致解除劳动合同,并不意味着用人单位可以不支付经济补偿
⊙ 用人单位向劳动者提出解除劳动合同并与劳动者协商一致解除劳动合同,用人单位应当向劳动者支付经济补偿

用人单位在没有可以单方解除劳动合同的法定事由或劳动合同约定事由的情形下,从本单位的整体利益和实际情况考虑,需要与劳动者解除劳动合同的,可以与劳动者协商一致解除劳动合同。协商一致解除劳动合同并不意味着用人单位一律不需要向劳动者支付经济补偿。根据《劳动合同法》第46条的规定,用人单位向劳动者提出解除劳动合同并与劳动者协商一致解除劳动合同的,用人单位应当向劳动者支付经济补偿。可见,即使在协商一致的情况下,由用人单位提出解除劳动合同的,用人单位也应当支付经济补偿;由劳动者提出解除劳动合同的,用人单位可以不支付经济补偿。但是如果是因用人单位的过错,劳动者被迫提出解除劳动合同的,用人单位仍应当支付经济补偿。

【法律规定】
《劳动法》第26条
《劳动合同法》第36、46条

【相关案例】
案例3-1:如何认定劳动合同是协商一致解除?

彭先生到某旅游公司入职,担任市场营销部客户经理。双方签订了为期三年的劳动合同。由于彭先生精心设计的策划方案没有得到公司管理层的批准,他对此很不理解,一直向公司提出建议,结果与公司领导发生争执。公

司领导口头告知其已经被解雇,拒绝其再来上班,没有支付任何经济补偿,也没有出具书面的解雇通知。彭先生在与公司多次交涉无果之后,向当地劳动争议仲裁委员会申请仲裁,要求公司支付违法解除劳动合同的赔偿金。在审理过程中,公司否认公司领导曾经口头做出解雇决定,坚持认为彭先生擅自离岗,严重违反了公司的规章制度,并且没有办理工作交接手续,给公司的正常经营造成了损失,公司不应支付经济补偿或赔偿金,反而主张彭先生应当向公司支付赔偿金。彭先生坚持认为公司已经违法将其解雇,公司给其造成了巨大的经济损失和精神损失,应当支付赔偿金。此案经仲裁、诉讼程序,法院最终判决,双方的劳动合同已经协商一致解除,公司支付彭先生三个月工资的经济补偿。

分析:

实践中经常出现这样的离职争议,用人单位口头做出辞退决定,劳动者据此离职,随后寻求法律救济。用人单位主张劳动者个人主动离职,劳动者主张是用人单位违法解除劳动合同,争议的焦点是用人单位是否应当支付经济补偿或赔偿金。这种情况下对离职的原因很难做出认定。因为既没有书面的辞职申请也没有书面的辞退决定,这意味着用人单位不能充分证明劳动者是主动离职,劳动者也很难证明用人单位单方解除劳动合同,或者存在迫使劳动者单方离职的情形。本案中,彭先生认为公司已经口头将其解雇,而公司否认这一点,彭先生自身也没有提交充分的证据证明公司的口头解雇决定,法院很难认定劳动合同解除的违法性。同时,法院结合彭先生提交的与领导沟通的电子邮件、同事的书面证明、门卡出入记录等证据,也没有认定公司提出的彭先生属于主动离职的主张。本案中双方都不要求继续履行劳动合同,在这种情形下,法院倾向于认定本案中的劳动争议属于双方协商一致解除劳动合同。根据劳动法规对举证责任的分配,如用人单位无法证明劳动者首先提出的离职,可以推定为用人单位提出经劳动者同意而双方协商一致解除劳动合同,用人单位应依法支付相应的经济补偿。

[试用期内用人单位解除劳动合同]

8.2 在试用期中,除乙方在试用期间被证明不符合录用条件和有本合同8.3条款第(1)至第(7)项的情形之外,甲方不得解除劳动合同。

● 律师批注

【风险提示】

⊙ 试用期用人单位解除劳动合同,可能比一般的解除劳动合同更为严格

⊙ 录用条件应明确、具体和可操作,否则用人单位解除劳动合同败诉风险极大

⊙ 超过试用期,用人单位不能以试用期内不符合录用条件为由解除劳动合同

与解除试用期满的劳动者的劳动合同相比,劳动合同法对解除试用期中劳动者的劳动合同,限制可能更为严格。《劳动合同法》第21条规定,在试用期中,除劳动者有本法第39条和第40条第(1)项、第(2)项规定的情形外,用人单位不得解除劳动合同。用人单位在试用期解除劳动合同的,应当向劳动者说明理由。从另一个方面来看,这表明用人单位不能依据《劳动合同法》第40条第(3)项(即客观条件发生重大变化,双方无法就变更劳动合同达成一致意见),也不能依据第41条(即经济性裁员)与试用期的劳动者解除劳动合同。用人单位要想解除试用期内劳动者的劳动合同,必须符合《劳动合同法》第39条的规定(六种情形)和第40条规定(两种情形)。从严格适用劳动法的角度说,凡不符合这八种法定情形,用人单位解除试用期劳动者的劳动合同的,就是违法的。

根据《劳动合同法》第39条第(1)项的规定,劳动者在试用期间被证明不符合录用条件的,用人单位可以与劳动者解除劳动合同,并且不需要支付经济补偿。以"试用期内不符合录用条件"为由解除劳动合同,具体适用需要注意许多问题,用人单位如有不慎,可能陷入违法解除劳动合同的陷阱。

录用条件是用人单位针对不同岗位所要聘用的劳动者自行制定的需求标准。用人单位应尽量制定和完善各个岗位的录用条件,注重对能力的考核,使之具有可操作性。录用条件是用人单位在试用期内考核劳动者的标准。用人单位通过试用期考核,对不符合录用条件的劳动人员可以解除劳动关系。在发生纠纷时,如果用人单位没有明确的录用条件,招聘信息中的要求可以作为录用条件参考。

根据《劳动合同法》第40条的规定,劳动者不能胜任工作,经过培训或者调整工作岗位,仍不能胜任工作的,用人单位提前三十日以书面形式通知劳动者本人或者额外支付劳动者一个月工资后,可以解除劳动合同。据此可以得出,劳动法对用人单位以"不能胜任工作"为由解除劳动合同的限制非常严格。岗位职责是确定劳动者是否能胜任工作的前提条件。但是,用人单位在制定试用期的录用条件时,可以把岗位职责的要求,具体明确地量化至录用条件当中,以备在试用期解除时,直接适用"不符合录用条件"进行解除。

在招录新员工时,用人单位可以在劳动合同中对录用条件进行明确约定,或者在员工手册等规章制度中明确规定录用条件。对一些主要依靠业绩

衡量是否胜任的职位来说，用人单位应当注意避免使用模糊性的评价语言，尽量使用明确、量化的考评方式。根据录用条件，明确考核程序，做到考核标准的量化，注重考核结果的信息收集，包括业绩报表、工作日志、述职报告、客户的反馈意见、相关部门的评价等。同时将考核结果告知劳动者，并经其签字确认。

概括而言，用人单位在试用期内以"不符合录用条件"为由解除劳动合同应严格依法进行，并须注意以下问题。第一，用人单位设定的录用条件必须符合法律规定，如不得以民族、相貌、年龄等设定录用条件。第二，用人单位应举证证明其已明确告知劳动者具体的录用条件。第三，用人单位根据录用条件已经对劳动者进行考核，并将考核结果告知了劳动者，举证证明劳动者不符合其设定的录用条件。第四，用人单位应在试用期内做出解除决定。劳动部办公厅对《关于如何确定试用期内不符合录用条件可以解除劳动合同的请示》的复函中明确，对试用期内不符合录用条件的劳动者，企业可以解除劳动合同；若超过试用期，则企业不能以试用期内不符合录用条件为由解除劳动合同。这也意味着试用期评估也应当提前，预留出充裕的时间，尽量不要在试用期即将届满时才进行。第五，用人单位在试用期内解除劳动合同的，应向劳动者说明理由，将解除劳动合同的决定送达劳动者。

【法律规定】

《劳动合同法》第19、21、26、39—41条

【相关案例】

案例3-2：用人单位解除试用期中的劳动者的劳动合同有什么限制？

关先生到某环保公司工作，担任有害生物防治员的职务。其与公司签订了为期两年的书面劳动合同，其中约定试用期为两个月。其后公司在试用期内书面通知关先生解除了劳动合同。公司的依据有二：一是关先生没有通过公司的内部考试，因此不符合录用的条件；二是认为关先生存在旷工的问题，严重违反了公司的规章制度。关先生不认可公司的说法，认为公司单方解除劳动合同的行为是违法的，因此到当地劳动争议仲裁委员会申请仲裁，要求公司继续履行劳动合同，同时赔偿因违法解除劳动合同对其造成的相应损失。此案经过仲裁、诉讼程序，法院最终支持了关先生的诉讼请求。

分析：

用人单位在试用期内单方解除劳动合同，必须符合《劳动合同法》规定的解除劳动合同的八种法定情形，并不是说在试用期内，用人单位解除劳动合同受到的限制就会少。综合《劳动合同法》第21条、第26条、第39条和第40条第(1)项、第(2)项规定的情形，只有劳动者有以下八种情形之一的，用

人单位才可以解除试用期中与劳动者的劳动合同:(1)在试用期间被证明不符合录用条件的;(2)严重违反用人单位的规章制度的;(3)严重失职,营私舞弊,给用人单位造成重大损害的;(4)劳动者同时与其他用人单位建立劳动关系,对完成本单位的工作任务造成严重影响,或者经用人单位提出,拒不改正的;(5)劳动者以欺诈、胁迫的手段或者乘人之危,使用人单位在违背真实意思的情况下订立或者变更劳动合同的;(6)被依法追究刑事责任的;(7)劳动者患病或者非因工负伤,在规定的医疗期满后不能从事原工作,也不能从事由用人单位另行安排的工作的;(8)劳动者不能胜任工作,经过培训或者调整工作岗位,仍不能胜任工作的。

具体到本案,公司主张解除劳动合同的依据有两点:一是关先生没有通过单位组织的内部考试,因此不符合录用条件;二是关先生存在旷工的事实,严重违反了用人单位的规章制度。经审查,公司提供的内部考试试卷上没有关先生的签名,关先生也不认可试卷的真实性,仅凭用人单位单方提交的说明难以证明关先生不符合录用条件。同时公司没有出示建立考勤制度及考勤表等证据,因此无法认定关先生存在旷工的事实,也就更无从判定违反规章制度的行为(旷工行为)是否达到严重的程度。法院认定公司解除劳动合同违法。因为关先生主张继续恢复劳动关系,法院判决双方继续履行劳动合同。公司违法解除劳动合同给关先生造成的损失,由公司承担相应的责任。

案例3-3:劳动者试用期内与同事关系不好,用人单位可以解除合同吗?

杨先生进入某公司担任客服工作,双方签订了为期三年的劳动合同,约定试用期为三个月。在试用期内,杨先生多次与同事发生争吵。虽然经过单位人事部门的协调处理,但是杨先生认为自己没有任何违反公司纪律的行为。公司认为杨先生在试用期内,经常发生争执吵闹的现象,不服从领导的安排,对领导的意见有抵触情绪,工作效率低。公司人事部门经过私下征求其他同事意见,发现杨先生与同事关系不好,沟通能力可能存在问题。之后,公司发给杨先生解除劳动合同的书面通知,认为杨先生经过试用期考核,不符合公司的录用条件,决定予以辞退。其后杨先生没有来公司上班。杨先生在收到公司的解除劳动合同的通知书后,向当地劳动争议仲裁委员会申请仲裁,要求确认公司解除劳动合同的行为违法,继续履行与公司的劳动合同,并要求公司支付其没来公司上班期间的工资。杨先生的主张得到了仲裁委的支持。

分析:

在试用期内,用人单位解除与劳动者的劳动合同,是受到劳动法严格限制的。辞退试用期的劳动者并不像用人单位想象得那么简单。《劳动合同法》第21条规定,在试用期中,除劳动者有本法第39条和第40条第(1)项、第(2)项规定的情形外,用人单位不得解除劳动合同。用人单位在试用期解除劳动合同的,应当向劳动者说明理由。也就是说,用人单位不能依据第40条第(3)项(即客观条件发生重大变化,双方无法就变更劳动合同达成一致意见),也不能依据第41条的规定(即经济性裁员)与试用期的劳动者解除劳动合同。用人单位要想解除试用期劳动者的劳动合同,必须符合《劳动合同法》第39条规定(六种情形)和第40条规定(两种情形),否则就是违法的。从这一规定可以看出,劳动合同法的立法目的是对试用期的劳动者进行严格保护。

本案中,公司提出的主要辞退理由是,杨先生与领导同事经常发生争执、沟通能力存在问题、工作效率低。但公司的录用条件并没有具体的考核标准,领导或同事的一般性或概括性的评价,很难被认定为杨先生不符合录用条件的依据。杨先生的情况不属于以上八种法定情形中任何一种,因此用人单位解除劳动合同是违法的。用人单位要想利用"在试用期内被证明不符合录用条件"这一法律规定来解除劳动合同,就必须在招聘时对录用条件做出具体明确的规定。比如说不能仅仅规定工作岗位的一般性要求,还应当将岗位要求的具体标准和考核程序、标准等明确下来。录用条件明确并向劳动者公示后,接下来就要进行试用期的考核。要解除试用期劳动者的劳动合同,举证责任在用人单位,而要证明劳动者不符合录用条件,需要以考核制度及其考核结果为依据。

[试用期满用人单位解除劳动合同]

8.3 试用期满,有下列情形之一的,甲方可以解除劳动合同:

(1) 乙方严重违反甲方的规章制度的;

(2) 乙方严重失职、营私舞弊,给甲方造成重大损害的;

(3) 乙方同时与其他用人单位建立劳动关系,对完成甲方的工作任务造成严重影响,或者经甲方提出,拒不改正的;

(4) 乙方以欺诈、胁迫的手段或者乘人之危,使甲方在违背真实意思的情况下订立或者变更劳动合同的;

(5) 乙方被依法追究刑事责任的;

(6) 乙方患病或者非因工负伤,在规定的医疗期满后不能从事原工作,也不能从事由甲方另行安排的工作的;

(7) 乙方不能胜任工作,经过培训或者调整工作岗位,仍不能胜任工作的;

(8) 劳动合同订立时所依据的客观情况发生重大变化,致使劳动合同无法履行,经甲方与乙方协商,未能就变更劳动合同内容达成协议的;

(9) 甲方依照企业破产法规定进行重整的;

(10) 甲方生产经营发生严重困难的;

(11) 甲方转产、重大技术革新或者经营方式调整,经变更劳动合同后,仍需裁减人员的;

(12) 其他因劳动合同订立时所依据的客观经济情况发生重大变化,致使劳动合同无法履行的;

(13) 甲方向乙方提出解除劳动合同并与乙方协商一致解除的;

(14) 法律、行政法规规定的其他情形。

● 律师批注

【风险提示】

⊙ 试用期满,用人单位可以解除劳动合同的情形有十四种

劳动合同的解除,是指当事人双方提前终止劳动合同的法律效力,解除双方权利义务关系。劳动法在规定用人单位可以解除劳动合同的情形时,就劳动者有过错和劳动者无过错两种情况做了不同的规定。

(1) 劳动者严重违反用人单位的规章制度的

劳动者违反用人单位的规章制度的行为主要包括:违反劳动纪律,经常迟到早退、旷工,消极怠工,影响生产、工作秩序;玩忽职守,违反技术操作规程和安全规章,损坏设备、工具,浪费原材料、能源等,弄虚作假、开具虚假材料欺骗用人单位等。首先,用人单位的规章制度必须合法有效,不但内容上合法,而且通过民主程序制定,已经公示或告知过劳动者。其次,如果职工只是一般性违反用人单位的规章制度,没有达到严重的程度,用人单位不能解除劳动合同。何为严重,一般应由用人单位内部的规章制度确定。对劳动者多次违反规章制度,但不构成一般意义上的严重程度的行为,用人单位也可以在规章制度中明确规定,劳动者连续多次一般性违反规章制度可以构成严重违反的程度,比如劳动者一个月内迟到三次,或者在工作期间从事私务等一个月被发现三次以上等。对劳动者严重违反规章制度的行为,举证责任在用人单位。用人单位应注意收集证据,比如要求劳动者提交书面检讨,对检讨与实际情况不一致的地方,要求按照事实给予更正,要求劳动者签字确认,并将此资料进行归档留存处理等。

(2) 劳动者严重失职,营私舞弊,对用人单位利益造成重大损害的

主要指:玩忽职守,违章指挥,造成事故,使人民生命、财产遭受损失;滥

用职权,违反政策法律和财经纪律,偷税漏税等,使用人单位在经济上遭受重大损失;贪污、盗窃,使用人单位遭受损失,尚不构成犯罪等。劳动者有上述行为的,用人单位可以解除劳动合同。用人单位以严重失职解除劳动合同,需要证明劳动者有失职行为,造成损害且损害程度重大。劳动部办公厅《关于〈劳动法〉若干条文的说明》规定,"重大损害"由企业内部规章来规定。因为企业类型各有不同,对重大损害的界定也千差万别,故不便对重大损害作统一解释。若由此发生劳动争议,可以通过劳动争议仲裁委员会对其规章规定的重大损害进行认定。用人单位建立完善的岗位职责体系,是界定是否严重失职的重要标准。

(3) 劳动者同时与其他用人单位建立劳动关系,对完成用人单位的工作任务造成严重影响,或者经用人单位提出,拒不改正的

劳动者同时与其他用人单位建立劳动关系,即通常所说的兼职。劳动合同法虽然没有对兼职做出禁止性规定,但作为劳动者而言,从事兼职工作,在时间和精力上必然会影响到本职工作。值得注意的是,并不是一经发现劳动者的兼职行为,用人单位就可以行使劳动合同的法定解除权的。首先,用人单位应当举证,证明劳动者的兼职行为对完成本单位的任务造成了严重影响,也就是说,单纯证明其兼职行为有影响是不够的,还要证明其影响是严重的。或者用人单位要证明已经向劳动者提出,而劳动者拒不改正兼职行为。这两个条件任意满足一个,用人单位就可以与劳动者解除劳动合同。

《公司法》第149条、第150条规定,董事、高级管理人员未经股东会或者股东大会同意,不得利用职权便利为自己或者他人谋取属于公司的商业机会,自营或者为他人经营与所任职公司同类的业务,违反本条所得收入应当归公司所有,且应当赔偿公司损失。根据《公司法》第217条的规定,公司高级管理人员是指公司的经理、副经理、财务负责人,上市公司董事会秘书和公司章程规定的其他人员。根据上述规定,公司高层作为公司股东治理公司的代理人,存在信托的忠诚和勤勉义务,应当对公司股东忠诚,不能利用了解公司内部情况的优势和对公司进行管理的职务身份,损害公司股东利益,为自己谋取私利。《劳动合同法》第23条、第24条规定的竞业限制指的是用人单位与特定人员约定的离职后的竞业限制。有人认为,用人单位若没有约定竞业禁止的补偿,就不能以高级管理人员违反公司法竞业禁止为由将其开除。这种观点是错误的。高级管理人员违反公司法竞业禁止义务,一定是违反了公司基本的规章制度,并且这种行为是明显的营私舞弊行为,在严重侵害公司利益的情况下,用人单位可以单方解除与其的劳动合同。

(4) 用人单位以欺诈、胁迫的手段或者乘人之危,使劳动者在违背真实

意思的情况下订立或者变更劳动合同的

订立劳动合同时,用人单位和劳动者应当遵循协商一致、诚实信用的原则,如果任何一方使对方在违背真实意思的情况下订立或者变更劳动合同,均违反了意思自治的基本原则,是被法律所禁止的,因此法律允许受侵害的一方解除劳动合同。

(5) 劳动者被依法追究刑事责任的

劳动部办公厅《关于〈劳动法〉若干条文的说明》规定,"被依法追究刑事责任"具体是指:被人民检察院免予起诉的;被人民法院判处刑罚(刑罚包括主刑:管制、拘役、有期徒刑、无期徒刑、死刑;附加刑:罚金、剥夺政治权利、没收财产)的;被人民法院依据《刑法》第32条的规定免予刑事处分的(该规定所指的《刑法》第32条已经被修订为现行《刑法》第37条)。以劳动者被依法追究刑事责任为由解除劳动合同,应当注意以下两点。一是劳动者的行为经过人民法院审判,已经构成犯罪。如果劳动者只是在处于刑事强制措施的阶段,比如处于批准逮捕阶段而人民法院还没有对其行为进行审判,劳动者最终是否有罪还没有定论,则都不符合"被依法追究刑事责任"的情况,用人单位不能行使法定解除权解除合同。二是劳动者被人民法院依法判刑,包括主刑和附加刑,以及劳动者被人民法院依据《刑法》第37条免予刑事处罚的。用人单位应根据人民法院生效判决的司法文书确认劳动者是否被依法追究刑事责任。即使劳动者被依法追究刑事责任,其劳动关系并不因此而自动解除,用人单位也应制作解除劳动合同通知书并履行相关手续,送达劳动者,否则劳动关系仍然依法存续。

(6) 劳动者患病或者非因工负伤,医疗期满后,不能从事原工作也不能从事由用人单位另行安排工作的

劳动者患病或者非因工负伤,可以在医疗期内进行治疗和休息。如果劳动者由于身体健康原因不能胜任工作,用人单位有义务为其调动岗位。如果劳动者对用人单位重新安排的工作也无法完成,用人单位提前三十日以书面形式通知其本人或额外支付劳动者一个月工资后,可以解除劳动合同。

(7) 劳动者不能胜任工作,经过用人单位培训或者调整工作岗位后,仍不能胜任工作的

用人单位以这一条解除劳动合同需要满足三个条件。一是劳动者不能胜任工作。劳动部办公厅《关于〈劳动法〉若干条文的说明》规定,"不能胜任工作",是指不能按要求完成劳动合同中约定的任务或者同工种、同岗位人员的工作量。用人单位不得故意提高定额标准,使劳动者无法完成。解除劳动合同由用人单位负举证责任。用人单位可以从专业资格、劳动定额、绩效考核等多个角度举证劳动者不能胜任工作。二是经过培训或者调整工作岗位。

在劳动者不能胜任工作时,用人单位应当对其进行职业培训,或者也可以单方调整工作岗位和薪酬待遇,但应当具有合理性。比如将不能胜任工作的劳动者调整到要求和考核更为严格的岗位,或者由销售岗位调整到专业技术操作岗位,这些都很难说具有合理性。三是经过培训或调整工作岗位之后,劳动者仍然不能胜任工作。这说明劳动者不具备在该用人单位工作的能力。因此,用人单位提前三十日以书面形式通知劳动者本人或者额外支付劳动者一个月工资后,可以解除劳动合同。

(8) 劳动合同订立时所依据的客观情况发生重大变化,致使劳动合同无法履行,经用人单位与劳动者协商,未能就变更劳动合同内容达成协议的

根据劳动部办公厅《关于〈劳动法〉若干条文的说明》的规定,"客观情况"是发生不可抗力或出现致使劳动合同全部或部分条款无法履行的其他情况,如企业迁移、被兼并、企业资产转移等,并且排除经济性裁员的客观情况。用人单位需要证明双方已经根据变化后的客观情况,履行了协商的程序。在无法协商一致的情况下,用人单位可以解除劳动合同。

(9) 用人单位依照企业破产法规定进行重整的

企业按照企业破产法进行重整,是为了避免进入破产清算程序,得到渡过难关的机会。在这一过程中,企业可根据实际情况,进行经济性裁员。在实务操作中,企业应当提供由人民法院出具的关于重整的裁定书,否则不能以此为由裁员。

(10) 用人单位生产经营发生严重困难的

企业经营发生严重困难的标准,可以根据地方政府规定的困难企业标准来界定,而非企业可以自行制定标准,企业需要对自身相关财务状况进行举证。这是为了防止企业以本条为由轻易裁员。比如根据北京市劳动局(现已改为"北京市人力资源和社会保障局")《北京市企业经济性裁减人员规定》第3条的规定,北京市严重困难企业的标准是,连续三年经营性亏损且亏损额逐年增加,资不抵债、80%的职工停工待工、连续6个月无力按最低生活费标准支付劳动者生活费用。

(11) 用人单位转产、重大技术革新或者经营方式调整,经变更劳动合同后,仍需裁减人员的

在这种情况下,企业应与劳动者先协商变更劳动合同,经变更劳动合同后,仍需裁减人员的,才可以裁员。未经变更劳动合同即裁员,属于违法解除劳动合同,需要承担违法解除劳动合同的法律责任。劳动法律法规并不禁止用人单位采用裁员的方式使企业渡过经营危机,只是对用人单位解除合同做了严格的限制。

（12）其他因劳动合同订立时所依据的客观经济情况发生重大变化,致使劳动合同无法履行的

客观经济情况可以有多种表现形式,比如说货币紧缩政策导致企业无法获得贷款,资金链面临断裂;政府产业政策发生变化,企业不再享受优惠政策和扶持,导致企业市场竞争力下降。当然,客观经济情况发生重大变化最终的认定还是应由劳动争议仲裁机构或法院来进行,用人单位不能随意解释,以规避法律对劳动合同解除权的严格限制。在经济性裁员的情况下,即本条第(9)至第(12)项列举的情形下,用人单位解除与劳动者的劳动合同,不需要经过与劳动者协商变更劳动合同的程序,也不需要与劳动者协商一致。

（13）用人单位向劳动者提出解除劳动合同并与劳动者协商一致解除的

这里的协商一致,强调的并非最终就解除劳动合同的结果达成协商一致,而强调的是解除劳动合同这一提议是谁最先提出的。本条款源自于《劳动合同法》第46条第(2)项规定,是为了避免用人单位以协商一致为名规避向劳动者支付经济补偿的法定义务。具体来说,如果劳动者向用人单位提出解除劳动合同并与用人单位协商一致解除的,这种情形可以视为劳动者主动离职,用人单位可以不支付经济补偿。如果用人单位向劳动者提出解除劳动合同并与劳动者协商一致解除的,用人单位应当向劳动者支付经济补偿。当然,协商一致的前提是用人单位和劳动者的意思表达是真实的、自由的。如果劳动者可以提出证据证明,用人单位利用其优势地位,欺诈或胁迫劳动者解除劳动合同,用人单位解除劳动合同的行为就是违法的。即使劳动者签署了主动离职协议,也可以要求有关机关确认劳动合同关系的存在,或者要求用人单位赔偿违法解除劳动合同的损失。

（14）法律、法规规定的其他情形

这类规定是立法时经常采用的技术性手段,其立法用意是:在该条款列举情况时,为避免遗漏现行法律、法规规定的其他情况,采用此种办法使该法与其他法相衔接;也便于与以后颁布的法律相衔接,即与新法相衔接。本劳动合同也自然无法涵盖所有可能的情形。

【法律规定】

《劳动合同法》第40条

《公司法》149条

劳动部《关于〈劳动法〉若干条文的说明》第26条

【相关案例】

案例3-4:劳动者触犯刑法,劳动合同是否自行解除?

蒋先生到某集团公司入职,双方并没有签订书面劳动合同。蒋先生在公

司工作多年。其间,蒋先生因为犯罪被司法机关依法判处缓刑。公司因管理不善、疏忽大意等原因,没有向蒋先生送达解除劳动合同的书面通知书。公司领导认为,蒋先生与公司的劳动合同已经自行解除。蒋先生因受到刑事调查,一直没有到公司上班。公司对此情况也知晓,由此停发蒋先生的薪酬,不再提供相关福利待遇。蒋先生在调查完毕,被司法机关宣判缓刑后,要求返回公司上班。公司以蒋先生触犯法律,劳动合同已经解除为由,拒绝蒋先生来公司上班。蒋先生对此持有异议,向当地劳动争议仲裁委员会申请仲裁,要求公司支付拖欠的基本工资。仲裁委支持了蒋先生的仲裁请求。

分析:

本案焦点在于蒋先生与公司的劳动关系是否解除。根据《劳动合同法》第39条的规定,劳动者被依法追究刑事责任的,用人单位可以解除劳动合同。这一条款赋予用人单位单方解除劳动合同的权利,但是这并不意味着,只要劳动者被依法追究刑事责任,劳动合同即自行解除。根据劳动部《关于〈企业职工奖惩条例〉若干问题的解答意见》,职工的错误行为,情节严重,触犯刑律,其中由司法机关依法判刑的,是否要同时开除公职?企业职工中被判刑的犯罪分子,可予开除。依照刑法处以管制以及宣告缓刑者,一般可不予开除。《企业职工奖惩条例》已经失效,但是上述《解答意见》现行有效。这一部门规章可供参考。

《民事诉讼法》第64条第1款规定的举证责任分担的基本原则是"谁主张,谁举证",但由于劳动争议案件直接关系到企业和职工的合法权益和劳动关系,不同于一般的民事诉讼案件,具有行政强制性质,简单套用举证责任的基本原则,不利于保护劳动者的合法权益。因此,最高人民法院《关于审理劳动争议案件适用法律若干问题的解释》第13条规定,因用人单位作出的开除、除名、辞退、解除劳动合同等决定而发生的劳动争议,用人单位负举证责任。公司认为与蒋先生的劳动关系已经解除,但是没有提供任何证据证明已经作出解除与蒋先生劳动合同的决定,并将这一决定公示或书面告知蒋先生本人。因此,蒋先生与公司的劳动关系合法存续,公司应当支付蒋先生劳动关系存续期间的基本工资。

案例3-5:什么是"客观情况发生重大变化,劳动合同已经不能继续履行"?

袁先生与某置业公司签订了劳动合同。约定袁先生的职务为资产管理部的副经理,合同期限为三年。合同期限内,公司根据自身业务情况,对公司内部机构设置进行了调整。袁先生任职副经理的部门,其安全保卫工作移交人事部门,保洁职能外包给保洁公司,工程建设职能由工程部门承担。其部门大部分员工随业务分流到其他部门,资产管理部被撤销。原有员工不能分流的,又无法协商一致的,公司以"客观情况发生重大变化,劳动合同已经不能继续履行"为由,与袁先生等解除了劳动合同。公司向袁先生下达了劳动关系解除通知书,解除了与袁先生的劳动关系,并一次性支付了代通知金、经济补偿和高出法律规定的额外经济补偿。袁先生确认收到了劳动关系解除通知书,但是认为公司根本不存在"客观情况发生重大变化",要求仲裁委确认公司解除劳动合同违法,恢复其劳动关系,继续履行劳动合同。袁先生的主张经过仲裁和诉讼程序,最终没有得到支持。

分析:

根据《劳动法》第26条以及《劳动合同法》第40条第(3)项的规定,劳动合同订立时所依据的客观情况发生重大变化,致使劳动合同无法履行,经用人单位与劳动者协商,未能就变更劳动合同内容达成协议的,用人单位提前三十日以书面形式通知劳动者本人或者额外支付劳动者一个月工资后,可以解除劳动合同。对什么是"客观情况发生重大变化",《劳动合同法》及其《实施条例》并未做出规定,劳动部办公厅《关于〈劳动法〉若干条文的说明》规定"客观情况"是指发生不可抗力或出现致使劳动合同全部或部分条款无法履行的其他情况,如企业迁移、被兼并、企业资产转移等情况。并且排除按照《劳动法》第27条(经济性裁员)所列的客观情况。但是,在《劳动合同法》实施后,以上列举的"客观情况"的内涵已经发生了重大变化。"被兼并"已经被《劳动合同法》第34条规定涵盖,该条规定的具体内容为,用人单位发生合并或者分立等情况,原劳动合同继续有效,劳动合同由承继其权利和义务的用人单位继续履行。"企业资产转移"已经被《劳动合同法》第41条第1款第(3)项纳入"经济裁员"的适用范围(企业转产、重大技术革新或者经营方式调整,经变更劳动合同后,仍需裁减人员的)。至于企业迁移,一般来说,实践中公司正常经营期间,其注册地址很少发生更改,但公司的实际办公地址可能因为租金、业务调整等原因发生变化。这就需要对"客观情况发生重大变化"重新解释。有学者认为,"客观情况"应包括订立劳动合同所依据的法律、法规已经修改或废止,因企业根据市场变化调整经营策略或产品结构发生转产、调整生产任务或生产经营项目时撤销某些工种和岗位等,目前还没有统一的标准。司法实践中,劳动争议仲裁委员会或法院通常根据案件的具体事实进行裁量。

本案中,法院认定袁先生所在的资产部门被撤销,原部门功能被取消,且公司无适合袁先生的工作岗位,导致袁先生无法再继续从事专门的资产管理工作,此类情况属于客观情况发生了重大变化,公司与袁先生订立的劳动合同已无法履行。为了避免某些用人单位依据"客观情况发生重大变化"为由随意与劳动者解除劳动合同,《劳动合同法》对用人单位依据"客观情况发生重大变化"解除劳动合同进行了程序上的约束。即由用人单位与劳动者根据变化后的客观情况,就变更劳动合同进行协商,如果劳动者不同意变更劳动合同,原劳动合同所确立的劳动关系没有存续的必要,用人单位方可与劳动者解除劳动合同。如用人单位没有履行该程序与劳动者解除劳动合同,构成违法解除。本案中,公司资产管理部门被撤销属于"客观情况发生重大变化致使劳动合同无法履行",但是公司还应与袁先生协商变更劳动合同。如公司不能证明在客观情况发生重大变化时与袁先生曾经协商过且未能达成一致,公司的行为构成违法解除,公司应承担相应的不利后果。

案例3-6:用人单位改制重组后,如何计算劳动者的工龄?

赵先生于20世纪80年代进入某设备厂工作。双方签订了无固定期限的劳动合同。其后设备厂进行改制,原公司与其他股东成立了某股份有限公司。赵先生随同所在部门被一并转入股份公司,赵先生同股份公司签订了期限为两年的劳动合同。合同到期后赵先生又与股份公司签订了第二份劳动合同。在赵先生第二份劳动合同履行期间,股份公司又与其他公司合资成立了某科技公司,股份公司持有绝对的控股权。同年赵先生与科技公司签订了劳动合同,该劳动合同中关于赵先生的岗位和工资标准都没有填写。实际上,赵先生仍然在原部门原岗位原工作地点工作。在赵先生与科技公司的劳动合同到期之后,科技公司向赵先生发出终止劳动合同书,称双方的劳动合同已经届满,公司将终止与赵先生的劳动合同,并发放按照赵先生到科技公司入职时起算的经济补偿。赵先生在签收时注明,他不同意终止劳动合同,要求补签无固定期限的劳动合同,并注明其依据的是《劳动合同法》第14条第2款的规定,用人单位初次实行劳动合同制度或者国有企业改制重新订立劳动合同时,劳动者在该用人单位连续工作满十年且距法定退休年龄不足十年。经法院核实,赵先生完全符合这一法定的情形。其后赵先生不再坚持继续与科技公司签订无固定期限的劳动合同,而是主张其工龄应当自其在设备厂工作起连续计算,要求科技公司支付违法解除劳动合同的赔偿金。法院支持了赵先生的这一请求。

分析:

国务院《劳动合同法实施条例》第10条规定,劳动者非因本人原因从原用人单位被安排到新用人单位工作的,劳动者在原用人单位的工作年限合并计算为新用人单位的工作年限。原用人单位已经向劳动者支付经济补偿的,新用人单位在依法解除、终止劳动合同计算支付经济补偿的工作年限时,不再计算劳动者在原用人单位的工作年限。最高人民法院《关于审理劳动争议案件适用法律若干问题的解释(四)》第5条第1款也进一步明确规定,劳动者非因本人原因从原用人单位被安排到新用人单位工作,原用人单位未支付经济补偿,劳动者依照《劳动合同法》第38条规定与新用人单位解除劳动合同,或者新用人单位向劳动者提出解除、终止劳动合同,在计算支付经济补偿或赔偿金的工作年限时,劳动者请求把在原用人单位的工作年限合并计算为新用人单位工作年限的,人民法院应予支持。根据规定,赵先生在设备厂和股份公司的工作年限可以合并计算到科技公司的工作年限里。对于"非本人原因"的情形如何理解,上述解释第5条第2款做出了规定,用人单位符合下列情形之一的,应当认定属于"劳动者非因本人原因从原用人单位被安排到新用人单位工作":(1)劳动者仍在原工作场所、工作岗位工作,劳动合同主体由原用人单位变更为新用人单位;(2)用人单位以组织委派或任命形式对劳动者进行工作调动;(3)因用人单位合并、分立等原因导致劳动者工作调动;(4)用人单位及其关联企业与劳动者轮流订立劳动合同;(5)其他合理情形。

这里的一个焦点问题在于,赵先生进入科技公司是否是前用人单位(即股份公司)安排的,在这一点上双方都没有充分的证据。科技公司的主要观点是,赵先生进入科技公司是其自愿选择的,不是股份公司安排的,因此不符合上述第10条的规定,但是公司没有提供证据证明自身观点。用人单位做出的解除劳动合同等决定而发生的劳动争议,用人单位负举证责任。所以,在这样的情况下,双方都没有充分的证据,用人单位承担举证不能的风险,法院根据举证责任的规定,在事实无法查明的情况下,推定赵先生是由股份公司安排进入科技公司工作的。由于股份公司在赵先生离职时并没有支付终止劳动关系的经济补偿,所以,赵先生在被安排进入科技公司之前的工作年限也计算为其在科技公司的工作年限。据此,赵先生在入职后,在科技公司可合并计算的工作年限远远超过十年,所以赵先生要求科技公司签订无固定期限的劳动合同是于法有据的。科技公司违反法律的禁止性规定,在赵先生不再坚持签订无固定期限劳动合同的情形下,应向其支付一定数额的违法解除劳动合同的赔偿金,其工龄是从赵先生到设备厂入职开始,到其与科技公司终止劳动关系时结束,连续计算。

[用人单位不能解除劳动合同的情形]
8.4 乙方有下列情形之一的,甲方可以根据本合同8.3条款第(1)至第(5)项的约定解除劳动合同,但是不得根据本合同8.3条款第(6)至第(12)项的约定解除劳动合同。
(1)患病或负伤,在规定医疗期内的;

（2）女职工在孕期、产期、哺乳期内的；
（3）乙方从事接触职业病危害作业，未进行离岗前职业健康检查，或者疑似职业病病人在诊断或者医学观察期间的；
（4）在甲方患职业病或者因工负伤并被确认丧失或者部分丧失劳动能力的；
（5）在甲方连续工作满十五年，且距法定退休年龄不足五年的；
（6）法律、行政法规规定的其他情形。

● 律师批注
【风险提示】
⊙ 劳动者有六种情形之一的，用人单位不得解除劳动合同
⊙ 即使劳动者有六种情形之一的，如果劳动者存在过错，用人单位也可以解除劳动合同

《劳动合同法》规定了六种用人单位不得解除劳动合同的情形，体现了法律对劳动者的特殊保护，但用人单位不得解除劳动合同的前提是，劳动者自身不存在任何过错。如果劳动者有《劳动合同法》第39条规定情形之一的，用人单位有权单方解除劳动合同。

【法律规定】
《劳动法》第29条
《劳动合同法》第39—42条

【相关案例】
案例3-7：用人单位可以解除孕期女职工的劳动合同吗？
蒋女士在某外资公司上班，双方订立了为期五年的劳动合同。在公司的员工手册中明确规定，员工私自编造或篡改证明文件的，公司有权解除劳动合同。自蒋女士入职之后，公司也对新员工进行了关于规章制度的入职培训，在入职培训出席的书面记录上蒋女士也做了签字确认。蒋女士工作不久，发现自己怀孕，自怀孕后已经持续请病假四个月。蒋女士每次请假都按照公司的请假制度，递交了医院开具的病假单。但是蒋女士长时间持续的请假行为引起了公司的怀疑。公司人事部门持蒋女士的病假单到医院进行调查后发现，蒋女士提交的病假单中有一个月是伪造的。于是，公司依照员工手册里的条款，解除了与蒋女士的劳动合同。蒋女士不服，认为自己处于孕期，公司无权解除劳动合同，向当地劳动争议仲裁委员会申请仲裁，但是最终没有得到仲裁委的支持。

分析：

此案例涉及一个普遍的误解，即用人单位在任何情形下都无权单方解除处于"三期"（孕期、产期、哺乳期）的女职工的劳动合同。这种看法是错误的。《劳动合同法》第42条对不能解除劳动合同的情形进行了列举式的规定，其中不能解除劳动合同的情形包含女职工在孕期、产期、哺乳期内，体现了劳动立法对特殊情形下劳动者的保护。但是这并不是说只要有第42条的情形，用人单位一律不得单方解除劳动合同。具体来说，根据《劳动合同法》第42条的规定，只有在该法第40条、第41条规定的非劳动者过错的情形时，即存在劳动者因病或非因公负伤医疗期满无法从事原工作的、不胜任工作且经培训或调岗后仍不胜任的、客观情况发生重大变化导致劳动合同无法继续履行的或经济性裁员的情形，用人单位不能据此解除处于"三期"的女职工。但是，如果处于"三期"的女职工有违反《劳动合同法》第39条所规定的情形之一的，比如劳动者严重违反公司规章制度，用人单位也可以解除劳动合同。也就是说，在劳动者存在劳动法规定的过错的情形下，用人单位有权单方解除劳动合同，不管劳动者是否处于劳动法规定的需要特殊保护的时期。

本案中，公司的规章制度明确规定，员工提交虚假证明文件，欺骗公司谋取私利的，公司可以解除劳动合同。其员工手册对相关违纪及处罚的规定明确合理，并经过民主制定程序，已经公示。蒋女士也知晓这一规定，当时也并没有提出任何异议。公司关于规章制度的入职培训的书面记录上有蒋女士的签字确认，可以证明这一点。因此，蒋女士提交虚假的医院证明持续请假，用人单位可以解除与处于孕期的蒋女士的劳动合同，并且不需要支付经济补偿。

[用人单位解除劳动合同的一般程序]
8.5　甲方单方解除劳动合同，应当事先将理由通知工会。甲方违反法律、行政法规规定或者劳动合同约定的，工会有权要求甲方纠正。甲方应当研究工会的意见，并将处理结果书面通知工会。甲方应当将解除劳动合同的决定书面送达乙方。

● 律师批注

【风险提示】
⊙ 用人单位单方解除劳动合同，应履行法定程序
⊙ 用人单位解除劳动合同应征求工会意见，否则解除可能无效

具备解除劳动合同的条件，并不意味着用人单位可以立即解除劳动合

同。解除劳动合同在条件具备的情况下,还要按照法定的程序和要求履行有关手续。一般而言,用人单位解除劳动合同履行的法定程序是,用人单位提前三十日以书面形式通知劳动者本人或者额外支付劳动者一个月工资,按照法律规定的补偿标准或者用人单位制定的高于法定标准的离职补偿方案给予经济补偿,就解除劳动合同的决定征求本企业工会组织的意见,将处理决定书面告知或送达给劳动者,协助劳动者进行档案转移,有的特殊行业还需要进行离岗前职业健康检查等。《劳动合同法》第43条的规定加强了工会对用人单位解除劳动合同的监督。这种监督主要体现在程序方面。这种监督并不意味着用人单位单方解除劳动合同应当征得工会的批准。这里的通知并无批准的含义。用人单位应首先将解除劳动合同的决定通知工会,工会可以对该决定提出意见,用人单位应认真研究工会的意见,并将处理结果书面通知工会。工会是职工自愿结合的工人阶级的群众组织。中华全国总工会以及各工会组织代表职工的利益,依法维护职工的合法权益。

如果建立了工会组织的用人单位没有依照劳动法的相关规定,解除劳动合同前先通知工会,用人单位应当承担何种责任?是否劳动合同解除就是当然违法的、无效的?对此,最高人民法院《关于审理劳动争议案件适用法律若干问题的解释(四)》第12条规定,建立了工会组织的用人单位解除劳动合同符合《劳动合同法》第39条、第40条规定,但未按照《劳动合同法》第43条规定事先通知工会,劳动者以用人单位违法解除劳动合同为由请求用人单位支付赔偿金的,人民法院应予支持,但起诉前用人单位已经补正有关程序的除外。

【法律规定】

《劳动法》第30条

《劳动合同法》第28、39、40、43条

最高人民法院《关于审理劳动争议案件运用法律若干问题的解释》第13条

最高人民法院《关于审理劳动争议案件适用法律若干问题的解释(四)》第12条

国务院《劳动法实施条例》第26条

劳动部办公厅《关于通过新闻媒介通知职工回单位并对逾期不归者按自动离职或旷工处理问题的复函》

【相关案例】

案例3-8:除名通知没有送达劳动者,劳动关系是否解除?

李先生是建筑公司的职工,因生产任务不足,李先生接到经理的口头通

知,待岗放假回家。公司有生产任务时,接到公司的通知后回单位上班。放假期间只是发放基本的生活费用。此后李先生多次到公司查看,希望可以恢复上班,但均未被安排上岗。期间公司进行了改制,裁减了大量的职工,李先生也在被裁减的人员名单中。李先生不认可单位的除名决定,拒绝到公司办理有关手续和签字确认除名决定。其后,公司在当地报纸上刊登了有关解除与李先生的劳动合同的公告。李先生认为公司解除劳动合同的行为违法,要求恢复双方的劳动关系,向当地劳动争议仲裁委员会申请仲裁。仲裁委裁决撤销了公司的除名决定。

分析:

用人单位解除劳动合同应该遵守法律规定的程序。即使从实体上看,用人单位具备了可以解除劳动合同的情形,比如企业生产经营出现严重困难,如果用人单位不履行解除劳动合同的法定程序,要想顺利解除劳动合同并不容易。本案中,公司解除与李先生的劳动合同时做出了书面的除名决定,这一点上公司的做法是符合劳动法的要求的。然而,在送达除名决定的程序履行上,公司的做法貌似严谨,却存在极大的法律风险。根据《最高人民法院关于审理劳动争议案件适用法律若干问题的解释》第13条的规定,因用人单位做出的除名等决定而发生的劳动争议,用人单位负举证责任。一般情况下,除名决定应当直接当面向劳动者送达,并由劳动者书面签收。如果劳动者拒收,可由居委会或派出所的相关人员签字确认劳动者拒收的情况。如果不能直接送达给劳动者本人,可以通过邮寄的方式向劳动者送达,以挂号查询回执上注明的收件日期为送达日期。通过以上的方式都不能达到送达的目的,用人单位可用媒体刊登公告的方式向劳动者送达。劳动部办公厅《关于通过新闻媒介通知职工回单位并对逾期不归者按自动离职或旷工处理问题的复函》中规定,能够直接送达或邮寄送达而未用,直接采用公告方式送达是无效的。解除劳动合同的决定因程序上的瑕疵被撤销后,如果用人单位可以解除劳动合同的情形还持续存在,用人单位履行相关程序规定,法律并没有禁止用人单位再次做出除名的决定。

[非劳动者过错,用人单位解除劳动合同的程序]
8.6 甲方根据本合同8.3条款第(6)至第(8)项解除劳动合同,应当提前三十日以书面形式通知乙方本人或者额外支付乙方一个月工资。

● **律师批注**

【风险提示】

⊙ 三种情形下,用人单位提前三十日以书面形式通知或额外支付一个

月工资,可以解除劳动合同

  ⊙ 额外支付的工资应当按照该劳动者上一个月的工资标准确定
  ⊙ 通知天数少于三十日,如何支付赔偿金参看各地规定

  代通知金,是指用人单位依法提出解除或终止劳动合同时应当提前三十日书面通知劳动者本人,如果用人单位没有依法提前三十日通知劳动者,可以给付一个月工资作为代替。"代通知金"并非规范的法律概念,其源于香港法律的规定,后来内地部分城市将该制度引进,其影响逐渐增大,司法实践中也逐渐开始适用。《劳动合同法》正式确立了"代通知金"的制度。按照国务院《劳动合同法实施条例》第20条的规定,用人单位依照《劳动合同法》第40条的规定,选择额外支付劳动者一个月工资解除劳动合同的,其额外支付的工资应当按照该劳动者上一个月的工资标准确定。对此,各地的司法实践中有更为详细的规定。有的认为只以单月的工资为准,可能过高或过低,既有可能对用人单位不利,也有可能对劳动者不利,从整体上看不利于促进和形成和谐稳定的劳动关系。所以,结合劳动法和劳动合同法的立法精神,上个月的工资标准,应当是劳动者的正常工资标准。如其上月工资不能反映正常工资水平的,可按解除劳动合同之前劳动者十二个月的平均工资确认。

  《劳动合同法》第40条规定了用人单位提前三十日通知劳动者或者给予一个月工资作为代通知金解除劳动合同的法定情形。但是没有规定若通知的天数少于三十日,代通知金应当如何支付。各地司法实践的理解并不一致,有的认为,用人单位未提前三十天通知解除劳动合同,均应支付一个月工资。有的认为,用人单位终止劳动合同未提前三十日通知劳动者的,以劳动者上月日平均工资为标准,每延迟一日支付劳动者一日工资的赔偿金。

【法律规定】

《劳动合同法》第40条

国务院《劳动合同法实施条例》第20条

【相关案例】

案例3-9:用人单位解除劳动合同,什么情形下要额外支付一个月工资?

  赵先生到某公司入职,双方签订为期三年的劳动合同。入职第一年底,公司以赵先生没有完成当年的任务额为由,书面通知解除劳动合同,于次月向赵先生额外支付了一个月工资,并按照赵先生工作年限支付了经济补偿。赵先生对此不能认同,他认为公司以不能胜任工作为由解除劳动合同违反了劳动法的规定,属于违法解除劳动合同的行为,因此公司应当支付赔偿金。在与公司协商不成后,赵先生向当地劳动争议仲裁委员会申请仲裁,要求公司支付违法解除劳动合同的赔偿金。仲裁委最终支持了赵先生的请求。

分析：

本案中，公司解除与赵先生的劳动合同，履行书面通知义务，并额外支付了一个月工资（代通知金）和经济补偿。但是，并不是履行了以上的义务就一定能够保证公司解除劳动合同的行为是合法的。公司可以以员工不能胜任工作为由解除劳动合同，但是公司这一单方的劳动合同解除权是有着严格限制的。首先，公司要有证据证明劳动者不能胜任工作。证明这一点，需要公司建立合法有效的规章制度和合理的考核体系。其次，公司在证明劳动者的确不能胜任工作之后，并不当然拥有单方解除劳动合同的权利，而是要给员工提供培训或者调整岗位。公司要保存好相关的培训证明或调整岗位的证明。第三，劳动者经过培训或调整岗位之后，仍然无法胜任工作，无法通过公司的考核标准。在同时满足以上三个条件之后，公司才有权选择提前三十日以书面形式通知劳动者本人，或者额外支付劳动者一个月工资，单方解除劳动合同。由于公司没有提交任何业绩考核的文件记录等证明赵先生无法胜任工作，也没有记录表明对赵先生进行了培训或调整了工作岗位，只是笼统提出赵先生没有完成当年的销售额，因此其违法解除劳动合同的事实是成立的。在赵先生没有要求继续履行劳动合同的前提下，公司应当向赵先生支付违法解除劳动合同的赔偿金。

[经济性裁员，用人单位解除劳动合同的程序]

8.7　甲方根据本合同8.3条款第（9）至第（12）项，需要裁减人员二十人以上或者裁减不足二十人但占甲方职工总数百分之十以上的，甲方提前三十日向工会或者全体职工说明情况，听取工会或者职工的意见后，裁减人员方案经向劳动行政部门报告，可以裁减人员。甲方根据本条款裁减人员，在六个月内重新招用人员的，应当通知乙方，并在同等条件下优先招用乙方。

● 律师批注

【风险提示】

⊙ 经济性裁员，用人单位可以单方解除劳动合同
⊙ 裁减人员方案应向劳动行政部门报告，无须取得批准
⊙ 用人单位不履行法定程序裁员，裁员方案可能被判定为无效

经济性裁员是指企业由于经营不善等经济性原因，解雇多个劳动者的情形。在市场经济中，面对激烈的市场竞争，为更好地适应市场需求，用人单位应保持灵活的用人体制。在满足一定条件下，用人单位可以单方解除固定期

限劳动合同和无固定期限劳动合同。《劳动合同法》第41条对经济性裁员详细规定了四种情形。尽管名为经济性裁员,其实质是用人单位单方解除劳动合同的一种形式。在经济性裁员中,由于是用人单位单方解除劳动合同,劳动者并没有过错,因此用人单位应当依法向劳动者支付经济补偿。另外,裁减人员方案应向劳动行政部门报告,"报告"仅指说明情况,无批准的含义。如果经济性裁员不履行向劳动行政部门报告的程序,裁员就是违法的,用人单位很难达到一次性裁减大量员工的目的。《劳动法》和《劳动合同法》都规定了经济性裁员后,重新招用人员,被裁减人员具有优先就业权。被裁减人员并非因自身过错而失去工作,在经济形势好转,就业机会增加的情况下,用人单位应该在同等条件下优先招用被裁减的人员。该规定在一定程度上也可以防止用人单位以经济性裁员为借口,随意裁员。

【法律规定】
《劳动合同法》第41条

【相关案例】
案例3-10:经济性裁员,用人单位应当遵守什么程序?
　　王先生应聘到某网络公司,成为该公司的技术工程师。双方签订了为期三年的劳动合同。在劳动合同期间,公司经营发生严重困难,因此决定裁员。不久,公司制定并颁布了裁员规定,要求各部门主管对本部门员工进行业务考核,以考核结果为参考,按照原有员工数的40%上报裁员名单。该规定正式出台后,各部门均裁掉了40%的员工,王先生便是本部门被裁掉的一员。公司人事部门找王先生谈话,解释裁员是迫于公司的经济状况,属于经济性裁员。他告知王先生双方即时解除劳动关系,公司会按有关法律规定发放相应的经济补偿金。王先生对此不能接受,向当地劳动争议仲裁委员会提出仲裁申请。仲裁委员会经过审理,撤销公司裁员决定,裁决公司继续履行与王先生的劳动合同。

分析:
　　首先,根据《劳动合同法》第41条的规定,用人单位生产经营发生严重困难,可以解除劳动合同,并不需要事先与劳动者协商一致,征求其同意。生产经营发生严重困难的标准应当参照各地政府的地方性规定,用人单位不能自行决定,而应承担证明"严重困难"的举证责任。其次,用人单位和劳动者都对生产经营发生严重困难这一事实并无异议,这也不意味着用人单位可以随意解除劳动合同。经济性裁员并非用人单位或是劳动者存在过错,而是由于外部原因导致劳动关系解除,通常规模较大,还涉及社会稳定等问题。为了平衡用人单位与劳动者两者的权益,法律对用人单位经济性裁员做了一些适度的限制，同时加强了工会对裁员的监督。王先生所在公司具备了经济性裁员的条件，应当按照劳动法的规定，履行法定的程序进行经济性裁员。根据《劳动合同法》第41条的规定，在实践中用人单位经济性裁员的步骤是：第一，用人单位提前三十日向工会或者全体职工说明情况，并提供有关生产经营状况的资料；第二，提出裁减人员方案；第三，将裁减人员方案征求工会或者全体职工的意见，并对方案进行修改和完善；第四，向当地劳动行政部门报告裁减人员方案以及工会或者全体职工的意见，并听取劳动行政部门的意见；第五，由用人单位正式公布裁减人员方案，与被裁减人员办理解除劳动合同手续，按照有关规定向被裁减人员本人支付经济补偿金，出具裁减人员证明书或劳动关系解除的证明。

如果公司具备了裁员条件，但是没有依据裁员的程序做出裁员决定，劳动者可以申请劳动仲裁，要求撤销公司解除劳动合同的决定。本案中，王先生所在公司既没有提前向员工说明情况，也没有就裁员方案征求工会意见，更没有向当地劳动行政部门报告，这种不按照法律规定程序进行的裁员是无效的。所以，劳动争议仲裁委员会裁决撤销公司对王先生的裁员决定。

[劳动者解除劳动合同的程序]
8.8 乙方解除劳动合同应当提前三十日以书面形式通知甲方。试用期内，乙方解除劳动合同的，应当提前三天通知甲方。乙方根据9.2条款第(1)至第(4)项的约定解除劳动合同，应当事先告知甲方。乙方根据9.2条款第(5)至第(8)项的约定可以立即解除劳动合同，不需事先告知甲方。

● 律师批注

【风险提示】
⊙ 劳动者解除劳动合同应提前三十日以书面形式通知用人单位
⊙ 试用期内劳动者解除劳动合同应提前三日通知用人单位
⊙ 特定情形下劳动者可以即时解除劳动合同，不需事先通知用人单位

从保护劳动者权益出发，法律赋予了劳动者单方解除劳动合同的权利。这样有利于充分发挥劳动者自身潜能，实现劳动力资源的合理配置。但劳动者在行使解除劳动合同权利的同时应当遵守法定的程序。一般而言，第一，遵守解除预告期。劳动者应当提前三十天通知用人单位才能有效，也就是说劳动者在书面通知用人单位后还应继续工作至少三十天。劳动者不履行该法定义务给用人单位造成损失的，应承担损害赔偿责任。第二，书面形式通知用人单位。无论是劳动者还是用人单位在解除劳动合同时，都应当以书面

形式告知对方。

试用期既是用人单位对新入职的劳动者各方面的情况进行考察,观察其是否具备录用条件的期限,也是劳动者考察用人单位的劳动条件、劳动报酬是否符合劳动合同约定和自身预期的选择期限。在试用期内,劳动者对是否与用人单位建立正式的劳动关系仍有选择的权利。为此,劳动者在试用期内,发现用人单位的实际情况与订立劳动合同时所介绍的情况不相符合,或者发现自己不适于从事该工种工作,以及存在其他不能履行劳动合同的情况,劳动者无须任何理由,可以解除劳动合同。但是为了给用人单位安排交接工作的时间,劳动者应提前三天通知用人单位,该通知没有要求必须是书面形式。

【法律规定】

《劳动法》第31、32条

《劳动合同法》第37、38、46条

【相关案例】

案例3-11:劳动者提交辞职申请后可以反悔吗?

张女士在某广告公司担任高级销售总监。公司按照业界的标准,提供了很好的薪金及其福利等待遇。张女士在某大型广告项目运行中,因为销售提成比例的问题与公司发生争议。在多次协商不成,而且公司的态度非常强硬的情况下,张女士经过考虑,通过电子邮件的形式向公司发出了一封辞职信,表达了自己将于一个月后正式离职,明确表示希望公司在邮件发出后一个月内为自己办理好离职手续,在这个月内会正常履行自己的职责。邮件发出后,张女士没有得到公司的立即回复。而是主管领导继续与张女士约谈,表示公司关于销售提成的规章制度无法改变,双方就提成中的一些关键问题还是意见不一。张女士在辞职邮件发出之后,也同时着手联系自己的新工作,但是从就业市场和朋友处反馈得来的消息都显示,在经济不景气的情况下,以张女士的工作经历来看,想要找到待遇好过现任职公司的用人单位,非常困难。张女士心有悔意,但是碍于情面,没有撤销离职申请或向公司表达过类似意思。二十天后,公司向张女士发出邮件,确认同意张女士的辞职,终止劳动关系,同时因张女士主动离职,不支付任何经济补偿。但是张女士改变了想法,不想失去现有工作,要求公司恢复其劳动关系。被公司拒绝后,张女士向当地劳动争议仲裁委员会申请仲裁,结果其请求被驳回。

分析:

提交辞职申请之后可以反悔吗?这个问题得分情况讨论。按照《劳动合同法》第37条的规定,劳动者提前三十日以书面形式通知用人单位,可以解除劳动合同。一般情况下,劳动者提前三十日以书面形式通知用人单位,即提交辞职信三十日后,劳动合同解除,劳动关系终止。实践中,也有劳动者提交辞职信后,又改变离职想法,希望继续工作的情况。如果劳动者以书面形式通知用人单位辞职,在三十日内,用人单位没有批准或者没有明确答复,这段期间内,劳动者是有权撤回辞职申请的。也就是说这种情况下,劳动者提交辞职申请后可以反悔,即撤回辞职申请,劳动关系存续。如果三十日之内,用人单位批准劳动者辞职申请,此时劳动合同解除。如果劳动者反悔,应当与用人单位协商一致,否则劳动关系不能自行恢复。如果三十日之后,劳动者没有离职(比如误以为用人单位批准辞职才生效)而是正常履职,而用人单位对此并无异议,以原条件接受劳动者继续工作,这时双方之间的劳动关系继续存续。

  本案中张女士认为,通过电子邮件提交辞职申请只是自己单方的非正式的离职意向,不构成正式的书面辞职申请,不能认为是自己主动提出的解除劳动合同。《合同法》第11条规定,书面形式是指合同书、信件和数据电文(包括电报、电传、传真、电子数据交换和电子邮件)等可以有形地表现所载内容的形式。据此,电子邮件属于书面形式。公司提交了张女士的辞职邮件作为张女士主动提出解除劳动合同的证明。根据法律规定,证据是否具有法律效力,要符合客观性、关联性、合法性的要求。电子邮件等电子证据,与传统的证据类型相比,存在被篡改的可能性。在发生争议时,对电子证据,既要审查其是否客观、真实反映案件事实,也要加强对其收集、制作程序和形式的审查。如果电子邮件通过技术手段获取,或者通过公证机关对电子邮件内容及源代码进行公证取证,电子邮件也可以在仲裁、诉讼中作为证据使用。如果公司关于销售提成的规章制度违反法律规定,给张女士造成损失,即使张女士提出解除劳动合同,也可以要求公司支付经济补偿。根据《劳动合同法》第38条、第46条的规定,用人单位的规章制度违反法律、法规的规定,损害劳动者权益,劳动者可以解除劳动合同,用人单位应当向劳动者支付经济补偿。

[工作交接]
  8.9 甲方应当在解除或终止劳动合同时出具解除或者终止劳动合同的证明,并在十五日内为乙方办理档案和社会保险关系转移手续。乙方应当在劳动合同解除或终止时,办理工作交接。甲方依照有关规定向乙方支付经济补偿的,在办结工作交接时支付。

● **律师批注**

【风险提示】

⊙ 用人单位解除劳动合同,应在十五日内为劳动者办理档案和社会保险关系转移

⊙ 劳动合同解除后,劳动者应配合用人单位办理工作交接

用人单位应在解除或终止劳动合同时为劳动者出具解除或终止劳动合同的证明,以便劳动者顺利领取失业保险金和再就业。用人单位出具的解除、终止劳动合同的证明,应当写明劳动合同期限、解除或者终止劳动合同的日期、工作岗位、在本单位的工作年限等。《劳动合同法》第89条规定,用人单位违反本法规定未向劳动者出具解除或者终止劳动合同的书面证明,由劳动行政部门责令改正;给劳动者造成损害的,应当承担赔偿责任。

劳动者在离职时,通常会签署书面的交接单据,比如离职交接单等。此类单据只涉及离职手续、物品等的交接工作,通常不会涉及离职原因。但是劳动者应注意,有的用人单位在离职交接单中设计了一些对离职原因的记录,比如添加备注,本人已申请离职,现特依照单位规定办理离职手续等。如果劳动者发现与事实不符,应拒绝填写、要求单位改正或在离职单据上注明保留意见,以免因小处不慎而使自己陷入被动。对用人单位也是一样。如果劳动者在离职申请书或离职通知上书写,由于用人单位的规章制度不合理损害自身权益、用人单位单方提出或暗示解除劳动合同等有关劳动合同解除的原因,因为这涉及对劳动合同解除的性质判定问题,进而影响到用人单位是否支付经济补偿或赔偿金,用人单位的人力资源部门应对此高度注意。

档案是记录一个人的主要经历、政治面貌、品德作风等个人情况的文件材料,起着凭证、依据和参考的作用。个人转正定级、职称申报、办理养老保险以及开具考研等相关证明,都需要使用档案。人事档案通常存放在有人事管理权的单位,一般比较大的行政、企业、事业单位可以存放,其他没有档案管理权的用人单位,则将档案保存在人才交流中心等专门的档案保管单位。不进行档案转移,对劳动者的损害主要体现在劳动者的再就业和社会保险缴纳方面。用人单位为劳动者办理档案和社会保险关系转移手续是用人单位的一项法定义务,用人单位必须依法履行。《劳动合同法》第50条规定,在解除或终止劳动合同后,用人单位必须在解除或者终止之日起十五日内将劳动者的档案和社会保险关系转移手续办理完毕,以便劳动者顺利就业和及时续缴社会保险费。

【法律规定】

《劳动合同法》第50、89条

最高人民法院《关于审理劳动争议案件适用法律若干问题的解释（二）》第5条

【相关案例】

案例3-12：迟延转档的经济损失如何计算？

陈先生自大学毕业之后就进入某研究所工作。双方签订了书面的劳动合同，期限为三年。在劳动合同履行期间，由于各种原因陈先生与研究所协商一致，解除了劳动合同。但是，双方在项目奖金、违约金和工作交接等有关事宜上发生争议。研究所没有将陈先生的人事档案转移到社会保险经办机构，由此给陈先生的再次择业带来影响。而且，如果陈先生档案不办理转移，其在新单位办理社会保险、计算工龄、技术职称评定方面的利益也随之受到影响。由此，陈先生就包括处理档案转移在内的一系列劳动争议，向当地劳动争议仲裁委员会申请仲裁。此案经过劳动仲裁、诉讼程序，法院最终作出判决，就档案转移事宜，法院判决研究所将陈先生的档案材料转移至某区街道办事处，并赔偿陈先生因档案未及时转移而造成的损失5000元。

分析：

研究所应当在法律规定的时限内为陈先生办理转移档案的手续，否则应承担相应的责任。《劳动合同法》第50条第1款规定，用人单位应当在解除或者终止劳动合同时出具解除或者终止劳动合同的证明，并在十五日内为劳动者办理档案和社会保险关系转移手续。根据最高人民法院《关于审理劳动争议案件适用法律若干问题的解释（二）》第5条的规定，劳动者与用人单位解除或者终止劳动关系后，办理劳动者的人事档案、社会保险关系等移转手续产生的争议，经劳动争议仲裁委员会仲裁后，当事人依法起诉的，人民法院应予受理。

对于用人单位因遗失或迟延转移档案而进行经济赔偿的数额标准，法律没有明确的规定。司法实践中对此也是争议极大。有的地方出台了相关操作细则，可供参考。比如北京市高级人民法院、北京市劳动争议仲裁委员会《关于劳动争议案件法律适用问题研讨会会议纪要》第2条规定，因用人单位迟延转档或将档案丢失，劳动者要求用人单位赔偿损失的纠纷，属于劳动争议案件受理范围，公安机关在特定历史时期接收部分社会人员的档案引发的纠纷除外。第40条规定，因用人单位的过错而使档案迟延移转，劳动者要求用人单位赔偿损失，劳动仲裁委或人民法院在确定赔偿额时，可参照《北京市失业保险规定》及相关政策文件的规定;劳动者因其档案丢失而向用人单位主张赔偿损失的,劳动仲裁委或人民法院可根据当事人的过错程度和受损情况酌情确定赔偿数额,一般不超过六万元。陈先生因档案迟延转移造成的实际损失,主要包括再就业和社会保险方面的损失,比如陈先生发生医疗费用无法通过医疗保险进行报销的损失,应领取的失业保险数额等。结合研究所的过错程度,法院综合考虑,判决研究所赔付未及时转移档案给陈先生造成的经济损失5000元是合理的。

第二节 劳动合同的终止

[劳动合同的终止]
8.10 有下列情形之一的,劳动合同终止:
(1) 劳动合同期满的;
(2) 乙方开始依法享受基本养老保险待遇的;
(3) 乙方死亡,或者被人民法院宣告死亡或者宣告失踪的;
(4) 甲方被依法宣告破产的;
(5) 甲方被吊销营业执照、责令关闭、撤销或者甲方决定提前解散的;
(6) 法律、行政法规规定的其他情形。

● **律师批注**
【风险提示】
⊙ 六种法定情形下,劳动合同终止
⊙ 除六种法定情形之外,不得在劳动合同中约定劳动合同终止的条件
⊙ 劳动者达到法定退休年龄,不意味着劳动合同必然终止

《劳动合同法》第44条规定了劳动合同终止的六种情形。国务院《劳动合同法实施条例》第13条规定,用人单位与劳动者不得在《劳动合同法》第44条规定的劳动合同终止情形之外约定其他的劳动合同终止条件。不少用人单位会利用签订劳动合同可以协商合同内容的规定,利用企业的强势地位在合同内容中增加劳动合同终止的条件,尤其是在签订无固定期限劳动合同时,随意增添劳动合同终止的条件,致使无固定期限的劳动合同形同虚设,规避解除合同应该支付的补偿金。所以《劳动合同法实施条例》规定了除了《劳动合同法》第44条规定的劳动合同终止情形外,不得在劳动合同中约定

劳动合同终止的条件。

另外,根据国务院《劳动合同法实施条例》,在下列情形下,用人单位可以终止劳动关系:(1)自用工之日起一个月内,经用人单位书面通知后,劳动者不与用人单位订立书面劳动合同的,用人单位应当书面通知劳动者终止劳动关系;(2)劳动者达到法定退休年龄的;(3)以完成一定工作任务为期限的劳动合同因任务完成的;(4)用人单位依法终止工伤职工的劳动合同,且依法支付经济补偿、一次性工伤医疗补助金和伤残补助金的。以上的四种情形属于《劳动合同法》第44条"法律、行政法规规定的其他情形"的范围。

虽然国务院《劳动合同法实施条例》第21条规定,劳动者达到法定退休年龄的,劳动合同终止,但是按照《劳动合同法》规定,劳动者达到退休年龄并不必然导致劳动合同终止。结合最高人民法院《关于审理劳动争议案件适用法律若干问题的解释(三)》第7条的规定来理解,已经达到法定退休年龄,未开始依法享受基本养老保险待遇的人员,与用人单位的用人关系仍是劳动关系。劳动者达到法定退休年龄的,但是劳动关系并不自动终止,这在实践中包含两种情形。一是达到法定退休年龄不一定能够享有养老保险待遇。根据国家有关规定,只有符合基本养老保险待遇规定的条件,比如累计缴纳养老保险费十五年等才能享受基本养老保险待遇等。二是劳动者已达退休年龄,也符合享有基本养老保险待遇的条件,但是没有办理退休手续,没有享受基本养老保险待遇。

【法律规定】
《劳动法》第23条
《劳动合同法》第44条
国务院《劳动合同法实施条例》第13、21条
最高人民法院《关于审理劳动争议案件适用法律若干问题的解释(三)》第7条
最高人民法院《关于审理劳动争议案件适用法律若干问题的解释(四)》第13条

【相关案例】
案例3-13:企业改制导致劳动合同终止,如何安置职工?

甲公司是一家销售消防用品的企业,隶属于某大型集团公司。集团公司与甲公司之间是母子公司。出于经营发展的需要,根据甲公司的实际情况,母公司决定将甲公司提前解散,并将其尚未终结的业务转移到该集团公司的另一家独立的子公司(乙公司)。在甲公司职工的安置问题上,人力资源管

理部门面临着许多实际问题,例如怎么安置现有的公司员工;如何解除与员工的劳动合同并支付经济补偿金;如果员工不同意解除合同,乙公司或者母公司是否必须为这部分员工安置工作等。

分析:

企业为了提高自身竞争力,适应市场经济的竞争环境,在发展过程中可能需要进行各种改制,包括并购、重组、上市或清算等。这其中涉及原有职工的安置问题。企业既要保证安置工作的平稳,也要保证用工成本的合理。本案中,用人单位清算注销后,当然丧失了用人单位的主体资格,这就意味着劳动关系因一方丧失主体资格而无法存续,劳动合同终止。公司在申请注销时应制订出职工安置方案,根据员工不同的情况区别对待,支付劳动者经济补偿金。从法律上严格来说,甲公司与乙公司是具有独立法人资格的民事主体,乙公司并非必须承担甲公司原有员工的安排。实践中,甲乙公司在资产或人员方面存在转移的情况,甲公司可以与乙公司达成人员安置和补偿方案的协议。如果甲公司注销清算前按照法律规定支付了相应的经济补偿金,乙公司可以与员工重新建立劳动关系并签订劳动合同,如果甲公司在解除或终止劳动合同时没有支付经济补偿金,员工的工作年限应合并计算为在乙公司工作的年限。国务院《劳动合同法实施条例》第10条规定,劳动者非因本人原因从原用人单位被安排到新用人单位工作的,劳动者在原用人单位的工作年限合并计算为新用人单位的工作年限。原用人单位已经向劳动者支付经济补偿的,新用人单位在依法解除、终止劳动合同计算支付经济补偿的工作年限时,不再计算劳动者在原用人单位的工作年限。最高人民法院《关于审理劳动争议案件适用法律若干问题的解释(四)》第5条对"劳动者非因本人原因从原用人单位被安排到新用人单位工作"的情形做出了详细的规定。

如果是大型企业集团,涉及安置的员工比较多,企业应在职工中公开包括职工安置方案在内的改制方案,对职工进行分层次、分阶段的政策宣讲、思想动员,听取职工意见,分析改制前景,充分进行沟通。企业根据反馈意见进一步修改和完善职工安置方案,并提交职工代表大会进行审议,将改制方案及其评估报告上报有关主管部门备案或取得批复,在法律框架内取得良好的社会效果,避免群体性劳动争议发生。最高人民法院《关于审理劳动争议案件适用法律若干问题的解释(三)》第2条规定,因企业自主进行改制引发的争议,人民法院应予受理。这里要注意,对于由政府及其所属部门主导的企业改制引发的民事纠纷,法院不予受理。

[劳动合同期满,未办理续签或终止的处理]

8.11 劳动合同期满后,乙方仍在甲方工作,甲方未表示异议,视为双方同意以原条件继续履行劳动合同。乙方要求解除劳动关系,劳动关系即行解除。

● 律师批注

【风险提示】

⊙ 劳动合同期满后未续签,劳动者继续工作而用人单位无异议,视为双方同意以原条件继续履行劳动合同

最高人民法院《关于审理劳动争议案件适用法律若干问题的解释》第16条规定,劳动合同期满后,劳动者仍在原用人单位工作,原用人单位未表示异议的,视为双方同意以原条件继续履行劳动合同。一方提出终止劳动关系的,人民法院应当支持。劳动合同期满后,如果未续签劳动合同,用人单位应及时为劳动者办理终止劳动合同手续。如果用人单位没有在规定的时间内办理终止手续的,劳动关系视为延续,劳动者与用人单位建立事实劳动关系。订立劳动合同是建立劳动关系的用人单位与劳动者的义务,也是证明劳动关系的重要证据之一。即使用人单位没有与劳动者订立劳动合同,只要存在用工行为,用人单位与劳动者之间的劳动关系即建立,与用人单位存在事实劳动关系的劳动者享有法律规定的权利。

《劳动合同法》规定引起劳动关系产生的法律事实是用工,其目的是保护事实劳动关系中劳动者的权益,并不是肯定用人单位不与劳动者订立劳动合同的行为。相反,其明确规定,建立劳动关系,应当订立书面劳动合同。为了督促用人单位与劳动者订立劳动合同,《劳动合同法》规定了三项措施。一是放宽订立劳动合同的时间要求,规定已建立劳动关系,未同时订立书面劳动合同的,如果在自用工之日起一个月内订立了书面劳动合同,其行为即不违法。二是规定用人单位未在自用工之日起一个月内订立书面劳动合同,但在自用工之日起一年内订立了书面劳动合同的,应当在此期间向劳动者每月支付两倍的工资。三是规定用人单位自用工之日起满一年仍然未与劳动者订立书面劳动合同的,还应当视为用人单位与劳动者已订立无固定期限劳动合同。

【法律规定】

《劳动合同法》第10、82条

最高人民法院《关于审理劳动争议案件适用法律若干问题的解释》第16条

【相关案例】

案例3-14：原劳动合同到期后没有续签或终止，用人单位应承担什么责任？

雷先生经过朋友介绍，到某酒店入职。双方签订了为期两年的劳动合同。雷先生在原劳动合同到期后，仍然在该酒店工作，酒店对此没有提出任何异议，仍然按照原条件支付雷先生劳动报酬。酒店因为自身管理的原因，一直没有与雷先生续签劳动合同。双方一直按照原劳动合同约定的条件继续履行。雷先生在工作一段时间后，提出辞职。雷先生打听到劳动法有关于不签订书面劳动合同，用人单位应支付二倍工资的规定，因此向当地劳动争议仲裁委员会申请仲裁，要求酒店一次性支付其没有签订书面劳动合同期间的双倍工资。而酒店对此感到很冤枉，在答辩意见中称，公司与一百多名员工都签订了书面的劳动合同。由于工作的疏忽，在与雷先生的劳动合同到期后没有及时与雷先生续签劳动合同，雷先生也没有主动提出续签劳动合同。雷先生在职期间，公司没有侵害其任何权利，雷先生的权益也没有受到任何实质性影响。此案在仲裁、诉讼程序中，到底如何裁判，存在两种不同的意见。

分析：

用人单位与劳动者的劳动合同期满，在继续用工的同时却没有与劳动者续签书面劳动合同。对于这种情况，用人单位到底应当承担什么责任？是否需要承担未签订书面劳动合同的双倍工资的责任？实践中存在着两种截然不同的意见。

一种意见认为，劳动合同到期后，没有续签劳动合同，视为没有签订书面的劳动合同，应按照《劳动合同法》第82条第1款的规定，用人单位自用工之日起超过一个月不满一年未与劳动者订立书面劳动合同的，应当向劳动者每月支付二倍的工资。该责任的承担并不以用人单位是否存在故意和是否给劳动者造成实质损害为条件。有些地方的仲裁庭和法院就持这种意见，如北京市高级人民法院、北京市劳动争议仲裁委员会《关于劳动争议案件法律适用问题研讨会会议纪要》第28条就规定，劳动合同期满后，劳动者仍在用人单位工作，用人单位未与劳动者订立书面劳动合同的，用人单位应当自劳动合同期满的次日起至满一年的前一日向劳动者每月支付两倍的工资。

但也有另一种意见与上述意见截然相反。这种意见认为，第一，《劳动合同法》规定的是自用工之日起一个月内必须签订劳动合同，签订劳动合同的起算时间是自用工之日起。合同到期没有续签，不符合第一次用工的条件，不属于自用工之日起，所以也就不能适用双倍工资的相关规定。第二，根据最高人民法院《关于审理劳动争议案件适用法律若干问题的解释》第16条的规定,劳动合同期满后,劳动者仍在原用人单位工作,原用人单位未表示异议的,视为双方同意以原条件继续履行劳动合同。这种情形下劳动合同到期不续签,法律已经视为双方"以原条件继续履行劳动合同",即用人单位与劳动者已经签订了劳动合同,用人单位不应支付二倍工资。第三,从劳动合同法的立法本意看,法律之所以做出不签劳动合同用人单位应支付双倍工资的规定,主要是为了防止由于不签劳动合同造成用人单位和劳动者之间权利义务不明确,不利于对劳动者权利的保护。但根据最高人民法院《关于审理劳动争议案件适用法律若干问题的解释》第16条的规定,没有续签劳动合同并不会造成用人单位和劳动者之间权利义务不明确、不清晰的问题。因此,不应按照不签劳动合同来处理。我们倾向于第二种意见。

但由于存在着上述争议,因此,建议用人单位应养成规范用工的意识和习惯,尽量规避不确定的法律风险。

第三节　经济补偿与赔偿金

[用人单位解除合同,应支付经济补偿]
9.1　甲方根据本合同8.3条款第(6)至第(13)项解除或者终止劳动合同,应当向乙方支付经济补偿。

● 律师批注
【风险提示】
⊙ 用人单位依法解除劳动合同,也可能要支付经济补偿

本条是关于用人单位解除劳动合同是否应当向劳动者支付经济补偿的问题。劳动合同的解除主要涉及两个问题。第一,劳动合同可不可以解除,或者说其解除是不是合法有效的。《劳动合同法》对用人单位和劳动者的法定解除权都做了很详细的规定,这些规定散见于《劳动合同法》的条文之中。本合同条款对《劳动合同法》有关法定解除权的规定做了详尽的归纳,列举了什么情形用人单位可以行使劳动合同的法定解除权,什么情形下劳动者可以行使劳动合同的法定解除权。第二,劳动合同解除或终止后,用人单位是否应当向劳动者支付经济补偿。用人单位如果是违法解除劳动合同,用人单位应当支付赔偿金。但如果用人单位依法解除劳动合同,也涉及用人单位当向劳动者支付经济补偿的问题。

【法律规定】

《劳动合同法》第 46、85、87 条

【相关案例】

案例 3-15：用人单位解除劳动合同，应当支付经济补偿或赔偿金吗？

陈先生到某机电公司工作，任生产部经理。入职时，陈先生接受了某机电公司关于员工手册的培训，详细阅读了员工手册所有内容，并有签字确认记录。陈先生与某机电公司签订劳动合同，双方约定劳动期限为三年。因生产需要，公司经当地劳动和社会保障部门批准，对陈先生所处的工作岗位实行不定时工作制。在试用期内，公司对陈先生进行工作考核，其后以陈先生试用期内工作达不到预期要求，试用不合格为由，辞退陈先生。陈先生以其职位、正常工作时间工资、试用期的期限等相关内容与其入职协商时不一致为由，主张劳动合同无效，要求某机电公司支付拖欠工资、额外一个月工资的代通知金，并加付赔偿金。陈先生向当地劳动争议仲裁委员会申请仲裁，之后不服裁决向法院起诉，法院驳回了陈先生全部诉讼请求。

分析：

陈先生与某机电公司签订了书面劳动合同，该劳动合同是在双方自愿的基础上签订的，内容没有违反法律规定，是合法有效的，对双方当事人均具有约束力。陈先生以其职位、正常工作时间工资和试用期的期限等相关内容与其入职协商时不一致为由主张合同无效，是没有法律依据的。某公司辞退陈先生是在试用期内。在试用期内，公司对陈先生的工作表现进行了考核，业绩考核的程序和标准都很明确，事先也告知过陈先生，有陈先生签字确认的员工手册培训记录为证。经过公司有关部门的考核评价，公司认为陈先生不符合录用条件，并以此为由与陈先生解除了劳动关系，向陈先生书面送达了解除劳动合同的通知。公司做出决定的整个过程是合理合法的，无需向陈先生支付解除劳动关系的经济补偿和赔偿金。

[劳动者解除合同，用人单位应支付经济补偿的情形]

9.2 乙方向甲方提出解除劳动合同，有下列情形之一的，甲方应当向乙方支付经济补偿。

（1）甲方未依法或者依照约定提供劳动保护或者劳动条件的；

（2）甲方未依法或者依照约定支付劳动报酬、加班费的；

（3）甲方未依法为乙方缴纳社会保险费的；

（4）甲方的规章制度违反法律、法规的规定，损害乙方权益的；

（5）甲方以暴力、威胁或者非法限制人身自由的手段强迫劳动的；

(6) 甲方违章指挥、强令冒险作业危及乙方人身安全的；

(7) 甲方劳动条件恶劣、环境污染严重，给乙方身心健康造成严重损害的；

(8) 甲方侮辱、体罚、殴打、非法搜查或者拘禁乙方的；

(9) 法律、行政法规规定的其他情形。

● 律师批注

【风险提示】

⊙ 劳动者单方解除劳动合同，并不意味着用人单位一定不支付经济补偿

⊙ 劳动者解除合同，用人单位支付经济补偿的情形有九种

⊙ 劳动合同被认定为无效，用人单位应当支付经济补偿金的情形有三种

按照《劳动合同法》的规定，并不是只有用人单位提出解除劳动合同的情形，劳动者才可以主张经济补偿。在劳动者主动提出解除劳动合同的情形下，劳动者也是有可能拿到经济补偿的。有的用人单位以为只要是劳动者主动提出解除劳动合同，劳动者属于自动离职，可以不支付补偿的认识是错误的。本条款根据《劳动合同法》的规定，详细归纳了劳动者向用人单位提出解除劳动合同，用人单位应当向劳动者支付经济补偿的法定情形。也就是说，只要劳动者向用人单位提出解除劳动合同符合上述列举的九种情形之一的，用人单位应当向劳动者支付经济补偿。

(1) 用人单位未依法或者依照约定提供劳动保护或者劳动条件的

劳动保护和劳动条件是指在劳动合同中约定的用人单位对劳动者所从事的劳动必须提供的生产、工作条件和劳动安全卫生保护措施，是对用人单位保证劳动者完成劳动任务和劳动过程中安全健康的基本要求，包括劳动场所和设备、劳动安全卫生设施、劳动防护用品等。如果用人单位未按照国家规定的标准或劳动合同的规定提供劳动条件，或者劳动安全、劳动卫生条件恶劣，严重危害职工的身体健康，劳动者可以解除劳动合同，用人单位应当向劳动者支付经济补偿。

(2) 用人单位未依法或者依照约定支付劳动报酬、加班费的

在劳动者已履行劳动义务的情况下，用人单位应按劳动合同约定或国家法律法规规定的数额、日期及时足额支付劳动报酬，禁止克扣和无故拖欠劳动者工资。用人单位未按照劳动合同约定及时足额支付劳动报酬，劳动者可以解除劳动合同，用人单位应当向劳动者支付经济补偿。

(3) 用人单位未依法为劳动者缴纳社会保险费的

用人单位为劳动者缴纳社会保险是法定义务。用人单位没有依法为劳动者缴纳社会保险费,是对劳动者合法权益的侵害,劳动者可以解除劳动合同,用人单位应当向劳动者支付经济补偿。

(4) 用人单位的规章制度违反法律、法规的规定,损害劳动者权益的

劳动者与用人单位建立劳动关系后,应遵守用人单位的规章制度。用人单位的规章制度是否违反法律、法规的规定,可以从规章制度的内容或制定公示程序上判断。这种违反规定的规章制度损害劳动者权益,劳动者可以解除劳动合同,用人单位应当向劳动者支付经济补偿。

(5)和(6) 用人单位以暴力威胁或者非法限制人身自由的手段强迫劳动者劳动的,或者用人单位违章指挥、强令冒险作业危及劳动者人身安全的

人身自由和人身安全是公民的基本权利。劳动者人身自由和人身安全受到用人单位的严重侵犯时,比如劳动者被非法拘禁在某特定场所强迫劳动,被强令从事高度危险的工作等,劳动者可以立即解除劳动合同,不需事先告知用人单位,用人单位应当向劳动者支付经济补偿。

(7)和(8) 用人单位侮辱、体罚、殴打、非法搜查或者拘禁劳动者的,或者用人单位劳动条件恶劣、环境污染严重,给劳动者身心健康造成严重损害的,由有关部门依法给予行政处罚;构成犯罪的,依法追究刑事责任;给劳动者造成损害的,应当承担赔偿责任

这种情形下,劳动者可以解除劳动合同,用人单位应当向劳动者支付经济补偿。根据最高人民法院《关于确定民事侵权精神损害赔偿责任若干问题的解释》第8条第2款的规定,因侵权致人精神损害,造成严重后果的,人民法院除判令侵权人承担停止侵害、恢复名誉、消除影响、赔礼道歉等民事责任外,可以根据受害人一方的请求判令其赔偿相应的精神损害抚慰金。据此,劳动者要还可以向用人单位主张精神损害抚慰金。

另外,用人单位应当支付经济补偿的情形还有三种。即在劳动合同被劳动争议仲裁机构或者人民法院认定为无效的某些情形之下,用人单位应当向劳动者支付经济补偿金。劳动合同无效是与劳动合同有效相对而言的概念。劳动合同依法成立,经双方当事人签字盖章即具有法律效力,对双方当事人都有法律约束力,双方必须履行劳动合同中约定的义务。而无效劳动合同不能发生当事人预期的法律后果,造成劳动合同无效的责任者还应承担相应的法律责任。具体来说,根据《劳动合同法》第26条的规定,劳动合同无效有以下三种情形。一是用人单位以欺诈、胁迫的手段或者乘人之危,使劳动者在违背真实意思的情况下订立或者变更劳动合同的无效。双方订立劳动合同、

拟定劳动合同条款应出于自愿,要遵守诚实信用原则。欺诈、胁迫手段或者乘人之危使劳动关系的一方违背了他们的真实意愿。二是用人单位免除自己的法定责任、排除劳动者权利的无效。劳动合同订立应遵循公平原则,要求劳动合同当事人的权利与义务相一致。用人单位免除自身法定责任的条款,比如"一律不支付经济补偿金","生老病死都与企业无关"等约定是无效的。三是订立劳动合同违反法律、行政法规强制性规定的无效。劳动法律法规中多有强制性的规定,用人单位必须遵守。如果违反法律的强制性规定,则该条款无效。

  对劳动合同的无效或部分无效有争议的,必须由劳动争议仲裁机构或者人民法院依法认定,其他机构如劳动行政部门、劳动争议调解委员会、工会等机构都不具有认定劳动合同效力的权力。无效劳动合同并不是不产生任何效力,而仍然可在当事人之间产生债权债务关系。合同被确认无效,给对方造成损害的,有过错的一方应当承担赔偿责任。《劳动合同法》第27条规定,劳动合同部分无效,不影响其他部分效力的,其他部分仍然有效。

【法律规定】

《劳动法》第17、25条

《劳动合同法》第3、26、28、39条

最高人民法院《关于确定民事侵权精神损害赔偿责任若干问题的解释》第8条

最高人民法院《关于审理劳动争议案件适用法律若干问题的解释》第15条

劳动部《违反和解除劳动合同的经济补偿办法》第10条

【相关案例】

案例3-16:用人单位拖延支付经济补偿承担什么责任?

  张女士经过朋友介绍,到某工厂上班,双方签订为期三年的劳动合同。在劳动合同履行期间,张女士因个人事务,向工厂请假。当时工厂正处在经营旺季,大量生产任务需要人手,工厂领导没有批准假期。但张女士在此情况下,没有履行正常的请假手续,处理个人事务之后才回来公司上班。之后,公司以企业经营客观情况发生变化为由,要求调整张女士的工作岗位,降低其薪水,双方没有协商一致。其后,公司向张女士送达解除劳动合同通知书。因为经济补偿的问题双方发生争议,张女士拒绝签收。由于其拒绝签收,公司分别以邮寄和公告的形式向张女士送达上述通知,但是公司一直拖延支付经济补偿。于是张女士向当地劳动争议仲裁委员会提起仲裁,要求公司支付解除劳动合同的经济补偿,同时要求支付公司因拖延支付经济补偿而产生的额外的经济补偿。经过审理,仲裁委支持了张女士的请求。

分析:

张女士与工厂签订了劳动合同,形成了劳动关系,其权益应当受到劳动法的保护。张女士并没有主张公司解除劳动合同的行为违法,也没有要求继续履行原劳动合同,而是要求公司支付解除劳动合同的经济补偿。也就是说,公司单方解除劳动合同这一行为是否违法,因为张女士没有对此提出异议,仲裁委没有义务做出审查,而是推定公司解除劳动合同的行为是合法的。本案中,公司单方解除劳动合同,应当支付张女士经济补偿。公司一直以种种理由为借口,拖延支付张女士的经济补偿。劳动部《违反和解除劳动合同的经济补偿办法》第10条规定,用人单位解除劳动合同后,未按规定给予劳动者经济补偿的,除全额发给经济补偿外,还须按该经济补偿数额的50%支付额外经济补偿。因此,公司这一拖延逃避的行为,不光没有为公司节省费用成本,相反还需承担支付额外经济补偿的代价。

[劳动合同终止,用人单位应当支付经济补偿的情形]

9.3 根据本合同8.10条款第(4)至第(6)项约定的情形劳动合同终止,甲方应当向乙方支付经济补偿。根据本合同8.10条款第(1)项约定的情形劳动合同终止,除甲方维持或者提高劳动合同约定条件续订劳动合同,乙方不同意续订的情形外,甲方应当向乙方支付经济补偿。

● 律师批注

【风险提示】

⊙ 劳动合同期满终止劳动合同的,用人单位也可能要支付经济补偿

劳动合同终止,在某些情形下,用人单位应当支付经济补偿。根据《劳动合同法》第44条、第46条的规定,下列情形下,用人单位应当向劳动者支付经济补偿:用人单位被依法宣告破产的;用人单位被吊销营业执照、责令关闭、撤销或者用人单位决定提前解散的;法律、行政法规规定的其他情形等。其中,劳动合同期满,用人单位是否应当支付经济补偿的情形比较复杂。具体来说,可以分为三种情形。第一,在用人单位维持或者提高劳动合同约定条件的前提下,用人单位愿意与劳动者续签,但是劳动者不愿意,用人单位不需支付经济补偿;第二,在用人单位降低劳动合同约定条件的前提下,用人单位愿意与劳动者续签,但是劳动者不愿意,用人单位应当支付经济补偿;第三,用人单位不愿意续订劳动合同,用人单位应当支付经济补偿。劳动者合同期满后离职,因补偿金问题发生争议,但是双方都没有证据来证明劳动合

同未能续签的责任在哪一方。司法实践中,用人单位对此负举证责任。有的地方对此也有细则规定,比如根据北京市政府《北京市劳动合同规定》第40条的规定,用人单位应当在劳动合同期满前30日,通知劳动者是否续签劳动合同。

【法律规定】

《劳动合同法》第44、46、47条

国务院《劳动合同法实施条例》第13、21、22、23条

【相关案例】

案例3-17:劳动合同终止,用人单位是否应当支付经济补偿?

石先生是某企业职工。企业因效益不好,长期处于停产状态。鉴于公司已经严重亏损,资不抵债,公司向法院申请破产。经法院依法裁定,进入破产程序,破产清算组进驻公司。之后公司正式破产,石先生也成了失业者。期间,石先生多次向公司提出支付经济补偿金的要求,均遭到拒绝。为此石先生多次上访,上级主管部门答复因为公司破产,无法继续履行劳动合同,双方劳动合同自动解除,用人单位不需要支付经济补偿金。为此,石先生向律师咨询如何维护自身权益。

分析:

根据《劳动合同法》第44条、第46条的规定,用人单位被依法宣告破产的,劳动合同终止,劳动者可以获得经济补偿。本案中,石先生所在的公司被依法宣告破产,导致劳动合同终止,公司应当支付经济补偿。这里需要注意的是,企业破产的情形下,劳动者的经济补偿与其他债权哪个优先受偿的问题。《企业破产法》第113条规定,破产财产在优先清偿破产费用和共益债务后,依照下列顺序清偿:(1)破产人所欠职工的工资和医疗、伤残补助、抚恤费用,所欠的应当划入职工个人账户的基本养老保险、基本医疗保险费用,以及法律、行政法规规定应当支付给职工的补偿金;(2)破产人欠缴的除前项规定以外的社会保险费用和破产人所欠税款;(3)普通破产债权。破产财产不足以清偿同一顺序的清偿要求的,按照比例分配。破产法明确将"应当支付给职工的补偿金"列入第一清偿顺序,体现了保护弱势劳动者的合法权益的立法精神。因企业破产,劳动合同解除或终止,劳动者依法或者依据劳动合同可以向企业主张按照工作年限计算的经济补偿。

[经济补偿的计算标准]
9.4 经济补偿按乙方在甲方工作的年限,每满一年支付一个月工资的标准支付。六个月以上不满一年的,按一年计算;不满六个月的,向乙方支付半个月工资的经济补偿。

● 律师批注
【风险提示】
⊙ 经济补偿按照劳动者工作年限计算
⊙ 经济补偿中的月平均工资是指劳动者在解除劳动合同前十二个月的平均工资,而不仅仅是劳动合同中约定的基本工资

《劳动合同法》第47条规定,经济补偿按劳动者在本单位工作的年限,每满一年支付一个月工资的标准向劳动者支付。六个月以上不满一年的,按一年计算;不满六个月的,向劳动者支付半个月工资的经济补偿。劳动者月工资高于用人单位所在直辖市、设区的市级人民政府公布的本地区上年度职工月平均工资三倍的,向其支付经济补偿的标准按职工月平均工资三倍的数额支付,向其支付经济补偿的年限最高不超过十二年。本条所称月工资是指劳动者在劳动合同解除或者终止前十二个月的平均工资,而不仅仅是劳动合同中约定的基本工资。国务院《劳动合同法实施条例》第10条规定,劳动者非因本人原因从原用人单位被安排到新用人单位工作的,劳动者在原用人单位的工作年限合并计算为新用人单位的工作年限。原用人单位已经向劳动者支付经济补偿的,新用人单位在依法解除、终止劳动合同计算支付经济补偿的工作年限时,不再计算劳动者在原用人单位的工作年限。

【法律规定】
《劳动合同法》第47条
国务院《劳动合同法实施条例》第10、27条
劳动部办公厅《对〈关于终止或解除劳动合同计发经济补偿金有关问题的请示〉的复函》第4条

【相关案例】
案例3-18:协商一致解除劳动合同,经济补偿如何计算?
周先生应聘到某物业管理有限公司工作,双方签订了为期一年的劳动合同。公司在周先生入职时,为周先生办理了社会保险手续。周先生入职工作大半年后,公司因为业务需要,将周先生调整至另一处离市区较远的工作地点,并向周先生送达了调整工作地点的书面通知。周先生没有同意公司这一

调动安排,因此没有到新的工作地点报到。在这种情形下,公司与周先生在调整工作岗位的问题上出现分歧,公司征询了周先生的意见,首先提出解除劳动合同,经过双方协商协商一致,劳动合同解除。但是双方在经济补偿的数额上发生争议。公司答应给予周先生一个月的经济补偿,而周先生认为经济补偿太少,不能认同,因此向当地劳动争议仲裁委员会申请仲裁。最终仲裁委没有支持周先生的要求。

分析:

某物业管理公司与周先生签订了书面的劳动合同,依法形成了劳动关系,双方的权利义务受劳动法调整。双方因工作地点的调整出现分歧,由公司首先提出解除劳动合同,并经过双方协商一致解除。按照《劳动合同法》第36条、第46条第(2)项的规定,这种情形下,公司应当向周先生支付经济补偿。根据《劳动合同法》第47条规定,经济补偿按劳动者在本单位工作的年限,每满一年支付一个月工资的标准向劳动者支付。六个月以上不满一年的,按一年计算。国务院《劳动合同法实施条例》第27条的规定,经济补偿的月工资按照劳动者应得工资计算,包括计时工资或者计件工资以及奖金、津贴和补贴等货币性收入。劳动者在劳动合同解除或者终止前12个月的平均工资低于当地最低工资标准的,按照当地最低工资标准计算。劳动者工作不满12个月的,按照实际工作的月数计算平均工资。因此,周先生在某物业公司工作不满一年,公司应当支付周先生一个月的经济补偿。

[赔偿金]

9.5 甲方违反国家有关规定或者劳动合同约定,解除或者终止劳动合同,除乙方要求继续履行劳动合同或者劳动合同能够继续履行的情形之外,应当依照本合同9.4条款约定的经济补偿标准的二倍向乙方支付赔偿金。甲方依照本条款支付了赔偿金,不再支付经济补偿金。

● 律师批注

【风险提示】

⊙ 用人单位违法或违约解除劳动合同,首先考虑劳动者是否要求恢复劳动关系

⊙ 赔偿金的标准是用人单位应当支付的经济补偿的两倍

⊙ 用人单位支付了赔偿金的,不再支付经济补偿

用人单位违法或违反约定解除或终止劳动合同,是指用人单位解除劳动合同不符合《劳动合同法》第36条、第39条、第40条、第41条、第44条规定

的情形,同时劳动者自身又没有任何过错。在这种情况下,用人单位应当向劳动者支付赔偿金。这里值得注意的是,在用人单位违法解除或终止劳动合同的情形下,劳动者要求用人单位继续履行劳动合同的,用人单位应当继续履行。也就是说,用人单位不能以支付劳动者赔偿金的方式,强行与劳动者解除劳动合同。如果劳动者不要求继续履行劳动合同或者劳动合同已经不能继续履行的,用人单位应当依照经济补偿标准的二倍向劳动者支付赔偿金。简言之,用人单位违法解除合同,劳动者可以主张劳动合同有效,要求继续履行劳动合同(劳动合同已经无法继续履行的除外),或者与用人单位终止劳动关系,要求用人单位支付赔偿金。

赔偿金的标准是用人单位应当支付的经济补偿金的二倍。《劳动合同法》第 87 条规定,用人单位违反本法规定解除或者终止劳动合同的,应当依照本法第 47 条规定的经济补偿标准的二倍向劳动者支付赔偿金。根据《劳动合同法实施条例》第 25 条的规定,用人单位违反劳动合同法的规定解除或者终止劳动合同,依照《劳动合同法》第 87 条的规定支付了赔偿金的,不再支付经济补偿。赔偿金的计算年限自用工之日起计算。也就是说,经济补偿和赔偿金不能同时适用,用人单位支付赔偿金后,就不需要再向劳动者另行支付经济补偿金。赔偿金的设置具有惩罚用人单位的性质,用人单位应当依法解除与劳动者的劳动合同,否则因其解除劳动合同违法,不但可能导致无法达到解除劳动合同的目的,也可能受到依照经济补偿标准的二倍计算的赔偿金惩罚。

【法律规定】
《劳动合同法》第 41、42、47、87 条
国务院《劳动合同法实施条例》第 25 条

【相关案例】
案例 3-19:用人单位违法解除劳动合同,应当承担什么责任?
李先生到某公司任职,担任风险控制部的总经理,其后被公司委派到外地分公司担任临时负责人。在李先生担任分公司临时负责人时,公司有一部分欠款去向不明。公司认为系李先生所为,向公安机关报案。由于没有相应证据,经公安机关审查该情况不符合立案标准。但是公司以此为由停止了李先生的工作,不再向其发放工资,李先生之后也没有向公司提供劳动。这种情况持续一段时间后,公司在报纸刊登公告,认为李先生严重失职,给公司造成了重大损害,宣布解除李先生的一切职务,并解除劳动合同,终止劳动关系。其后李先生向劳动争议仲裁委员会申请仲裁,主张公司系违法解除劳动合同,要求公司支付赔偿金。此案经过仲裁、诉讼程序,最后李先生的要求得

到了法院支持。法院判决公司解除劳动合同违法,公司应支付李先生违法解除劳动合同的赔偿金。

分析:

《劳动合同法》和国务院《劳动合同法实施条例》对用人单位可以单方解除劳动合同的情形都进行了详细的列举,从实体和程序上都有非常严格的限制。简单地说,这些情况可以大致分为三种:过错性解除、非过错性解除、经济性裁员。其详细的情形可见《劳动合同法》第39条、第40条、第41条、第42条以及国务院《劳动合同法实施条例》第19条的规定。除了《劳动合同法》列举的情形之外,用人单位单方解除劳动合同都是违法的。公司与李先生解除劳动合同的依据是《劳动合同法》第39条第(3)项的规定,劳动者严重失职,营私舞弊,给用人单位造成重大损害的,用人单位可以解除劳动合同。但是公司没有相应的证据证明该笔款项的丢失是李先生所为。李先生作为分公司临时负责人,对该笔款项的丢失存在一定程度的过错,但不能仅仅因钱款的去向不明就认为李先生是严重失职,从而解除与李先生的劳动合同。所以公司解除劳动合同的违法性是毫无疑问的,公司应当向李先生支付违法解除劳动合同的赔偿金。根据《劳动合同法》第48条的规定,在用人单位违法解除劳动合同的情况下,劳动者可以有两种救济途径:一是要求用人单位继续履行劳动合同,同时要求用人单位支付劳动争议期间劳动者的工资损失;二是不要求继续履行劳动合同或者劳动合同已经不能继续履行的,要求用人单位支付赔偿金。

[劳动者的违约责任]

9.6 乙方违反国家有关规定或者劳动合同的约定,解除或终止劳动合同给甲方造成损失的,乙方应当承担赔偿责任。

● 律师批注

【风险提示】

⊙ 劳动者违法或违约解除劳动合同,应赔偿给用人单位造成的损失

⊙ 劳动者给用人单位造成的损失,包括招录费用、培训费用、直接经济损失、其他赔偿费用等

《劳动合同法》赋予了劳动者解除劳动合同极大的自主权。但劳动者解除劳动合同,需要履行法定程序,一般情况下应提前三十日以书面形式通知用人单位,在试用期内则提前三日通知用人单位。用人单位以暴力、威胁或者非法限制人身自由的手段强迫劳动者劳动的,或者用人单位违章指挥、强

令冒险作业危及劳动者人身安全的,劳动者可以立即解除劳动合同,不需事先告知甲方。该劳动合同条款主要是防止劳动者擅离职守,给用人单位造成损失。比如建筑行业,如果负责协调调度的劳动者不辞而别,容易造成窝工现象。某些处在关键阶段的大型项目,可能因为劳动者违反规定解除劳动合同而造成工期延误和巨大的经济损失。

【法律规定】
《劳动合同法》第22、23、37、91条
劳动部《违反〈劳动法〉有关劳动合同规定的赔偿办法》第4条

【相关案例】
案例3-20:劳动者离职,需要承担违约责任吗?

周先生到某金属制品有限公司工作,任生产部的冲压工。双方签订了书面劳动合同,约定对周先生实行计件工资,基本工资超过当地最低工资标准。其中还约定了周先生不经过批准不得离职,否则应当支付违约金。周先生在入职之后几个月,以书面形式向公司提交辞工申请书。三十日之后,周先生离开了公司。但是公司没有发放周先生自提交申请书到实际离职的这一个月的工资。公司认为,现在正处在生产经营的旺季,周先生的辞工行为违反了当初进厂的约定。公司认为其没有批准周先生的辞工申请,周先生没有按照公司的规定办理离职手续,辞工行为影响了公司的正常经营,对其造成了损失,按照当初劳动合同中关于违约金的约定,周先生应当向公司赔偿违约金。周先生向当地劳动争议仲裁委员会申请仲裁,要求公司支付拖欠的一个月工资。经过审理,仲裁委裁决,公司应支付拖欠周先生的一个月工资。

分析:

劳动者与用人单位解除劳动合同,需要履行一定的离职手续。《劳动合同法》第37条规定,劳动者提前三十日以书面形式通知用人单位,可以解除劳动合同。据此,劳动者提交的辞职申请并不需要用人单位的批准,三十日之后劳动者可以离职。所以,公司认为周先生违法解除劳动合同的说法是没有法律依据的。劳动部《违反〈劳动法〉有关劳动合同规定的赔偿办法》第4条规定,劳动者违反规定或劳动合同的约定解除劳动合同,对用人单位造成损失的,劳动者应赔偿用人单位下列损失:(1)用人单位招收录用其所支付的费用;(2)用人单位为其支付的培训费用,双方另有约定的按约定办理;(3)对生产、经营和工作造成的直接经济损失;(4)劳动合同约定的其他赔偿费用。周先生按照法律规定履行了书面通知的手续,并没有给用人单位造成任何损失。因周先生在离职之前的一个月继续为公司正常提供劳动,受到公司管理,与公司存在劳动关系,公司应当支付周先生这一个月的工资。

用人单位可以以违约金的方式限制劳动者离职,但是违约金的约定只限于劳动者违反服务期约定和竞业限制的两种情况。任何其他的情形,即使是出于劳动者的自愿,在劳动合同中约定违约金都是无效的。用人单位为劳动者提供专项培训费用,对其进行专业技术培训的,可以与该劳动者订立协议,约定服务期。劳动者违反服务期约定的,应当按照约定向用人单位支付违约金。用人单位与劳动者可以在劳动合同中约定劳动者须保守用人单位的商业秘密和与知识产权相关的事项。对负有保密义务的劳动者,用人单位可以在劳动合同或者保密协议中与劳动者约定竞业限制条款,并约定在解除或者终止劳动合同后,在竞业限制期限内按月给予劳动者经济补偿。劳动者违反竞业限制约定的,应当按照约定向用人单位支付违约金。

第四章 劳动合同的争议处理

第一节 劳动争议协商

> [争议处理]
> **10.1** 因履行劳动合同发生劳动争议,甲乙双方可以向工会组织、企业劳动争议调解委员会、依法设立的基层人民调解组织或者在乡镇、街道设立的具有劳动争议调解职能的组织申请调解协商解决。协商不成的,甲乙双方任何一方均可以直接向劳动争议仲裁委员会申请仲裁。

● 律师批注

【风险提示】

⊙ 劳动争议的处理制度是协商、调解、仲裁、诉讼

⊙ 劳动者维权要充分利用劳动监察这一行政救济措施

我国目前劳动争议处理的主要制度是一调一裁二审的模式,即调解、仲裁、一审、二审模式。用人单位与劳动者产生劳动争议,应本着避免激化矛盾的原则,协商解决争议。如果用人单位有违反劳动法的行为,劳动者的合法权益受到了侵害,劳动者可以首先与用人单位协商。协商无法解决的,可以向本单位的工会反映情况。工会依法维护劳动者的合法权益,对用人单位履行劳动合同、集体合同的情况进行监督。用人单位违反劳动法律、法规和劳动合同、集体合同的,工会有权提出意见或者要求纠正;劳动者申请仲裁、提起诉讼的,工会应依法给予支持和帮助。劳动者还可以向当地的调解组织申请调解。与此同时,劳动者还可以向当地劳动行政监察部门进行投诉,寻求行政救济途径,请求行政机关运用各种行政手段责令用人单位改正错误。

对于用人单位违反劳动法的行为,劳动者向劳动行政部门进行投诉,劳动行政部门应当依法进行处理。国务院劳动行政部门负责全国劳动合同制度实施的监督管理。县级以上地方人民政府劳动行政部门负责本行政区域内劳动合同制度实施的监督管理。县级以上地方人民政府劳动行政部门负责本行政区域内劳动合同制度实施的监督管理,对下列实施劳动合同制度的情况进行监督检查:(1)用人单位制定直接涉及劳动者切身利益的规章制度

及其执行的情况;(2)用人单位与劳动者订立和解除劳动合同的情况;(3)劳务派遣单位和用工单位遵守劳务派遣有关规定的情况;(4)用人单位遵守国家关于劳动者工作时间和休息休假规定的情况;(5)用人单位支付劳动合同约定的劳动报酬和执行最低工资标准的情况;(6)用人单位参加各项社会保险和缴纳社会保险费的情况;(7)法律、法规规定的其他劳动监察事项。

由劳动行政部门通过劳动监察的方式进行处理,可以提高劳动争议处理的效率,使得有限的劳动争议处理资源得到更加有效的利用。对那些双方对案件事实基本上不存在争议,只是得不到执行的拖欠案件,通过劳动监察部门的及时处理,可以避免由于长时间拖欠导致矛盾激化,使劳动争议能够尽快妥善得到解决。从劳动者的角度讲,有利于劳动者节约时间等各种维权成本。对于普通的劳动者来说,有时候自身权益受到了用人单位的侵害,但这种侵害也没有达到非常严重的程度,而提起劳动仲裁或诉讼,客观上存在着解决程序比较漫长、各种证据收集困难、需要投入较多精力和时间、专业知识欠缺等实际问题,维权成本较高。因此劳动者维权要充分利用劳动监察这一行政救济措施。

【法律规定】
《劳动法》第77、79、80、82、83条
《劳动争议调解仲裁法》第10、21、27条
最高人民法院《关于审理劳动争议案件适用法律若干问题的解释》第8条
最高人民法院《关于审理劳动争议案件适用法律若干问题的解释(三)》第12条

第二节 劳动争议调解

【风险提示】
⊙ 当事人可以到依法设立的调解组织申请调解
⊙ 劳动者可以持调解协议书依法向人民法院申请支付令

发生劳动争议,当事人不愿协商、协商不成或者达成和解协议后不履行的,可以向调解组织申请调解。发生劳动争议,当事人可以到下列调解组织申请调解:企业劳动争议调解委员会;依法设立的基层人民调解组织;在乡镇、街道设立的具有劳动争议调解职能的组织。企业劳动争议调解委员会是企业内部设立的劳动争议调解机构,由职工代表和企业代表组成。职工代表

由工会成员担任或者由全体职工推举产生,企业代表由企业负责人指定。企业劳动争议调解委员会主任由工会成员或者双方推举的人员担任。依法设立的基层人民调解组织主要有村委会、居委会、基层司法组织。根据《人民调解委员会组织条例》规定,人民调解委员会是村民委员会和居民委员会下设的调解民间纠纷的群众性组织,在基层人民政府和基层人民法院指导下进行工作。有的企业没有依法建立劳动争议调解组织,劳动者与用人单位发生劳动争议时,可到依法设立的基层人民调解组织申请调解。除了设立上述两个调解组织外,人民政府劳动行政部门根据需要在乡镇、街道设立具有劳动争议调解职能的组织。

因支付拖欠劳动报酬、工伤医疗费、经济补偿或者赔偿金事项达成调解协议,用人单位在协议约定期限内不履行的,劳动者可以持调解协议书依法向人民法院申请支付令。人民法院应当依法发出支付令。拖欠劳动报酬、工伤医疗费、经济补偿或者赔偿金形成了民法上的债权、债务关系。经调解达成的协议对当事人双方具有约束力,双方当事人应该按照调解协议的约定履行自己的义务。如果用人单位在协议约定的期限内未按照约定支付拖欠的劳动报酬、工伤医疗费、经济补偿或者赔偿金的,劳动者有权向有管辖权的基层人民法院申请支付令。

【法律规定】

《劳动争议调解仲裁法》第10—16条

最高人民法院《关于审理劳动争议案件适用法律若干问题的解释(三)》第10条

【相关案例】

案例4-1:劳动者签订经济补偿协议后可以反悔吗?

刘先生经朋友介绍,到某国有企业工作。但是刘先生不属于公司办理招工手续的正式人员,而是属于企业编制之外的"临时工"。《劳动合同法》颁布之后,某国有企业对公司现有的人事制度进行了改革,其中一项通知规定,凡在公司工作到一定年限的临时工作人员一律解除或者不再续订劳动合同,劳动者转与当地的人才中介公司签订劳动合同,再由中介公司派遣至某国有企业进行工作。对于解除或不再续订劳动合同的临时工作人员,某国有企业根据各自的工作年限和具体情况,一次性给予解除劳动合同的经济补偿金。同时要求劳动者写下书面承诺,劳动者领取经济补偿金之后,自愿放弃追究企业任何其他责任,双方没有其他劳动纠纷。刘先生考虑到某国有企业的优势地位,担心不接受现在的方案,以后再被劳务派遣至该国有企业遭遇麻烦。因此在协议上签字确认。其后,刘先生经过打听,得知企业实际支付的经济补偿少于他依法应当得到的数额。刘先生与企业协商被拒绝后,向当地劳动争议仲裁委员会申请仲裁。经过审理,刘先生的要求并没有得到支持。

分析:

最高人民法院《关于审理劳动争议案件适用法律若干问题的解释(三)》第10条规定,劳动者与用人单位就解除或者终止劳动合同办理相关手续、支付工资报酬、加班费、经济补偿或者赔偿金等达成的协议,不违反法律、行政法规的强制性规定,且不存在欺诈、胁迫或者乘人之危情形的,应当认定有效。前款协议存在重大误解或者显失公平情形,当事人请求撤销的,人民法院应予支持。但是《劳动合同法》规定的经济补偿金标准是否属于强制性规定,在司法实践中存在争议。有人认为,支付经济补偿是法律的强制性规定,但经济补偿的数额可以由劳资双方协商,从化解矛盾、尊重劳动者自主处分的权利和鼓励用人单位积极与劳动者协商的角度,即使处分协议中经济补偿的部分低于法定标准,不能一律认定为无效。根据最高人民法院民事审判庭的法官在公开出版物中对该司法解释的解读,倾向于认定《劳动合同法》中关于经济补偿金的支付标准,不属于是法律、行政法规的强制性规定。也就是说,即使经济补偿低于《劳动合同法》的标准,处分协议并不当然是无效的。本案中,刘先生与企业达成关于经济补偿的处分协议,不违反法律、行政法规的强制性规定,且不存在欺诈、胁迫或者乘人之危情形,也不存在重大误解或者显失公平的情形,因此应当是有效的。

对此,有的地方在司法实践中对这种处分协议的效力认定做出了更为细致的规定。比如北京市高级人民法院、北京市劳动争议仲裁委员会《关于劳动争议案件法律适用问题研讨会会议纪要》第30条规定,用人单位与劳动者解除或终止劳动合同时,自愿签订的和解协议,不违反法律和行政法规的强制性规定,在履行完毕后,一方当事人反悔,主张双方约定无效的,一般不予支持。但协议中双方的权利义务明显失衡,仲裁委或人民法院可予以适当调整。用人单位与劳动者就工伤保险待遇达成的协议在履行完毕后,劳动者以双方约定的给付标准低于法定标准为由,在仲裁时效内要求用人单位按法定标准补足差额部分的,应予支持。

案例4-2:劳动者如何寻求劳动行政监察部门的救济?

王先生从家乡到大城市打工,在一家职业介绍所看到某大公司急招一线操作工的广告,其中公司提供的月薪高于业界平均水平。公司还为劳动者缴纳社会保险,提供相关的福利待遇。中介公司口头向王先生承诺,工作介绍不成功就全额退费。王先生在缴纳了中介费之后,职业介绍所给王先生介绍了几家公司,但是对方公司提供的待遇与中介广告上的待遇相差很大。王先生要求退费,但是该所却称已经给王先生介绍工作,是王先生自己不愿意去,不同意退还中介费。经王先生多次讨要,该所也只是答应退还部分中介费。王先生多次交涉没有结果,向当地劳动监察大队投诉。当地劳动监察行政部门立案调查,发现该职介所没有职业介绍许可证和营业执照,属于非法职业介绍机构,当地劳动监察部门联合工商部门依法关闭了这家"黑职介",没收其违法所得,退还了王先生的费用。

分析:

在劳动者求职、入职乃至最后离职的过程中,经常会遇到与劳动有关的各种争议。这些争议并不都是劳动争议。劳动争议是指劳动关系当事人之间,因劳动权利义务发生分歧而引起的争议。根据《劳动争议调解仲裁法》第2条的规定,劳动争议的范围是:(1) 因确认劳动关系发生的争议;(2) 因订立、履行、变更、解除和终止劳动合同发生的争议;(3) 因除名、辞退和辞职、离职发生的争议;(4) 因工作时间、休息休假、社会保险、福利、培训以及劳动保护发生的争议;(5) 因劳动报酬、工伤医疗费、经济补偿或者赔偿金等发生的争议;(6) 法律、法规规定的其他劳动争议。本案中,作为求职者的王先生与职业介绍所的纠纷显然不属于劳动争议,无法纳入劳动仲裁的受案范围。王先生维护自身的权利,如果按照普通民事纠纷的途径向法院提起诉讼,显然费时费力,达不到好的效果,甚至可能最终维权的成本要远远高于王先生自身受到的实际损失。根据有关劳动监察的法律规定,对劳动法律法规的执行情况进行监察是劳动监察部门的法定职责。因此,王先生向劳动监察部门投诉,利用劳动监察这一行政救济途径,很好地达到了维权目的。

第三节 劳动争议仲裁

【风险提示】

⊙ 申请仲裁的劳动争议必须属于劳动争议仲裁委员会依法受理的范围
⊙ 劳动争议仲裁申请的期限是一年

发生劳动争议后,双方当事人都有权直接向劳动争议仲裁委员会申请仲裁。生效的仲裁裁决书具有与法院生效判决书同等的法律效力,可以作为法院强制执行的依据。劳动争议仲裁具有立案及时、程序简单、收费低廉的特点。当事人向劳动争议仲裁委员会申请仲裁必须具备以下条件:申请人必须是劳动争议一方的当事人,申请仲裁的劳动争议必须是属于劳动争议仲裁委员会依法受理的范围。根据《劳动争议调解仲裁法》第2条的规定,中华人民共和国境内的用人单位与劳动者发生的下列劳动争议,适用本法:(1) 因确认劳动关系发生的争议;(2)因订立、履行、变更、解除和终止劳动合同发生的争议;(3)因除名、辞退和辞职、离职发生的争议;(4)因工作时间、休息休假、社会保险、福利、培训以及劳动保护发生的争议;(5)因劳动报酬、工伤医疗费、经济补偿或者赔偿金等发生的争议;(6)法律、法规规定的其他劳动争议。

劳动争议仲裁案件实行区域管辖原则,即劳动争议仲裁委员会负责管辖本区域内发生的劳动争议。劳动争议仲裁委员会不按行政区划层层设立,而是按照统筹规划、合理布局和适应实际需要的原则设立。省、自治区人民政府可以决定在市、县设立,直辖市人民政府可以决定在区、县设立,直辖市、设区的市也可以设立一个或者若干个劳动争议仲裁委员会。

劳动法律关系的当事人包括劳动者和用人单位,向劳动争议仲裁委员会申请仲裁的有效期限是一年。从当事人知道或者应当知道其权利被侵害之日起,到下一年的同一日,为劳动争议仲裁时效一年的法定期间。当事人应当在法定期间内提出劳动争议仲裁申请。实践中,劳动者为了保住工作,在劳动关系存续期间,对用人单位拖欠的劳动报酬一般不敢积极争取。为了更好地保护劳动者,防止用人单位利用劳动争议仲裁时效的规定损害劳动者合法权益,劳动关系存续期间因拖欠劳动报酬发生的争议,不受以上仲裁时效期间的限制。即只要当事人之间存在劳动关系,对其在劳动关系存续期间因拖欠劳动报酬发生的争议,不论经过多长时间,劳动者都可以提请劳动争议仲裁,不适用劳动争议仲裁时效制度。

【法律规定】

《劳动争议调解仲裁法》第47、49条

最高人民法院《关于审理劳动争议案件适用法律若干问题的解释(三)》第13条

最高人民法院《关于审理劳动争议案件适用法律若干问题的解释(四)》第2条

【相关案例】

案例4-3:什么劳动争议可以"一裁终局"?

胡先生经人介绍,到某公司从事保洁工作,双方签订了为期三年的劳动合同。合同到期前,胡先生有意与公司续订劳动合同,但是公司明确拒绝,向胡先生发出了不再续订劳动合同的通知书。公司认为劳动合同到期,不需要给胡先生任何经济补偿。胡先生认为公司终止劳动合同应当给予一定的经济补偿。双方由此发生了争议。公司属于某会展协调服务机构,在胡先生履职期间,经常安排胡先生在节假日工作。因此胡先生还要求公司按照国家规定支付加班费等。双方的争议金额并不大。胡先生被公司拒绝后,向当地劳动争议仲裁委员会申请仲裁,仲裁委支持了胡先生的请求,并在裁决书上载明,此裁决属于一裁终局。胡先生对此裁决表示满意。但是公司对裁决不服,向当地中级人民法院申请撤销裁决。法院驳回了公司的撤销申请。

分析:

通常情况下劳动争议的处理周期较长,为什么胡先生的情况处理起来较快呢?这是因为胡先生的劳动争议仲裁属于"一裁终局"的情形。《劳动争议调解仲裁法》第47条规定,下列劳动争议,除本法另有规定的外,仲裁裁决为终局裁决,裁决书自作出之日起发生法律效力:(1)追索劳动报酬、工伤医疗费、经济补偿或者赔偿金,不超过当地月最低工资标准十二个月金额的争议;(2)因执行国家的劳动标准在工作时间、休息休假、社会保险等方面发生的争议。根据最高人民法院《关于审理劳动争议案件适用法律若干问题的解释(三)》第13条的规定,劳动者依据《劳动争议调解仲裁法》第47条第(1)项的规定,追索劳动报酬、工伤医疗费、经济补偿或者赔偿金,如果仲裁裁决涉及数项,每项确定的数额均不超过当地月最低工资标准十二个月金额的,应当按照终局裁决处理。多数劳动争议处理的周期较长,长时间消耗的人力物力成本过高,导致劳动者不得不放弃主张权利,接受用人单位的方案。一裁终局的规定为解决劳动争议周期过长的困扰提供了法律依据,该规定对用人单位提起诉讼做出了限制,而没有增加劳动者的负担。也就是说,在终局裁决的情况下,即使用人单位不服,也必须接受,用人单位是不能提起诉讼的。但是,如果劳动者对终局裁决不服,提起诉讼是不受一裁终局的限制的。本案中,胡先生主张的加班费、经济补偿等没有超过当地月最低工资标准十二个月的金额,因此适用一裁终局的情形。用人单位对一裁终局的裁决不服,只能按照法律规定向劳动争议仲裁委员会所在地的中级人民法院申请撤销裁决。《劳动争议调解仲裁法》第49条对撤销裁决的情形做了非常严格的限制,只局限于适用法律错误、伪造证据、仲裁员索贿受贿等情形,一般而言,用人单位的撤销裁决的申请很难被法院支持。

以往对于仲裁裁决的类型认定上在实务中出现过一些问题,比如,劳动争议案件属于一裁终局。但是仲裁裁决书应当终局的事项认定为非终局,用人单位起诉,或者仲裁裁决书没有载明该裁决为终极裁决或非终局裁决等。对此最高人民法院《关于审理劳动争议案件适用法律若干问题的解释(四)》第2条规定,仲裁裁决的类型以仲裁裁决书确定为准。仲裁裁决书未载明该裁决为终局裁决或非终局裁决,用人单位不服该仲裁裁决向基层人民法院提起诉讼的,应当按照以下情形分别处理:(1)经审查认为该仲裁裁决为非终局裁决的,基层人民法院应予受理;(2)经审查认为该仲裁裁决为终局裁决的,基层人民法院不予受理,但被告知用人单位可以自收到不予受理裁定书之日起三十日内向劳动人事争议仲裁委员会所在地的中级人民法院申请撤销该仲裁裁决;已经受理的,裁定驳回起诉。上述解释第3条规定,中级人民法院审理用人单位申请撤销终局裁决的案件,应当组成合议庭开庭审理。经过阅卷、调查和询问当事人,对没有新的事实、证据或者理由,合议庭认为不需要开庭审理的,可以不开庭审理。中级人民法院可以组织双方当事人调解。达成调解协议的,可以制作调解书。一方当事人逾期不履行调解协议的,另一方可以申请人民法院强制执行。

第四节 劳动争议诉讼

【风险提示】
⊙ 法院对劳动争议案件的受理范围有严格的规定
⊙ 法院审理劳动纠纷的程序包括一审、二审和再审

根据我国现行法律法规的规定,法院对劳动争议的受案范围如下。(1)劳动者与用人单位在履行劳动合同过程中发生的纠纷。(2)劳动者与用人单位之间没有订立书面劳动合同,但已形成劳动关系后发生的纠纷。(3)劳动者退休后,与尚未参加社会保险统筹的原用人单位因追索养老金、医疗费、工伤保险待遇和其他社会保险费而发生的纠纷。(4)劳动者以用人单位的工资欠条为证据直接向人民法院起诉,诉讼请求不涉及劳动关系其他争议的,视为拖欠劳动报酬争议,按照普通民事纠纷受理。(5)劳动者以用人单位未为其办理社会保险手续,且社会保险经办机构不能补办导致其无法享受社会保险待遇为由,要求用人单位赔偿损失而发生争议的,人民法院应予受理。(6)因企业自主进行改制引发的争议,人民法院应予受理。(7)企业停薪留职人员、未达到法定退休年龄的内退人员、下岗待岗人员以及企业经营性停产放长假人员,因与新的用人单位发生用工争议,依法向人民法院提起诉讼的,人民法院应当按劳动关系处理。(8)用人单位未按照劳动合同的约定或者国家规定及时足额支付劳动者报酬、低于当地最低工资标准支付劳动者工资、安排加班不支付加班费、解除或者终止劳动合同未依照规定向劳动者支付经济补偿的,应当向劳动者加付赔偿金。(9)事业单位与其工作人员之间因辞职、辞退及履行聘用合同所发生的争议,适用劳动法的规定处理。

根据国家相关规定,下列纠纷不属于劳动争议:(1)劳动者请求社会保险经办机构发放社会保险金的纠纷;(2)劳动者与用人单位因住房制度改革产生的公有住房转让纠纷;(3)劳动者对劳动能力鉴定委员会的伤残等级鉴定结论或者对职业病诊断鉴定委员会的职业病诊断鉴定结论的异议纠纷;(4)家庭或者个人与家政服务人员之间的纠纷;(5)个体工匠与帮工、学徒之间的纠纷;(6)农村承包经营户与受雇人之间的纠纷。

法院审理劳动争议案件和审理一般民事纠纷一样,适用民事诉讼法的规定。其主要程序有一审程序、二审程序、审判监督程序等。一审审理之前人民法院进行向被告发送起诉状副本、组成合议庭、开展调查或委托调查、通知当事人参加诉讼等事宜。法庭调查时,按当事人陈述、证人作证、出示证言书证等证据、宣读鉴定意见和勘验笔录这样的顺序进行。进入法庭辩论后,先由原告及其诉讼代理人发言,然后由被告及其诉讼代理人答辩,第三人及其诉讼代理人发言或者答辩,再由各方互相辩论。辩论之后由审判长按照原告、被告、第三人的先后顺序征询各方最后意见。判决书中应当写明:案由、诉讼请求、争议的事实和理由;判决认定的事实和理由,适用的法律依据和理由;判决结果和诉讼费用的负担;上诉期间和上诉的法院。当事人不服一审判决的,可依法提起二审程序。二审法院应对上诉请求的有关事实和法律适用进行审查,并应组成合议庭进行开庭审理。合议庭认为不需要开庭审理的,也可径行判决。二审法院作出的判决是终审判决。审判监督程序是当法院对已经发生法律效力的判决和裁定发现确有错误而需要再审时所进行的程序。

【法律规定】

《劳动法》第12、13条

《就业促进法》第26、30条

劳动和社会保障部《关于维护乙肝表面抗原携带者就业权利的意见》第2、3条

人力资源和社会保障部、教育部、卫生部《关于进一步规范入学和就业体检项目维护乙肝表面抗原携带者入学和就业权利的通知》第1—3条

【相关案例】

案例4-4:劳动者遭遇就业歧视,可以向法院提起诉讼吗?

高先生是一名电脑工程师,在某网络科技公司工作。因为高先生专业能力突出,在业界逐渐建立起了自身的声誉,也频频受到猎头公司的关注。业界某知名电脑有限公司邀请高先生到公司面试,承诺提供十分优厚的工资报酬和福利待遇等。高先生通过了电脑有限公司的严格面试,也接到公司的入

职通知书。通知书要求高先生到电脑公司指定的医疗机构进行体检。双方经过详细的沟通,高先生在某网络科技公司正式办理离职手续。之后,高先生在医疗机构进行体检时查出,体检结果为乙肝五项有三项阳性,即乙肝"小三阳"。某电脑公司得知结果后,拒绝与高先生签订劳动合同,但是其给出的理由是高先生没有完成上岗之前的培训,因此不符合入职要求。高先生在半年之后才又找到一家新公司工作。高先生非常气愤,认为某电脑公司主动邀请其来工作,在他正式辞去工作,办理入职手续时被发现患有乙肝"小三阳"之后,公司却以其他理由拒绝其入职,导致其长达六个月内无收入来源,并且在精神上蒙受了极大的痛苦。所以高先生向法院提起诉讼,请求判令某电脑公司赔礼道歉,赔偿经济损失和精神损害抚慰金等各项费用。最终法院支持了高先生的请求。

分析:

劳动和社会保障部《关于维护乙肝表面抗原携带者就业权利的意见》中要求用人单位在招、用工过程中,除国家法律、行政法规和卫生部规定禁止从事的工作外,不得强行将乙肝病毒血清学指标作为体检标准。《劳动法》和《就业促进法》都规定了劳动者平等就业和选择职业的劳动权益应当受到法律保护。根据相关法律和劳动行政主管部门的相关规定,用人单位招用人员,不得以劳动者为乙肝病原携带者为由拒绝录用。本案中,某公司主张因高先生没有完成入职培训而拒绝录用,对此并没有提供充分的证据证明,也无法提供任何其他拒绝高先生入职的合理理由。高先生从事的网络工程师的职位,不属于法律、行政法规和国家卫生行政主管部门规定禁止乙肝病原携带者从事的工作类型。因此,某公司的做法构成了对高先生的歧视,违反了平等就业的原则。在高先生与公司就建立劳动关系进行相互沟通协商的过程中,鉴于高先生已经通过公司的面试和收到公司要求其准备入职的书面函件的事实,有理由对公司与其签订劳动合同形成合理信赖。法院认为高先生自原单位离职之后到再次就业前的损失可以作为信赖利益损失,参照高先生离职之前的平均工资进行计算。同时,某公司就业歧视的行为,导致了高先生承受巨大的心理压力和精神痛苦,公司应当向高先生赔礼道歉,支付经济补偿和精神损害抚慰金。

第五章 劳动合同的其他条款

第一节 劳动合同的生效

[劳动合同的生效]
11.1 本劳动合同一式两份,甲乙双方各执一份,具有同等法律效力。经双方签字或盖章之日起生效。

● 律师批注
【风险提示】
⊙ 劳动合同生效,不意味着劳动关系建立
⊙ 自劳动合同解除或终止之日起,用人单位至少要保存两年时间备查

劳动合同经过双方的盖章或签字发生效力。用人单位自劳动合同解除或终止之日起,至少保存两年时间备查。行政规章或地方性法规要求对某些行业的劳动合同进行备案的,按照有关规定执行。

【法律规定】
《劳动合同法》第7、10条
《合同法》第113条

【相关案例】
案例5-1:劳动合同生效,是否意味着用人单位和劳动者已经建立劳动关系?

王先生是某软件公司的开发人员。近年来,网络高科技产业发展迅猛,大量网络科技公司因项目众多,对富有经验的技术开发人员的需求量比较大。某科技公司通过猎头联系到王先生,承诺给王先生丰厚的薪酬待遇,令王先生颇为心动。而王先生的业务素质和工作经验也十分符合公司的需要。但王先生目前正承担某软件公司的开发项目,离职需要一定的时间。于是双方先签订了一份书面劳动合同,其中约定,王先生到科技公司正式履职的时间是两个月之后,薪酬待遇情况都按照双方商谈的内容写入了劳动合同中。两个月之后,王先生辞职后如约到某科技公司上班,却被告知原本的职位已

经任用他人,公司愿向王先生支付一定金额的经济补偿。如果王先生执意履行劳动合同,公司只能提供一般性的岗位和相应的薪酬待遇。在经济补偿的数额上,双方发生了争议。为此,王先生向当地劳动争议仲裁委员会申请仲裁,要求公司赔偿其主张的经济损失。

分析:

《劳动合同法》第7条规定,用人单位自用工之日起即与劳动者建立劳动关系。第10条第3款规定,用人单位与劳动者在用工前订立劳动合同的,劳动关系自用工之日起建立。根据以上规定,判断双方是否存在或建立劳动关系,应当以是否用工为标准,而不是以是否签订劳动合同为标准。如果用人单位与劳动者已经依法签订了劳动合同,但还没有实际用工,属于先签订合同后用工的情况。在用工之前,用人单位是无须承担劳动法规定的用人单位的义务的,比如缴纳社会保险费,支付劳动报酬等。用人单位和劳动者之间并未建立劳动关系,只是一般的民事合同关系,解除劳动合同不需要按照劳动法的规定支付经济补偿。王先生与科技公司签订的劳动合同,属于依法成立但是尚未生效的情形。王先生辞去原职,是基于对科技公司承诺的合理信赖,为履行新劳动合同做了必要准备。因科技公司违反约定,导致原劳动合同的目的无法实现,违背了诚实信用原则,给王先生造成损失,应当承担赔偿责任。目前劳动法律法规对类似损失并没有明确的规定,可以参考《合同法》第113条规定,当事人一方不履行合同义务或者履行合同义务不符合约定,给对方造成损失的,损失赔偿额应当相当于因违约所造成的损失,包括合同履行后可以获得的利益,但不得超过违反合同一方订立合同时预见到或者应当预见到的因违反合同可能造成的损失。王先生具体的损失可以参考王先生在原供职单位的工资待遇、科技公司拟提供的劳动报酬、王先生再次寻找工作的时间及其合理花费等,由法院综合考虑相关因素酌情判定。

第二节 劳动合同的附件

[劳动合同附件的效力]

11.2 本合同的附件与本合同具有同等法律效力,是本合同不可分割的一部分,对甲乙双方都具有约束力。

本合同包含如下附件:

> 附件一:员工个人信息登记表
> 附件二:员工手册(规章制度、劳动纪律、管理考核制度、操作规范手册等)
> 附件三:专项协议(培训服务期协议、保密协议、竞业限制协议)

● **律师批注**

【风险提示】

⊙ 双方可以约定劳动合同附件与劳动合同具有同等法律效力

用人单位可以与劳动者约定,规章制度、劳动纪律、专项协议等作为劳动合同的附件,与劳动合同具有同等法律效力,一经签字生效,用人单位与劳动者都应认真履行。最高人民法院《关于审理劳动争议案件适用法律若干问题的解释(二)》第16条规定,用人单位制定的内部规章制度与集体合同或者劳动合同约定的内容不一致,劳动者请求优先适用合同约定的,人民法院应予支持。也就是说,发生争议时合法有效的规章制度与劳动者签署的劳动合同有冲突,这时适用何种标准取决于劳动者的选择。如果劳动者选择劳动合同,劳动合同的效力就高于规章制度,反之亦然。用人单位通常可以采取以下措施预防这两者之间的冲突。第一,直接将规章制度作为劳动合同的附件,具有同等法律效力。也可以在合同中明确约定,如果公司的规章制度重新制定或修改,劳动者应遵守新的规章制度。这样面临劳动争议时公司被法律支持的可能性就比较大。第二,对经常修订的具体细则规定,都体现在作为附件的员工手册中,在劳动合同中只作指引性的规定。比如,业绩考核和工资调整的规定,以用人单位的员工手册的相应规定为准。第三,如果劳动合同中某些约定与用人单位在实际的管理过程中修改的规章制度不一致,应及时与劳动者签订变更劳动合同具体条款的补充协议书。

【法律规定】

《劳动法》第4、22条

《劳动合同法》第4、22、23条

最高人民法院《关于审理劳动争议案件适用法律若干问题的解释》第19条

最高人民法院《关于审理劳动争议案件适用法律若干问题的解释(二)》第16条

【相关案例】

案例5-2:作为劳动合同附件的规章制度,适用新入职的劳动者吗?

某劳动密集型企业因为自身大量招工的实际情况,一贯重视劳动法的贯彻和执行。按照劳动法的要求,在征求公司职工代表意见的前提下(公司尚未组建工会),经过与职工广泛的协商讨论,制定了公司的规章制度。但是,公司在规章制度的执行中仍然遇到了问题。公司的生产规模逐渐扩大,需要招用的劳动力也随之增多。公司依据规章制度对新入职的劳动者进行管理时,某些新入职的员工以不知情为由,或者以公司原有的规章制度并不合理为由,对公司的管理抱有极大的抵触情绪。公司的问题主要是,原有的规章制度是否自动适用新入职的劳动者?如果新入职的劳动者对原有规章制度有异议,公司应当如何应对?

分析:

用人单位制定规章制度要严格依照法律要求,遵循相应的法定程序,这样才能保证规章制度的合法性。根据《劳动合同法》第4条和最高人民法院《关于审理劳动争议案件适用法律若干问题的解释》第19条的规定,规章制度的制定经过民主程序,已经公示或告知劳动者,内容上也没有违反国家法律之处,就可以作为用人单位对员工进行管理的依据,也可以作为劳动争议仲裁委员会和人民法院审理劳动争议案件的依据。据此,用人单位原有的规章制度并不自动适用于新入职的劳动者,因为新入职的劳动者并没有参与到原规章制度的制定过程中来,不符合劳动法对规章制度的制定必须经过民主程序的要求。但是,如果用人单位在员工入职之际已经对规章制度进行过公示,或者已经告知过劳动者本人,劳动者对此没有提出异议,那么原有的规章制度也能够适用于新入职的劳动者。用人单位可以与劳动者在劳动合同中明确约定,规章制度作为劳动合同的附件与劳动合同具有同等法律效力,这样可以有效证明用人单位已经履行将规章制度告知劳动者本人的程序,而劳动者对此也是认可的。

如果劳动者在签订劳动合同之初对原有的规章制度提出异议,对于该异议,用人单位应当与劳动者协商一致解决。如果无法协商一致,则双方不应建立劳动关系,这样就避免了所谓原有规章制度损害新入职员工权益的问题。在劳动力过剩的情况下,用人单位在劳动力市场上有更多的选择权。但是如果劳动力紧缺,用人单位在规章制度的制定上就需要更多地考虑劳动者的意见。从劳动者的角度说,如果认为公司原有的规章制度损害了自身权益,应当在入职之初提出异议,做出书面声明或保留提出异议的书面材料,这样在用人单位根据规章制度对其进行处罚时,劳动者可以主张原规章制度对其并不适用。一般来说,用人单位处于优势地位,根据内部的规章制度管理运营也属于企业经营自主权的范围,劳动者因为各种原因没有对此提出异议,违反规章制度引发劳动纠纷时受到法律保护的可能性就较小。

第六章　几种特殊的劳动合同

第一节　集 体 合 同

一、集体合同概述

【风险提示】
⊙ 集体合同规定的是劳动者的集体劳动条件
⊙ 集体合同体现了工会的参与,有利于维护劳动者的权益

集体合同是指用人单位与本单位职工根据法律、法规、规章的规定,就劳动报酬、工作时间、休息休假、劳动安全卫生、职业培训、保险福利等事项,通过集体协商签订的书面协议;专项集体合同,是指用人单位与本单位职工根据法律、法规、规章的规定,就集体协商的某项内容签订的专项书面协议。企业职工一方与用人单位通过平等协商,可以就劳动报酬、工作时间、休息休假、劳动安全卫生、保险福利等事项订立集体合同。集体合同由工会代表企业职工一方与用人单位订立;尚未建立工会的用人单位,由上级工会指导劳动者推举的代表与用人单位订立。集体合同与劳动合同不同,它不规定劳动者个人的劳动条件,而规定劳动者的集体劳动条件。

在签订劳动合同时,单个劳动者处于弱势,不足以用人单位相抗衡,因而难以争取到公平合理的劳动条件。由工会代表全体劳动者同用人单位签订集体合同,就可以规定许多在劳动合同中难以涉及的职工整体利益问题,比如用人单位工资水平的确定、劳动条件的改善、集体福利的提高等。集体合同能够纠正和防止劳动合同对于劳动者的过分不公平,使用人单位和劳动者在实力上取得基本的平衡,还有利于工会发挥稳定企业劳动关系的积极作用。从效率的角度讲,劳动关系的内容涉及方方面面。通过集体合同对劳动关系的内容进行全面规定之后,劳动合同只需就单个劳动者的特殊情况做出规定即可,这样就会大大简化劳动合同的内容,也会大大降低签订劳动合同的成本。

集体协商双方可以就下列多项或某项内容进行集体协商,签订集体合同或专项集体合同:(1) 劳动报酬;(2) 工作时间;(3) 休息休假;(4) 劳动安全与卫生;(5) 补充保险和福利;(6) 女职工和未成年工特殊保护;(7) 职业

技能培训;(8)劳动合同管理;(9)奖惩;(10)裁员;(11)集体合同期限;(12)变更、解除集体合同的程序;(13)履行集体合同发生争议时的协商处理办法;(14)违反集体合同的责任;(15)双方认为应当协商的其他内容。

【法律规定】
劳动和社会保障部《集体合同规定》第2—4、8条

二、集体合同的签订

【风险提示】
⊙ 签订集体合同的程序包括产生协商代表、提出协商要求并做出回应、召开集体协商会议、职工代表大会或者全体职工审议通过、上报劳动行政部门审查、正式生效公布等步骤

集体合同作为劳动法律制度,是协调维护职工合法权益的重要法律形式和手段。为了加强维权机制建设,协调企业劳动关系,推进企业和社会的和谐稳定,根据《劳动法》《工会法》《集体合同规定》等有关法律法规,集体合同的签订主要有以下步骤:

第一,产生协商代表

集体协商代表(以下统称协商代表),是指按照法定程序产生并有权代表本方利益进行集体协商的人员。集体协商双方的代表人数应当对等,每方至少3人,并各确定1名首席代表。职工一方的协商代表由本单位工会选派。未建立工会的,由本单位职工民主推荐,并经本单位半数以上职工同意。职工一方的首席代表由本单位工会主席担任。工会主席可以书面委托其他协商代表代理首席代表。工会主席空缺的,首席代表由工会主要负责人担任。未建立工会的,职工一方的首席代表从协商代表中民主推举产生。用人单位一方的协商代表,由用人单位法定代表人指派,首席代表由单位法定代表人担任或由其书面委托的其他管理人员担任。协商代表履行职责的期限由被代表方确定。集体协商双方首席代表可以书面委托本单位以外的专业人员作为本方协商代表。委托人数不得超过本方代表的三分之一。首席代表不得由非本单位人员代理。用人单位协商代表与职工协商代表不得相互兼任。

第二,提出要求并做出回应

集体协商任何一方均可就签订集体合同或专项集体合同以及相关事宜,以书面形式向对方提出进行集体协商的要求。一方提出进行集体协商要求的,另一方应当在收到集体协商要求之日起20日内以书面形式给予回应,无

正当理由不得拒绝进行集体协商。协商代表在协商前应进行下列准备工作：(1) 熟悉与集体协商内容有关的法律、法规、规章和制度；(2) 了解与集体协商内容有关的情况和资料，收集用人单位和职工对协商意向所持的意见；(3) 拟定集体协商议题，集体协商议题可由提出协商一方起草，也可由双方指派代表共同起草；(4) 确定集体协商的时间、地点等事项；(5) 共同确定一名非协商代表担任集体协商记录员，记录员应保持中立、公正，并为集体协商双方保密。

第三，召开集体协商会议

集体协商会议由双方首席代表轮流主持，并按下列程序进行：(1) 宣布议程和会议纪律；(2) 一方首席代表提出协商的具体内容和要求，另一方首席代表就对方的要求做出回应；(3) 协商双方就商谈事项发表各自意见，开展充分讨论；(4) 双方首席代表归纳意见。达成一致的，应当形成集体合同草案或专项集体合同草案，由双方首席代表签字。集体协商未达成一致意见或出现事先未预料的问题时，经双方协商，可以中止协商。中止期限及下次协商时间、地点、内容由双方商定。

第四，职工代表大会或者全体职工审议通过

经双方协商代表协商一致的集体合同草案或专项集体合同草案应当提交职工代表大会或者全体职工讨论。职工代表大会或者全体职工讨论集体合同草案或专项集体合同草案，应当有三分之二以上职工代表或者职工出席，且须经全体职工代表半数以上或者全体职工半数以上同意，集体合同草案或专项集体合同草案方获通过。集体合同草案或专项集体合同草案经职工代表大会或者职工大会通过后，由集体协商双方首席代表签字。

第五，上报劳动行政部门审查

集体合同或专项集体合同签订或变更后，应当自双方首席代表签字之日起10日内，由用人单位一方将文本一式三份报送劳动行政部门审查。劳动行政部门对报送的集体合同或专项集体合同应当办理登记手续。集体合同或专项集体合同审查实行属地管辖，具体管辖范围由省级劳动行政部门规定。中央管辖的企业以及跨省、自治区、直辖市的用人单位的集体合同应当报送人力资源和社会保障部指定的省级劳动行政部门。劳动行政部门应当对报送的集体合同或专项集体合同的下列事项进行合法性审查：(1) 集体协商双方的主体资格是否符合法律、法规和规章规定；(2) 集体协商程序是否违反法律、法规、规章规定；(3) 集体合同或专项集体合同内容是否与法律、法规、规章的相关规定相抵触。劳动行政部门对集体合同或专项集体合同有异议的,应当自收到文本之日起 15 日内将《审查意见书》送达双方协商代表。《审查意见书》应当载明以下内容:(1) 集体合同或专项集体合同当事人双方的名称、地址;(2) 劳动行政部门收到集体合同或专项集体合同的时间;(3) 审查意见;(4) 做出审查意见的时间。《审查意见书》应当加盖劳动行政部门印章。用人单位与本单位职工就劳动行政部门提出异议的事项,经集体协商重新签订集体合同或专项集体合同的,用人单位一方应当将文本报送劳动行政部门审查。

第六,正式生效公布

劳动行政部门自收到文本之日起 15 日内未提出异议的,集体合同或专项集体合同即生效。生效的集体合同或专项集体合同,应当自其生效之日起由协商代表及时以适当的形式向本方全体人员公布。

【法律规定】

劳动和社会保障部《集体合同规定》第36—41条

三、集体合同的争议处理

【风险提示】

⊙ 集体协商争议处理实行属地管辖
⊙ 当事人双方可以请求劳动行政部门进行调解
⊙ 工会可以向劳动争议仲裁机构提请仲裁

集体协商过程中发生争议,双方当事人不能协商解决的,当事人一方或双方可以向劳动行政部门提出协调处理的书面申请;未提出申请的,劳动行政部门认为必要时也可以进行协调处理。劳动行政部门应当组织同级工会和企业组织等三方面的人员,共同协调处理集体协商争议。集体协商争议处理实行属地管辖,具体管辖范围由省级劳动行政部门规定。中央管辖的企业以及跨省、自治区、直辖市用人单位因集体协商发生的争议,由劳动和社会保障部指定的省级劳动行政部门组织同级工会和企业组织等三方面的人员协调处理,必要时,劳动和社会保障部也可以组织有关方面协调处理。协调处理集体协商争议,应当自受理协调处理申请之日起 30 日内结束协调处理工作。期满未结束的,可以适当延长协调期限,但延长期限不得超过 15 日。协调处理集体协商争议应当按照以下程序进行:(1) 受理协调处理申请;(2) 调查了解争议的情况;(3) 研究制定协调处理争议的方案;(4) 对争议进行协调处理;(5) 制作《协调处理协议书》。《协调处理协议书》应当载明协调处理申请、争议的事实和协调结果,双方当事人就某些协商事项不能达成一致的,应将继续协商的有关事项予以载明。《协调处理协议书》由集体协商争议协调处理人员和争议双方首席代表签字盖章后生效。争议双方均应遵守生效后的《协调处理协议书》。因履行集体合同发生争议,经协商解决不成的,工会可以向劳动争议仲裁机构提请仲裁,仲裁机构不予以受理或者对仲裁裁决不服的,可以向人民法院提起诉讼。

【法律规定】
劳动和社会保障部《集体合同规定》第49—56条

【相关案例】
案例6-1:用人单位不履行集体合同,劳动者的权益如何维护?

某棉纺集团公司现有员工近三千人,所有员工都先后与企业签订了书面劳动合同。在某棉纺集团公司工会委员会的协调组织和劳动行政主管部门的指导下,公司与工会经过平等协商,签订了集体合同。该集体合同经过劳动行政部门的审查批准后,正式生效。该集体合同明确规定,公司根据国家有关规定,为员工办理社会保险,并且按期足额缴纳养老、医疗、工伤、失业、生育等保险费。对社会保险的缴纳情况,工会有权监督,并向职工公开。公司每月从职工工资中按照规定扣除了个人应当缴纳的保险费用,但是并没有及时上缴这部分费用,并且长期拖欠自身应当承担的保险费。为此,工会向当地劳动争议仲裁委员会申请仲裁,要求公司为职工补缴拖欠的所有社会保险费用。

分析:

依法订立的集体合同对用人单位和所有的劳动者都具有法律约束力,用人单位和劳动者应当严格遵守执行。《劳动合同法》第56条规定,用人单位违反集体合同,侵犯职工劳动权益的,工会可以依法要求用人单位承担责任;因履行集体合同发生争议,经协商解决不成的,工会可以依法申请仲裁、提起诉讼。据此,首先公司的工会委员会可以要求公司依照集体合同的约定承担责任,积极行使法律赋予的监督用人单位的职权。其次,如果双方协商不成,公司的工会委员会单方的监督没有起到预期的效果,可以考虑采取包括行政途径在内的各种方式维护职工的权利,比如向上级工会组织反映情况、向当地劳动行政监察部门进行投诉等,通过引入政府部门和当地工会及其行业联合会之类的组织,主动化解矛盾,维护和谐的劳动关系。最后,工会可以直接就劳动争议的事项向劳动仲裁部门申请仲裁,或向人民法院提起诉讼。

第二节 劳务派遣合同

一、劳务派遣概述

【风险提示】

⊙ 劳动者与劳务派遣机构之间是劳动关系,与用工单位之间不是劳动关系

劳务派遣,是指劳务派遣机构与用工单位签订派遣协议,将劳动者派遣至用工单位,在用工单位的指挥监督下提供劳动。劳动者与劳务派遣机构之间是劳动关系。劳动者与用工单位之间是用工关系,不是劳动关系。劳务派遣单位与用工单位之间是合同关系。劳务派遣特别受到外资企业、劳动密集型企业和国有企业的欢迎,这是因为采取劳务派遣形式有下列优势。第一,有利于降低招聘成本。通过劳务派遣输入员工,招聘工作完全可由劳务公司来完成,减少招聘开支。第二,有利于降低培训成本。劳务公司可以直接派遣有工作经历的职工到用人单位工作。第三,有利于降低薪酬支出。劳务派遣员工的薪酬一般较低,除正常工资、年终双薪及法定的福利外一般不享受正式员工的福利及奖励。第四,有利于规避裁员引起的劳动法风险,一旦用人单位因市场原因或其他原因需要大规模裁员,劳动合同的解除在程序和经济补偿方面,劳动法对其都有严格的限制。用工单位与劳动者之间不是劳动关系,因此用人单位可以规避劳动法对劳动合同解除的严格限制。

总之,在劳务派遣法律关系中,用工单位仅需向劳务派遣公司支付一定费用,便可以减少员工招聘、培训、日常管理等在内的大量工作及管理费用支出。被派遣劳动者的人事组织档案都是交由劳务派遣公司进行日常维护管理,日常工资、社会保险缴纳等繁琐的事项都由劳务派遣公司操作,用工单位的人力资源部门在这方面的支出可以大大降低,从而提高人力资源管理的效率。同时,实际用工公司可以按需从劳务派遣单位选择员工,根据工作的繁忙程度适时调整用工数量,避免人力资源方面的浪费,做到人尽其用。

劳务派遣多在临时性、辅助性或者替代性的工作岗位上实施。临时性工作岗位是指存续时间不超过六个月的岗位;辅助性工作岗位是指为主营业务岗位提供服务的非主营业务岗位;替代性工作岗位是指用工单位的劳动者因脱产学习、休假等原因无法工作的一定期间内,可以由其他劳动者替代工作的岗位。适合采用劳务派遣这一用工形式的岗位有很多,比如钟点工、话务员、前台、销售人员、司机、保安、广告创意、股票运作、高级管理、市场分析、企

业认证、商务谈判、外文翻译、装饰设计、电视拍摄、时装模特、制造业企业辅助工种等。

【法律规定】

《劳动合同法》第 57、63、66 条

国务院《劳动合同法实施条例》第 28 条

二、劳务派遣的期限

【风险提示】

⊙ 劳务派遣中的试用期是用工单位、劳务派遣单位和劳动者共同约定的试用期

⊙ 被派遣劳动者与劳务派遣单位可以签订无固定期限劳动合同

试用期是指用人单位对新招收的劳动者的专业素质、工作能力、职业道德等进行考察的时间期限。在劳务派遣中,一般情况下劳务派遣单位与劳动者签订劳动合同时,是不能单独与劳动者约定试用期的。因为劳动者不向派遣单位提供劳动,且劳动者的工作岗位尚未确定,将来选择的余地较大,派遣单位本身无需对劳动者是否适合工作进行考察。当然也有例外情况,如果用工单位已明确岗位,并提出条件,需要派遣单位对外招聘合格的劳动者,此时派遣单位为考察劳动者是否符合用工单位条件,可以与劳动者约定试用期。

用工单位不能单独与劳动者约定试用期。用工单位与劳动者并未签订劳动合同,双方不存在劳动合同关系,劳动者是与派遣单位签订劳动合同,与派遣单位存在劳动关系。劳务派遣中的试用期应当理解为用工单位、劳务派遣单位和劳动者共同约定的试用期。

劳动者在用工单位完成任务或约定期限届满后又回到派遣单位等候派遣。当该劳动者第二次被派遣到其他用工单位时,其他用工单位可以与该劳动者再次约定试用期。尽管劳动合同法明确规定,同一用人单位与同一劳动者只能约定一次试用期。但是,由于在劳务派遣中使用试用期的主要是用工单位,试用期为用工单位、派遣单位与劳动者共同约定,当用工单位不同时,就会再次约定试用期,因此,劳动合同法中"同一用人单位与同一劳动者只能约定一次试用期"的规定不能简单适用从事派遣劳务的用人单位。

被派遣劳动者与劳务派遣单位也可以签订无固定期限劳动合同。《劳动合同法》第 14 条规定,连续订立二次固定期限劳动合同且符合一定条件,就可订立无固定期限劳动合同。劳务派遣行为有其自己的特点,但不能当然地认为劳务派遣合同独立于劳动合同之外。劳动合同法规定的用人单位的应尽义务,派遣单位均应当执行。其中当然包括了符合无固定期限劳动合同签

订条件时,应当签订无固定期限劳动合同。如果认为劳务派遣不能签订无固定期限的劳动合同,无疑会加剧企业和劳务派遣公司通过劳务派遣来规避无固定期限劳动合同的情形,那么许多劳动者都可以变成劳务派遣工,无固定期限合同的规定就会被架空。法律规定劳务派遣应当在临时性、辅助性和替代性的工作岗位上实施,与签订无固定期限劳动合同并不冲突。临时性、辅助性和替代性的工作岗位是就被派遣劳动者与用工单位而言,而签订无固定期限劳动合同则是就被派遣劳动者与派遣单位而言。由于派遣单位与用工单位是分开的,故不会存在冲突。例如,劳动者与派遣单位签订无固定期限劳动合同后,可以被派遣到多个用工单位从事临时性、辅助性和替代性的工作岗位。

劳动合同用工是我国的企业基本用工形式。劳务派遣用工是补充形式,只能在临时性、辅助性或者替代性的工作岗位上实施。用工单位应当严格控制劳务派遣用工数量,不得超过其用工总量的一定比例,具体比例由国务院劳动行政部门规定。

【法律规定】
《劳动合同法》第14、62、65—67条
国务院《劳动合同法实施条例》第29、30条

三、劳务派遣的劳动报酬

【风险提示】
⊙ 派遣期限内,劳务派遣单位是名义上的支付主体,用工单位是实际上的支付主体
⊙ 派遣单位不能以劳动者被退回为由,解除劳动合同
⊙ 被派遣劳动者享有同工同酬的权利

劳动合同法对劳务派遣中的劳动报酬采取的是共同支付主体,即派遣单位和用工单位均为支付主体。尽管派遣单位和用工单位为共同支付主体,但还是有区别的。被派遣劳动者在被派遣的期限内,派遣单位是名义上的支付主体,而用工单位是实际上的支付主体,二者都应当履行及时、足额支付被派遣劳动者劳动报酬的义务,如有违反,应当承担法律责任。而在劳动者没有被派遣期间,派遣单位则是唯一的支付主体,应独自承担支付劳动报酬的责任。《劳动合同法》以劳动者是否被派遣为界限确定了两个支付标准:劳务派遣单位跨地区派遣劳动者的,被派遣劳动者享有的劳动条件和劳动报酬,应当按照用工单位所在地的标准执行;在无工作期间,劳动者的劳动报酬不得低于派遣单位所在地人民政府规定的最低工资标准。

当用工单位根据法律规定实行经济性裁员时,可以将被派遣劳动者退回派遣单位,但派遣单位不因劳动者被退回就可以解除劳动合同。因经济性裁员被退回的劳动者,既不属于出现《劳动合同法》第 39 条规定的过错被退回,也不属于第 40 条第(1)项、第(2)项规定的劳动者无力承担或不能正常履行相应岗位工作被退回的情况。劳务派遣单位不但不可以与劳动者解除劳动合同,还应继续履行完已经订立的劳动合同。被派遣劳动者在无工作期间,劳务派遣单位应当按照所在地人民政府规定的最低工资标准,向劳动者按月支付报酬。为避免损失,派遣单位应及时将劳动者派遣至其他用工单位,与新用工单位重新建立劳务派遣协议。当然,如果劳务派遣单位不能将该劳动者派遣至其他用工单位,也可以选择与该劳动者协商一致解除劳动合同,这要以劳动者同意解除劳动合同为前提。如果派遣单位以劳动者被退回为由解除劳动合同,属于违法解除,应承担相应的法律责任。

被派遣劳动者的同工同酬是在劳务派遣合同中出现争议较多的问题之一。同工同酬是指用人单位对于从事相同工作,付出等量劳动且取得相同劳绩的劳动者,应支付同等的劳动报酬。同工同酬是劳动者享有的宪法权利。但在劳务派遣领域,同工不同酬现象广泛存在且非常突出。对于被派遣劳动者而言,提供同样劳动,得到的劳动报酬却远远低于用人单位内部正式职工。鉴于此,《劳动合同法》明确规定了被派遣劳动者享有同工同酬的权利。

被派遣劳动者享有与用工单位的劳动者同工同酬的权利。用工单位应当按照同工同酬原则,对被派遣劳动者与本单位同类岗位的劳动者实行相同的劳动报酬分配办法。用工单位无同类岗位劳动者的,参照用工单位所在地相同或者相近岗位劳动者的劳动报酬确定

但是同工同酬只是相对的,而非绝对的,是从宏观方面倡导用工单位实行同工同酬,避免歧视被派遣劳动者。但是被派遣劳动者存在个体差异,能力水平、熟练程度等不可能完全一样,要求绝对的同工同酬不公平也不现实。对此有学者认为,第一,用工单位应对被派遣劳动者的劳动报酬进行细化并区别对待,一些关乎劳动者基本生存的劳动报酬,应当实行同等待遇。例如,在最低工资、劳动安全保障费、教育培训费、有毒有害等特殊工作环境的津贴等方面,应当实行同工同酬。而劳动报酬中的其他方面,例如奖励福利、附加报酬等,可以不实行。第二,用工单位可以对不同岗位上的被派遣劳动者实施区别对待,如在临时性、短期性、可替代性强的岗位上,应当容忍对被派遣劳动者的同工不同酬,而在核心、主业岗位实施派遣劳动,则应当同工同酬。第三,连续用工的,应当实行同工同酬,并实行正常的工资调整机制。连续用工,即延续原用工期限或不间断地再次使用同一个派遣工的,应当同工同酬,

并按照本单位正常的工资调整机制,提高被派遣劳动者的劳动报酬。这样既能保障用工单位的经营自主权,也能保持被派遣劳动者工作的积极性。

【法律规定】

《劳动合同法》第39、40、58、61、63条

国务院《劳动合同法实施条例》第31条

四、劳务派遣的解除和终止

【风险提示】

⊙ 劳务派遣工辞职,应当通知实际用人单位

⊙ 劳动者违法解除劳务派遣合同,给用工单位造成损失的,应当承担赔偿责任

⊙ 被派遣劳动者在履行职务活动中实施了侵权行为,对外造成损害,劳务派遣单位与用工单位应承担连带赔偿责任

如果被派遣劳动者在用工单位不辞而别,给用工单位造成损失,则该被派遣劳动者应当承担责任。因为派遣单位与被派遣劳动者签订劳动合同时,就约定将被派遣劳动者派往用工单位工作,既然被派遣劳动者签了此合同,就应该在指定的派遣公司工作,对用工单位承担相应的劳动义务。被派遣劳动者因故需要离开用工单位时,应通知用工单位,与用工单位办理交接手续。被派遣劳动者没有履行该义务,给用工单位造成损失的,应当承担赔偿责任。

就派遣单位而言,对于用工单位的损失也应承担责任。因为用工单位与派遣单位之间存在合同关系,对具体的权利义务进行了约定。被派遣劳动者擅自离职,显然违反了合同约定,可视为派遣单位违约,派遣单位应承担违约责任。如果被派遣劳动者不能独自承担责任时,派遣单位还应承担连带责任,以体现其选任过错。派遣单位承担责任后可向劳动者追偿。至于用工单位是以合同要求派遣单位承担违约责任,还是要求被派遣劳动者与派遣单位承担侵权的连带承担赔偿责任,由用工单位选择。实践中还应注意,被派遣劳动者擅自离职时,用工单位应当及时通知派遣单位,并将损失控制到最小。用工单位不及时履行通知义务和采取补救措施,导致损失扩大的部分,派遣单位应免责。此外,如果该被派遣劳动者在此期间与其他公司签订劳动合同,擅自录用该被派遣劳动者的用人单位也应按照《劳动合同法》的规定承担相应责任。

用工单位对被派遣劳动者造成损害的,劳务派遣单位与用工单位承担连带赔偿责任。国务院《劳动合同法实施条例》第35条规定了用工单位给被派遣劳动者造成损害的,劳务派遣单位和用工单位承担连带赔偿责任。但是上

述法律法规并没有对劳务派遣单位和用工单位之间的责任进行详细规定。劳务派遣单位和用工单位对侵害被派遣劳动者合法权益的责任应当按照双方约定划分,没有约定或约定不明的按照"谁用工,谁受益,谁负责"的原则确定。已向劳动者承担责任的一方,如果依照合同约定应由另一方承担时可以向对方追偿。当然,劳务派遣单位和用工单位之间的约定不能对抗被派遣劳动者。

当被派遣劳动者在履行职务活动中实施了侵权行为,对外造成损害时,劳务派遣单位与用工单位应承担连带赔偿责任。劳务派遣单位在被派遣劳动者选任上有过错,并且该过错与被派遣劳动者侵权行为有直接关系的,劳务派遣单位应承担与其过错相应的赔偿责任。劳务派遣单位如果证明其在选任方面已尽必要注意的,不承担赔偿责任。用工单位使用被派遣劳动者而受益,理应由用工单位承担由此而来的风险。用工单位承担了责任后,有权向劳动者追偿。劳务派遣机构从事的是单纯的经营劳动力资源的服务活动,仅是被派遣劳动者的选任机构,如果被派遣劳动者不再处于派遣单位的指挥监督下,劳务派遣机构对劳动者失去了实际控制力。如果其没有过错,也让其承担侵权责任,必然会加重其运营成本。

【法律规定】

《劳动合同法》第92条

国务院《劳动合同法实施条例》第35条

【相关案例】

案例6-2:如何认定是劳务派遣关系还是劳动合同关系?

江女士到某酒店管理有限公司工作,任前厅部领班。江女士工作一段时间后辞去工作。其后江女士以酒店未与其签订书面劳动合同及拖欠工资为由,向劳动争议仲裁委员会申请劳动仲裁。仲裁委支持了江女士的请求。仲裁裁决后,某酒店管理有限公司不服向法院提起诉讼,称公司与江女士不存在劳动关系,江女士是某人力资源管理有限公司派遣至公司工作的,要求法院判决不支付仲裁委裁决的两倍工资。某酒店管理有限公司出示了一份江女士在酒店工作期间,与人力资源管理有限公司签订的劳务派遣合同,上面有江女士的真实签名。对此说法,江女士表示认可劳动合同签名的真实性,但是她当时以为是与酒店管理有限公司签订的劳动合同,公司在该合同签订之后也马上收走了该份合同,没有给员工留存。江女士不认可人力资源管理公司将其派遣至酒店管理有限公司工作的说法。法院最终判决某酒店管理有限公司支付未与江女士签订书面劳动合同的双倍工资。

分析:

某酒店管理有限公司主张江女士是某人力资源管理有限公司派遣至其

公司工作的,但是仅仅提供了一份劳务派遣合同,没有任何其他的证据。据查,人力资源管理有限公司表示,他们只是把空白合同交予酒店,由酒店交给员工签名后拿回人力资源管理公司加盖公章。江女士在合同签字之前,人力资源公司与江女士没有任何关系。而江女士应聘到酒店工作,酒店支付给江女士工资,双方之间的用工关系符合劳动关系的特征。江女士与酒店建立了劳动关系,双方的合同关系并没有明确解除或终止。而江女士对与人力资源管理公司签订的劳动合同表示质疑,法院不能确定签订该劳动合同是江女士的真实意思表示。鉴于江女士在酒店管理有限公司工作而没有签订书面劳动合同的事实,法院最终认定江女士与某酒店之间用工关系属于有效的劳动关系,而与人力资源管理公司签订的劳动合同是无效的。据此,某酒店管理有限公司在与江女士建立劳动关系后,没有根据劳动合同法的规定签订劳动合同,就应当支付未签订劳动合同的二倍工资。本案中,实际上某酒店试图用劳务派遣这种用工形式逃避劳动法的某些强制性义务,比如劳动合同依法解除或终止时按照工作年限计算补偿金、签订无固定期限的劳动合同等,这样的做法侵害了江女士的合法权益。

第三节 非全日制用工合同

一、非全日制用工概述

【风险提示】
⊙ 非全日制用工方式可以不签订书面的劳动合同

近年来,我国非全日制劳动用工形式呈现迅速发展的趋势。非全日制劳动用工的人工成本明显低于全日制用工,适应用人单位降低人工成本、推进灵活用工的客观需要。从现实情况看,除高端人才外,大部分非全日制岗位是保洁、包装、服务等普通技能岗位,小时工资大多以地方最低小时工资为基准或稍高于标准确定,用人单位只需另外为劳动者缴纳工伤保险,终止劳动关系时用人单位也无需支付经济补偿金,劳动力成本较低的优势明显。非全日制用工的工作时间短,双方都追求短期利益,劳动者可以在多家单位提供劳动,用人单位终止劳动关系也不必担心承担额外责任。因此,越来越多的用人单位根据生产经营的需要,采用包括非全日制用工在内的一些灵活用工形式。对于全日制用工,用人单位必须和劳动者签订书面的劳动合同,否则将会受到支付双倍工资等严厉的惩罚。对于非全日制用工,双方可以订立口头协议,不签订书面的劳动合同。在这种用工方式下,用人单位和劳动者之间主要是工资支付关系,权利义务较为简单,一般的履行期限可能只是几天的时间,因此允许双方订立口头协议。只要双方协商一致,无须签订书面的劳动合同。非全日制用工双方当事人任何一方,都可以随时通知对方终止用工。

【法律规定】
《劳动合同法》第68、69、71条

二、非全日制用工的工作时间和劳动报酬

⊙ 劳动者在同一用人单位一般平均每日工作时间不超过四小时,每周工作时间累计不超过二十四小时

⊙ 非全日制用工劳动报酬结算支付周期最长不得超过十五日

非全日制用工,是指以小时计酬为主,劳动者在同一用人单位一般平均每日工作时间不超过四小时,每周工作时间累计不超过二十四小时的用工形式。从事非全日制用工的劳动者可以与一个或者一个以上用人单位订立劳动合同,但是后订立的劳动合同不得影响先订立的劳动合同的履行。用人单位应当按时足额支付非全日制劳动者的工资。用人单位支付非全日制劳动者的小时工资不得低于当地政府颁布的小时最低工资标准。非全日制用工的小时最低工资标准由省、自治区、直辖市规定,并报劳动和社会保障部备案。《劳动合同法》针对非全日制用工形式灵活、劳动关系存续时间短、主要以小时计酬、实践中拖欠工资现象较普遍等情况,规定非全日制用工劳动报酬结算支付周期最长不得超过十五日。即用人单位可以按小时、按日或按周结算,但支付劳动报酬的最长期限不得超过十五日。这缩短了非全日制劳动者结算劳动报酬的最长周期,不再允许以月为劳动报酬结算单位,否则用人单位即构成拖欠工资行为。

【法律规定】
《劳动合同法》第68、69、72条

三、非全日制用工的社会保险

⊙ 用人单位应为非全日制的劳动者缴纳工伤保险
⊙ 工伤保险是法律规定用人单位必须为劳动者缴纳的,不能包含在小时工资里,由劳动者自行缴纳

劳动和社会保障部《关于非全日制用工若干问题的意见》第8条规定,非全日制用工的小时最低工资标准由省、自治区、直辖市规定,并报劳动和社会

保障部备案。确定和调整小时最低工资标准应当综合参考以下因素：当地政府颁布的月最低工资标准；单位应缴纳的基本养老保险费和基本医疗保险费（当地政府颁布的月最低工资标准未包含个人缴纳社会保险费因素的，还应考虑个人应缴纳的社会保险费）；非全日制劳动者在工作稳定性、劳动条件和劳动强度、福利等方面与全日制就业人员之间的差异。由此可见，在非全日用工中，用人单位向劳动者支付的小时工资里已包括基本养老保险、基本医疗保险的费用。用人单位无需再向社会保险机构为劳动者另行交纳养老保险以及医疗保险。

同时，该《意见》第10条、第11条也对劳动者以个人身份缴纳上述保险进行了规定。第10条规定，从事非全日制工作的劳动者应当参加基本养老保险，原则上参照个体工商户的参保办法执行。对于已参加过基本养老保险和建立个人账户的人员，前后缴费年限合并计算，跨统筹地区转移的，应办理基本养老保险关系和个人账户的转移、接续手续。符合退休条件时，按国家规定计发基本养老金。第11条规定，从事非全日制工作的劳动者可以以个人身份参加基本医疗保险，并按照待遇水平与缴费水平相挂钩的原则，享受相应的基本医疗保险待遇。参加基本医疗保险的具体办法由各地劳动和社会保障部门研究制定。

该《意见》第12条规定，用人单位应当按照国家有关规定为建立劳动关系的非全日制劳动者缴纳工伤保险费。也就是说，用人单位仍负有为非全日制用工缴纳工伤保险的义务。用人单位应当按照国家有关规定为建立劳动关系的非全日制劳动者缴纳工伤保险费。职工在两个或两个以上用人单位同时就业的，各用人单位应当分别为职工缴纳工伤保险费。职工发生工伤，由职工受到伤害时其工作的单位依法承担工伤保险责任。如果用人单位没有为劳动者缴纳工伤保险，发生工伤以后，用人单位应当承担工伤赔偿责任。工伤保险是法律规定用人单位必须为劳动者缴纳的，不能包含在小时工资里，由劳动者自行缴纳。

【法律规定】
劳动和社会保障部《关于非全日制用工若干问题的意见》第8、10—12条

【相关案例】
案例6-3：如何区别全日制用工和非全日制用工？
钟先生经朋友介绍，到某有限公司工作。双方口头约定了上班时间和劳动报酬，公司为其办理了工伤保险，但是没有签订书面劳动合同。公司每月支付钟先生工资。钟先生实际是按照公司的管理规定，正常到公司上下班。钟先生工作了几个月后，公司口头告知，因经济形势不好，其不用再来上班。

钟先生要求公司支付相应的经济补偿,公司认为其没有与钟先生建立全日制劳动合同关系,不应支付经济补偿。公司认为,当时口头约定钟先生农闲时到公司上班,每天上班时间不超过四个小时,是否上班完全由钟先生自己决定,上班酬酬,不上班不计工资。根据《劳动合同法》的规定,非全日制用工无需签订劳动合同,解除劳动关系也无需书面通知、支付经济补偿。法院经过审理后认为,某公司提供的证明其与钟先生之间为非全日制用工劳动关系的证据不足,判决确定钟先生与某公司为全日制用工的劳动关系,公司应当向钟先生支付经济补偿。

分析:

《劳动合同法》第71条规定,非全日制用工双方当事人任何一方都可以随时通知对方终止用工。终止用工,用人单位不向劳动者支付经济补偿。本案的问题是,钟先生与公司的用工关系是否为非全日制劳动关系。钟先生与某公司建立了劳动关系,公司没有否认这一事实。但某公司主张其与钟先生是非全日制用工劳动关系,对此应由某公司承担举证责任。钟先生实际是按照公司的管理规定,正常到公司上下班,远远超过了非全日制用工对工作时间的最高限制。钟先生在公司正常工作和提供劳动,公司从钟先生的劳动中获得利润,并对钟先生进行了用工管理,这一用工事实是客观存在的。虽然非全日制用工双方当事人可以订立口头协议,但某公司应当举证证明双方存在这样的口头协议,而某公司未提供相关证据。《劳动合同法》第72条第2款规定,非全日制用工劳动报酬结算支付周期最长不得超过十五日。公司也没有提交证据证明钟先生的工资是以小时计酬,且其提交的工资单据证明钟先生的工资是每月支付一次,与上述规定不符。公司主张其与钟先生是非全日制用工劳动关系缺乏事实根据和法律依据。法院最后认定公司与钟先生存在全日制的劳动关系,公司应向钟先生支付没有签订书面劳动合同的二倍工资和解除劳动合同的经济补偿。

附录一　劳动合同范本

目　录

1. 劳动合同书范本
2. 保密协议范本
3. 竞业限制协议范本
4. 专项培训协议范本

1. 劳动合同书范本

劳动合同书

甲方：_____
法定代表人或主要负责人：_____
住址：_____
邮编：_____
传真：_____
电话：_____
电子邮箱：_____

乙方：_____
身份证号码：_____
住址：_____
邮编：_____
电话：_____
电子邮箱：_____

根据《中华人民共和国劳动法》《中华人民共和国劳动合同法》等国家法律法规的规定,甲乙双方经平等自愿、协商一致签订劳动合同,共同遵守劳动合同所列条款。

一、劳动合同期限

1.1　甲乙双方同意按下列第_____种方式确定劳动合同期限:

(1)固定期限:从_____年_____月_____日起至_____年_____月_____日止。如果该期限与以后签订的培训服务期不一致,劳动合同期限延续到培训协议约定的服务期届满为止。

(2)无固定期限:从_____年_____月_____日起到劳动合同法定解除或终止情形出现时止。

(3)以完成一定的工作为期限:从_____年_____月_____日起至工作任务的完成时止,并以工作任务完成作为终止劳动合同的标志。

1.2　双方同意按下列第_____种方式确定试用期期限(试用期包括在劳动合同期限内):

(1)无试用期。

(2)试用期从_____年_____月_____日起至_____年_____月_____日止。

1.3　录用条件为:_____

1.4　甲方有权了解乙方与劳动合同直接相关的基本情况,乙方应当如实说明。乙方向甲方提交的个人资料,应当保证真实准确。

1.5　甲方招用乙方时,应当如实告知乙方工作内容、工作条件、工作地点、职业危害、安全生产状况、劳动报酬,以及乙方要求了解的其他情况。

1.6　未经甲方同意,乙方在劳动合同期间不得同时为其他用人单位或个人提供劳务服务或建立劳动关系。乙方违反本约定给甲方造成损失的,乙方应当承担赔偿责任。乙方隐瞒尚未解除或者终止原劳动合同关系给甲方造成损失的,甲方有权向乙方追偿。

二、工作内容和工作地点

2.1　甲方安排乙方担任_____工作岗位。乙方应当按照甲方规章制度中的岗位职责要求完成生产工作任务。

2.2　有下列情形之一的,甲方可以调整乙方的工作岗位:

(1)甲乙双方协商一致的;

(2)乙方患病或者非因工负伤,在规定的医疗期满后不能从事原工作的;

(3)乙方不能胜任工作的;

（4）法律、行政法规规定的其他情形。

2.3　工作的具体地点：_____。甲乙双方协商一致，可以变更工作地点。

三、工作时间和休息休假

3.1　甲方安排乙方执行下列第_____种工时制度：

（1）标准工时制度：每日工作不超过八小时，每周工作时间不超过四十小时；

（2）综合计算工时制度：平均每天工作时间不超过八小时，平均每周工作时间不超过四十小时。

（3）不定时工作制度：在保证完成甲方工作任务情况下，乙方自行安排工作和休息时间。

甲方实行第（2）、（3）项工作制的，应当经劳动行政部门批准。

3.2　甲方经与乙方协商后可以安排乙方加班，一般每日不超过一小时。有特殊原因需要延长的，延长工作时间每日不超过三小时，每月不超过三十六小时。

3.3　甲方安排乙方加班，应当依照国家规定和甲方的规章制度，支付加班费用或安排乙方补休。

3.4　甲方依法保证乙方的休息休假的权利，乙方在劳动合同期内享受国家规定的节假日、年休假、婚丧假、产假等假期。

四、劳动报酬、社会保险和福利待遇

4.1　甲方按照按劳分配原则，实行同工同酬，确定工资分配方式。

4.2　经甲乙双方协商一致，试用期内乙方的工资为_____元人民币。试用期期满，工资报酬按下列_____方案执行：

（1）基本工资制。乙方每月的基本工资为_____元人民币。

（2）基本工资和绩效工资相结合的制度。乙方每月的基本工资为_____元人民币。绩效工资按照甲方规章制度确定的标准进行计算。

（3）计件工资制。乙方在法定工作时间或约定的工作时间内提供正常劳动，甲方按照规章制度的有关规定确定劳动定额和计件报酬标准。

4.3　甲方每月五日前向乙方支付工资报酬。甲方依法代扣乙方工资或者乙方拒绝领取的，不属于克扣或者无故拖欠工资。

4.4　甲方可以根据规章制度中的工资分配制度，调整工资标准和相关福利待遇。

4.5　双方依法参加社会保险，按时缴纳各项社会保险费，其中依法应当由乙方缴纳的部分，由甲方从乙方工资报酬中代扣代缴。甲方违反国家规定

不缴、少缴社会保险费用造成乙方社会保险待遇损失的,甲方应当承担赔偿责任。

4.6 乙方患病或非因工负伤的相关待遇,按照国家有关规定执行。

4.7 乙方患职业病或因工负伤的相关待遇,按照国家有关规定执行。

4.8 女职工在孕期、产期、哺乳期以及节育手术期间的相关福利待遇,按照国家有关规定执行。

4.9 甲方为乙方提供下列福利待遇：_____

五、劳动条件、劳动保护和职业危害防护

5.1 甲方为乙方提供符合国家标准的劳动条件和劳动保护,依法对女职工和未成年工实行特殊劳动保护。

5.2 乙方在劳动过程中必须严格遵守关于劳动生产安全的法律法规和甲方的规章制度。但是,对甲方管理人员违章指挥、强令冒险作业,有权拒绝执行;对危害生命安全和身体健康的行为,有权提出批评、检举和控告。

5.3 甲方应当建立、健全劳动安全卫生制度,严格执行国家劳动安全卫生规程和标准,对乙方进行劳动安全卫生教育,防止劳动过程中的事故,减少职业危害。

5.4 甲乙双方应当严格执行国家有关生产事故、职业病、工伤的统计报告和处理制度。乙方在劳动合同期内患有职业禁忌、职业病、工伤等,应当按照国家有关规定处理。

六、规章制度和劳动纪律

6.1 甲方在制定、修改或者决定直接涉及乙方切身利益的规章制度或者重大事项时,应当征求工会和乙方的意见,与工会或者职工代表平等协商确定。在规章制度和重大事项决定的实施过程中,工会或者乙方认为不适当的,有权向甲方提出,通过协商予以修改完善。

6.2 甲方应当将直接涉及乙方切身利益的规章制度和重大事项决定公示或者告知乙方。

6.3 乙方应当遵守甲方的规章制度和劳动纪律,积极参加甲方组织的相关培训,提高专业素质和职业道德。乙方违反规章制度和劳动纪律,甲方可以根据具体情况,依法给予处罚。给甲方造成损失的,甲方可以要求乙方承担赔偿责任。

七、劳动合同的履行和变更

7.1 甲乙双方协商一致,可以变更劳动合同的内容。变更劳动合同,应当采用书面形式载明变更的内容、日期等,由双方签字盖章。劳动合同未变更的部分,应当继续履行。

7.2 劳动合同期满,甲方与乙方续延劳动合同的,应当提前三十日通知乙方。双方协商一致,应当及时办理续延手续。

7.3 劳动合同期满,有本合同约定的8.4条款情形之一的,劳动合同应当续延至相应的情形消失时终止。但是8.4条款第(4)项约定的劳动合同的终止,按照国家有关工伤保险的规定执行。

7.4 有下列情形之一的,乙方提出或者同意订立、续订劳动合同,除乙方提出订立固定期限劳动合同外,应当订立无固定期限劳动合同:

(1)乙方在甲方连续工作满十年的;

(2)连续订立二次固定期限劳动合同,且乙方没有本合同8.3条款第(1)至第(5)项的约定情形之一的,续订劳动合同的;

(3)甲方初次实行劳动合同制度或者甲方作为国有企业改制重新订立劳动合同时,乙方在甲方连续工作满十年且距法定退休年龄不足十年的。

八、劳动合同的解除和终止

8.1 甲乙双方协商一致,可以解除劳动合同。

8.2 在试用期中,除乙方在试用期间被证明不符合录用条件和本合同8.3条款第(1)至第(7)项约定的情形之外,甲方不得解除劳动合同。

8.3 试用期满,有下列情形之一的,甲方可以解除劳动合同:

(1)乙方严重违反甲方的规章制度的;

(2)乙方严重失职、营私舞弊,给甲方造成重大损害的;

(3)乙方同时与其他用人单位建立劳动关系,对完成甲方的工作任务造成严重影响,或者经甲方提出,拒不改正的;

(4)乙方以欺诈、胁迫的手段或者乘人之危,使甲方在违背真实意思的情况下订立或者变更劳动合同的;

(5)乙方被依法追究刑事责任的;

(6)乙方患病或者非因工负伤,在规定的医疗期满后不能从事原工作,也不能从事由甲方另行安排的工作的;

(7)乙方不能胜任工作,经过培训或者调整工作岗位,仍不能胜任工作的;

(8)劳动合同订立时所依据的客观情况发生重大变化,致使劳动合同无法履行,经甲方与乙方协商,未能就变更劳动合同内容达成协议的;

(9)甲方依照企业破产法规定进行重整的;

(10)甲方生产经营发生严重困难的;

(11)甲方转产、重大技术革新或者经营方式调整,经变更劳动合同后,仍需裁减人员的;

（12）其他因劳动合同订立时所依据的客观经济情况发生重大变化，致使劳动合同无法履行的；

（13）甲方向乙方提出解除劳动合同并与乙方协商一致解除的；

（14）法律、行政法规规定的其他情形。

8.4 乙方有下列情形之一的，甲方可以根据本合同8.3条款第（1）至第（5）项的约定解除劳动合同，但是不得根据本合同8.3条款第（6）至第（12）项的约定解除劳动合同。

（1）患病或负伤，在规定医疗期内的；

（2）女职工在孕期、产期、哺乳期内的；

（3）乙方从事接触职业病危害作业，未进行离岗前职业健康检查，或者疑似职业病病人在诊断或者医学观察期间的；

（4）在甲方患职业病或者因工负伤并被确认丧失或者部分丧失劳动能力的；

（5）在甲方连续工作满十五年，且距法定退休年龄不足五年的；

（6）法律、行政法规规定的其他情形。

8.5 甲方单方解除劳动合同，应当事先将理由通知工会。甲方违反法律、行政法规规定或者劳动合同约定的，工会有权要求甲方纠正。甲方应当研究工会的意见，并将处理结果书面通知工会。甲方应当将解除劳动合同的决定书面送达乙方。

8.6 甲方根据本合同8.3条款第（6）至第（8）项的约定解除劳动合同，应当提前三十日以书面形式通知乙方本人或者额外支付乙方一个月工资。

8.7 甲方根据本合同8.3条款第（9）至第（12）项的约定，需要裁减人员二十人以上或者裁减不足二十人但占甲方职工总数百分之十以上的，甲方提前三十日向工会或者全体职工说明情况，听取工会或者职工的意见后，裁减人员方案经向劳动行政部门报告，可以裁减人员。甲方根据本条款裁减人员，在六个月内重新招用人员的，应当通知乙方，并在同等条件下优先招用乙方。

8.8 乙方解除劳动合同应当提前三十日以书面形式通知甲方。试用期内，乙方解除劳动合同的，应当提前三天通知甲方。乙方根据本合同9.2条款第（1）至第（4）项的约定解除劳动合同，应当事先告知甲方。乙方根据9.2条款第（5）至第（8）项的约定可以立即解除劳动合同，不需事先告知甲方。

8.9 甲方应当在解除或终止劳动合同时出具解除或者终止劳动合同的证明，并在十五日内为乙方办理档案和社会保险关系转移手续。乙方应当在劳动合同解除或终止时，办理工作交接。甲方依照有关规定向乙方支付经济补偿的,在办结工作交接时支付。

8.10 有下列情形之一的,劳动合同终止:
(1) 劳动合同期满的;
(2) 乙方开始依法享受基本养老保险待遇的;
(3) 乙方死亡,或者被人民法院宣告死亡或者宣告失踪的;
(4) 甲方被依法宣告破产的;
(5) 甲方被吊销营业执照、责令关闭、撤销或者甲方决定提前解散的;
(6) 法律、行政法规规定的其他情形。

8.11 劳动合同期满后,乙方仍在甲方工作,甲方未表示异议,视为双方同意以原条件继续履行劳动合同。乙方要求解除劳动关系,劳动关系即行解除。

九、经济补偿和赔偿金

9.1 甲方根据本合同8.3条款第(6)至第(13)项的约定解除或者终止劳动合同的,应当向乙方支付经济补偿。

9.2 乙方向甲方提出解除劳动合同,有下列情形之一的,甲方应当向乙方支付经济补偿。
(1) 甲方未依法或者依照约定提供劳动保护或者劳动条件的;
(2) 甲方未依法或者依照约定支付劳动报酬、加班费的;
(3) 甲方未依法为乙方缴纳社会保险费的;
(4) 甲方的规章制度违反法律、法规的规定,损害乙方权益的;
(5) 甲方以暴力、威胁或者非法限制人身自由的手段强迫劳动的;
(6) 甲方违章指挥、强令冒险作业危及乙方人身安全的;
(7) 甲方劳动条件恶劣、环境污染严重,给乙方身心健康造成严重损害的;
(8) 甲方侮辱、体罚、殴打、非法搜查或者拘禁乙方的;
(9) 法律、行政法规规定的其他情形。

9.3 根据本合同8.10条款第(4)至第(6)项约定的情形劳动合同终止,甲方应当向乙方支付经济补偿。根据本合同8.10条款第(1)项约定的情形劳动合同终止,除甲方维持或者提高劳动合同约定条件续订劳动合同,乙方不同意续订的情形外,甲方应当向乙方支付经济补偿。

9.4 经济补偿按乙方在甲方工作的年限,每满一年支付一个月工资的标准支付。六个月以上不满一年的,按一年计算;不满六个月的,向乙方支付半个月工资的经济补偿。

9.5 甲方违反国家有关规定或者劳动合同约定,解除或者终止劳动合同,除乙方要求继续履行劳动合同或者劳动合同能够继续履行的情形之外,应当依照本合同9.4条款约定的经济补偿标准的二倍向乙方支付赔偿金。甲方依照本条款支付了赔偿金,不再支付经济补偿金。

9.6 乙方违反国家有关规定或者劳动合同的约定,解除或终止劳动合同给甲方造成损失的,乙方应当承担赔偿责任。

十、争议处理

10.1 因履行劳动合同发生劳动争议,甲乙双方可以向工会组织、甲方的劳动争议调解委员会、依法设立的基层人民调解组织或者在乡镇、街道设立的具有劳动争议调解职能的组织申请调解协商解决。协商不成的,甲乙双方任何一方均可以直接向劳动争议仲裁委员会申请仲裁。

十一、其他

11.1 本劳动合同一式两份,甲乙双方各执一份,具有同等法律效力。经双方签字或盖章之日起生效。

11.2 本合同的附件与本合同具有同等法律效力,是本合同不可分割的一部分,对甲乙双方都具有约束力。

本合同包含如下附件:

附件一:员工个人信息登记表

附件二:员工手册(规章制度、劳动纪律、管理考核制度、操作规范手册等)

附件三:专项协议(培训服务期协议、保密协议、竞业限制协议)

以下无正文。

甲方(盖章):_____

法定代表人(签章):_____

签订日期:_____

乙方(签章):_____

签订日期:_____

2. 保密协议范本

保 密 协 议

甲方：_____
法定代表人或主要负责人：_____
住所：_____
邮编：_____
传真：_____
电话：_____
电子邮箱：_____

乙方：_____
身份证号码：_____
住址：_____
电话：_____
电子邮箱：_____

根据《中华人民共和国劳动法》《中华人民共和国劳动合同法》等国家法律法规的规定，甲乙双方经平等自愿、协商一致签订本保密协议，共同遵守保密协议所列条款。

第一条 保密信息的定义

1.1 本协议所称保密信息（商业秘密）是指不为公众知悉，能为甲方带来经济利益、具有实用性并经甲方采取保密措施的技术信息和经营信息，具体包括甲方的技术信息、经营信息和规章制度中列为绝密、机密级的各项文件。

1.2 技术信息指甲方拥有或获得的有关生产和产品销售的技术方案、制造方法、工艺流程、计算机软件、数据库、实验结果、技术数据、图纸、样品、样机、模型、模具、说明书、操作手册、技术文档、涉及商业秘密的业务函电等一切有关的信息，以及有关生产和产品销售的技术知识、信息、技术资料、制作工艺、制作方法、经验、方法或其组合，并且未在任何地方公开过其完整形式的、未作为工业产权来保护的其他技术。

1.3 经营信息指有关商业活动的市场行销策略、货源情报、定价政策、不公开的财务资料、合同、交易相对人资料、客户名单等经营信息。

1.4 甲方依照法律规定和有关协议约定,应对外承担保密义务的事项,也属本保密协议所称的商业秘密。

1.5 乙方对上述商业秘密承担保密义务。本协议之签订可认为甲方已对其商业秘密采取了合理的保密措施。

第二条 保密义务

2.1 乙方应当遵守甲方的规章制度中关于保密的规定,履行保密职责。未经甲方同意,乙方不得披露和使用商业秘密。

2.2 劳动合同解除或终止,乙方承担保密义务的期限为下列第_____种(没有做出选择的,视为无限期保密):

(1)无限期保密,直至甲方宣布解密或者秘密信息实际上已经公开。

(2)有限期保密,保密期限自劳动合同解除或终止之日起至_____年_____月_____日止。

2.3 乙方因承担保密义务,甲方应当向乙方支付保密费。保密费的支付方式为下列第_____种:

(一)劳动合同解除或终止,甲方一次性支付乙方_____元。

(二)双方约定,甲方支付乙方的工资报酬已经包含保密费。劳动关系解除或终止,甲方不另行支付保密费。

第三条 违约责任

3.1 乙方违反上述约定,造成甲方损失的,乙方应当承担赔偿责任。乙方给甲方造成的损失,甲方可以从乙方的工资报酬中扣除,扣除后仍然不足的部分,甲方可以向乙方追偿。

3.2 乙方按照甲方要求或者为了完成甲方工作任务可能侵犯他人知识产权的,如果甲方遭受第三方的侵权指控,应诉费用和侵权赔偿不得由乙方承担。

3.3 损失赔偿额为甲方因乙方的违约行为受到的实际经济损失。计算方法是,因乙方的侵权行为导致甲方的产品销售数量下降,其销售数量减少的总数乘以每件产品利润所得之积。

3.4 如果甲方的损失依照上述计算方法难以计算的,损失赔偿额为乙方因违约行为获得的全部利润。计算方法是,乙方从每件与违约行为直接关联的产品获得的利润乘以在市场上销售的总数所得之积,或者以不低于甲方商业秘密许可使用费的合理数额作为损失赔偿额。甲方因调查乙方的违约行为而支付的合理费用,应当包含在损失赔偿额之内。

第四条 争议处理及其他

4.1 因本协议而引起的纠纷,如果双方无法协商解决,任何一方可以向当地劳动争议仲裁委员会申请仲裁。不服裁决的,可以向人民法院提起诉讼。

4.2 本协议一式二份,甲乙双方各执一份,具有同等法律效力。经双方签字盖章之日起生效。

以下无正文。

甲方(盖章):＿＿＿＿＿＿＿＿＿＿＿＿＿＿＿＿＿＿

法定代表人或委托代理人(签名):＿＿＿＿＿＿＿＿＿

签订日期:＿＿＿＿＿＿＿＿＿＿＿＿＿＿＿＿＿＿＿

乙方(签名):＿＿＿＿＿＿＿＿＿＿＿＿＿＿＿＿＿＿

签订日期:＿＿＿＿＿＿＿＿＿＿＿＿＿＿＿＿＿＿＿

3. 竞业限制协议范本

竞业限制协议

甲方:＿＿＿＿＿＿＿＿＿＿＿＿＿＿＿＿＿＿＿＿＿

法定代表人或主要负责人:＿＿＿＿＿＿＿＿＿＿＿＿

住址:＿＿＿＿＿＿＿＿＿＿＿＿＿＿＿＿＿＿＿＿＿

邮编:＿＿＿＿＿＿＿＿＿＿＿＿＿＿＿＿＿＿＿＿＿

传真:＿＿＿＿＿＿＿＿＿＿＿＿＿＿＿＿＿＿＿＿＿

电话:＿＿＿＿＿＿＿＿＿＿＿＿＿＿＿＿＿＿＿＿＿

电子邮箱:＿＿＿＿＿＿＿＿＿＿＿＿＿＿＿＿＿＿＿

乙方:＿＿＿＿＿＿＿＿＿＿＿＿＿＿＿＿＿＿＿＿＿

身份证号码:＿＿＿＿＿＿＿＿＿＿＿＿＿＿＿＿＿＿

住址:＿＿＿＿＿＿＿＿＿＿＿＿＿＿＿＿＿＿＿＿＿

邮编:＿＿＿＿＿＿＿＿＿＿＿＿＿＿＿＿＿＿＿＿＿

电话:＿＿＿＿＿＿＿＿＿＿＿＿＿＿＿＿＿＿＿＿＿

电子邮箱:＿＿＿＿＿＿＿＿＿＿＿＿＿＿＿＿＿＿＿

根据《中华人民共和国劳动法》《中华人民共和国劳动合同法》等国家法

律法规的规定,甲乙双方经平等自愿、协商一致签订竞业限制协议,共同遵守协议所列条款。

第一条 竞业限制的含义及期限

1.1 乙方在劳动合同期间、劳动合同解除或终止之后,都应当遵守甲方规章制度中关于保密的规定,履行保密职责。未经甲方同意,乙方不得泄露和使用其商业秘密信息。

1.2 解除或者终止劳动合同后_____年内(不超过两年),乙方不得到与甲方生产或者经营同类产品、从事同类业务的有竞争关系的其他用人单位工作。不得自己开业生产或者经营同类产品、从事同类业务。

1.3 在解除或终止劳动合同之后,甲方向乙方在竞业限制的期限内按月给予乙方_____元人民币经济补偿。

第二条 竞业限制与经济补偿

2.1 劳动合同解除或终止后,除另有约定外,甲方可以要求乙方履行竞业限制义务。乙方履行了竞业限制义务后,可以要求甲方支付经济补偿。

2.2 劳动合同解除或终止后,因甲方的原因导致三个月未支付经济补偿,乙方可以解除竞业限制协议,不再受其约束。

2.3 在竞业限制期限内,甲方可以解除竞业限制协议。在解除竞业限制协议时,乙方可以要求甲方额外支付三个月的竞业限制经济补偿。

第三条 违约责任

乙方违反竞业限制约定,应当按照约定向甲方支付违约金。乙方支付违约金后,甲方要求乙方继续履行竞业限制义务,乙方应当履行。

第四条 争议处理及其他

4.1 因本协议而引起的纠纷,如果双方无法协商解决,任何一方可以向当地劳动争议仲裁委员会申请仲裁。不服裁决的,可以向人民法院提起诉讼。

4.2 本协议一式二份,甲乙双方各执一份,具有同等法律效力。经双方签字或盖章之日起生效。

以下无正文。

甲方(盖章):_____

法定代表人或委托代理人(签名):_____

签订日期:_____

乙方(签名):_____

签订日期:_____

4. 专项培训协议范本

专项培训协议

甲方：_____
法定代表人或主要负责人：_____
住所：_____
邮编：_____
传真：_____
电话：_____
电子邮箱：_____

乙方：_____
身份证号码：_____
住址：_____
邮编：_____
电话：_____
电子邮箱：_____

根据《中华人民共和国劳动法》《中华人民共和国劳动合同法》等国家法律法规的规定，甲乙双方经平等自愿、协商一致签订培训服务期协议，共同遵守协议所列条款。

第一条 专业培训的期限和费用

1.1 甲方已经履行公司规章制度中关于专业技术培训管理规定的告知义务，乙方承诺遵守甲方的规章制度。

1.2 甲方为乙方提供有关_____方面的专业技术培训，地点为_____（国家或地区），培训时间从____年____月____日至____年____月____日，预计培训费用为_____元人民币。

1.3 预计培训费用是指甲方为了对乙方进行专业技术培训而支付的有凭证的培训费用、培训期间的差旅费用以及因培训产生的用于乙方的其他直接费用。若实际培训总费用与预计培训总费用不符，则本协议约定的违约金数额应根据实际发生的总费用自动调整。

第二条 服务期的履行和终止

2.1 根据甲方规章制度的规定,双方约定,从乙方完成培训之日起,乙方必须为甲方服务_____月,即从_____年_____月_____日至_____年_____月_____日止。双方协商一致,可以延长本协议规定的服务期。

2.2 乙方在完成培训后未经甲方批准而逾期未归的,甲方可以解除劳动合同,并要求乙方承担赔偿责任。

2.3 乙方在进行专项培训期间,甲方应向乙方支付工资_____元人民币,并提供相应福利待遇。

2.4 服务期内,如劳动合同期限变更或者届满,双方对续订劳动合同不能达成一致,应按原劳动合同确定的条件继续履行至服务期终止之日。

第三条 违约责任

3.1 乙方在培训开始前放弃培训或解除劳动合同的,应当向甲方支付违约金_____元人民币。违约金不超过甲方提供的培训费用。

3.2 乙方在培训完成之后违反服务期约定的,包括单方提出解除劳动合同,因自身过错等原因导致劳动合同解除或终止,应当向甲方支付违约金。违约金的数额的计算方法是:违约金金额 = 实际培训总费用/应服务月数 × (应服务月数 − 实际服务月数)。

第四条 争议处理及其他

4.1 因履行本协议发生争议,若双方无法协商解决的,可以向当地劳动争议仲裁委员会申请仲裁。对仲裁裁决不服的,可以向人民法院提起诉讼。

4.2 本协议一式两份,甲乙双方各执一份,具有同等法律效力。经双方签字或盖章之日起生效。

以下无正文。

甲方(盖章):_____

法定代表人或委托代理人(签名):_____

签订日期:_____

乙方(签名):_____

签订日期:_____

附录二　本书涉及主要法律规范性文件"北大法宝"引证码对照表

法律规范性文件	实施日期	北大法宝引证码[①]
中华人民共和国劳动法	19950101	CLI.1.9587
中华人民共和国劳动争议调解仲裁法	20080501	CLI.1.100677
中华人民共和国劳动合同法（2012 修正）	20080101	CLI.1.199310
中华人民共和国工会法（2001 修正）	19920403	CLI.1.37083
中华人民共和国就业促进法	20080101	CLI.1.96793
中华人民共和国职业病防治法（2011 修正）	20020501	CLI.1.164827
中华人民共和国反不正当竞争法	19931201	CLI.1.6359
最高人民法院关于民事诉讼证据的若干规定	20020401	CLI.3.38083
最高人民法院关于审理劳动争议案件适用法律若干问题的解释	20010416	CLI.3.35573
最高人民法院关于审理劳动争议案件适用法律若干问题的解释（二）	20061001	CLI.3.79057
最高人民法院关于审理劳动争议案件适用法律若干问题的解释（三）	20100914	CLI.3.137857
最高人民法院关于审理劳动争议案件适用法律若干问题的解释（四）	20130201	CLI.3.194209
最高人民法院关于审理拒不支付劳动报酬刑事案件适用法律若干问题的解释	20130123	CLI.3.193347

[①] 登陆"北大法宝"引证码查询系统：www.pkulaw.cn/fbm，输入"北大法宝"引证码，可免费查询相应文件的全文。

最高人民法院关于审理不正当竞争民事案件应用法律若干问题的解释	20070201	CLI.3.83311
工伤保险条例(2010修订)	20040101	CLI.2.142905
劳动保障监察条例	20041201	CLI.2.55940
中华人民共和国劳动合同法实施条例	20080918	CLI.2.108577
使用有毒物品作业场所劳动保护条例	20020512	CLI.2.39929
女职工劳动保护特别规定	20120428	CLI.2.173287
国务院关于职工工作时间的规定(1995修订)	19950501	CLI.2.11532
国务院关于公布《国务院关于职工探亲待遇的规定》的通知	19810314	CLI.2.37093
职工带薪年休假条例	20080101	CLI.2.100312
全国年节及纪念日放假办法(2007修订)	20071214	CLI.2.100311
国务院办公厅转发国家科委关于科技人员业余兼职若干问题意见的通知	19880118	CLI.2.3672
企业职工带薪年休假实施办法	20080918	CLI.4.108957
劳动和社会保障部关于维护乙肝表面抗原携带者就业权利的意见	20070518	CLI.4.92009
人力资源和社会保障部、教育部、卫生部关于进一步规范入学和就业体检项目维护乙肝表面抗原携带者入学和就业权利的通知	20100210	CLI.4.127014
外国人在中国就业管理规定(2011修正)	19960501	CLI.4.161129
劳动部、公安部、外交部、外经贸部关于颁发《外国人在中国就业管理规定》的通知	19960501	CLI.4.14378
劳动和社会保障部关于确立劳动关系有关事项的通知	20050525	CLI.4.58751
集体合同规定(2004)	20040501	CLI.4.51461
劳动和社会保障部关于非全日制用工若干问题的意见	20030530	CLI.4.46751
劳动部办公厅对《关于取保候审的原固定工不签订劳动合同的请示》的复函	19970303	CLI.4.18493
劳动和社会保障部关于解释《企业职工工伤保险试行办法》中"蓄意违章"的复函	20010423	CLI.4.36067
劳动部关于企业实行不定时工作制和综合计算工时工作制的审批办法	19950101	CLI.4.11467
劳动部关于印发《工资支付暂行规定》的通知	19950101	CLI.4.12313

劳动部关于印发《违反和解除劳动合同的经济补偿办法》的通知	19950101	CLI.4.11457
劳动部关于发布《违反〈劳动法〉有关劳动合同规定的赔偿办法》的通知	19950510	CLI.4.12735
劳动部关于发布《企业职工患病或非因工负伤医疗期规定》的通知	19950101	CLI.4.11566
劳动部关于印发《关于贯彻执行〈中华人民共和国劳动法〉若干问题的意见》的通知	19950804	CLI.4.13739
劳动部办公厅关于印发《关于〈劳动法〉若干条文的说明》的通知	19940905	CLI.4.27173
《国务院关于职工工作时间的规定》的实施办法	19940301	CLI.4.8915
国家劳动总局、财政部关于国营企业职工请婚丧假和路程假问题的通知	19800220	CLI.4.668
国家统计局关于工资总额组成的规定	19900101	CLI.2.4555
在中国境内就业的外国人参加社会保险暂行办法	20111015	CLI.4.158123
劳动和社会保障部办公厅关于劳动争议案中涉及商业秘密侵权问题的函	19990707	CLI.4.23947
劳动和社会保障部等四部门关于进一步推行平等协商和集体合同制度的通知	20011114	CLI.4.38222